신건백왕문성공상新建伯王文成公像　명대明代 황절黃節 씨 소장. 왕양명이 50세
(1521) 되던 해, 중국 강서성江西省 남창南昌의 영왕寧王 주신호朱宸濠(?~1521)
가 일으킨 반란을 평정한 공로로 '신건新建'(강서 남창의 현명縣名) 지역의 백작伯
爵에 봉해졌기에 '신건백新建伯'이라 한다. 왕양명의 고향 절강성浙江省 여요餘姚
에도 신건백작위의 간판, 즉 패방牌坊이 세워졌다. '문성文成'은 시호諡號이고, '공
公'은 주周나라의 봉작제도를 계승한 오등작제五等爵制, 즉 공公·후侯·백伯·자子·
남男 가운데 첫 번째 작위를 가리킨다.

나카에 토쥬中江藤樹(1608~1648)
와 친필 치양지致良知 ⓒ 文化遺産
オンライン(藤樹書院 소장)

이노우에 데쓰지로井上哲次郎
(1856~1944)와 저서『일본양
명학파지철학日本陽明學派之
哲學』(富山房, 1900)

다카세 다케지로高瀬武次郎(1869
~1950)와 저서『일본지양명학日本
之陽明學』(鐵華書院, 1898)

사이고 다카모리西鄕隆盛(1828~
1877)와 동상(우에노공원 소재)

오시오 츄사이大塩中斎
(1793~1837)와 묘소

요시다 쇼인吉田松陰(1830~1859)과
사설학당 쇼카손주쿠松下村塾

近代日本の陽明学

근대 일본의 양명학

근대 일본의
양명학

고지마 쓰요시小島毅 지음

최재목 감수

김지훈·서승완·조용미 옮김

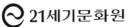

21세기문화원

일러두기

1. 이 책은 2015년 도쿄 講談社에서 발행된 小島毅의 『近代日本の陽明学』 제7쇄 본을 저본으로 하여 번역한 것이다.
2. 표기법은 원칙적으로 국립국어원의 표준 표기법에 따랐다. 다만 외국어 표기가 원음과 멀어진 경우에는 예외로 하였다.
   예) 오시오 츄사이大塩中斎, 나카에 토쥬中江藤樹
3. 참고 논문의 제목은 이 책의 외국어 표기 방식과 다르더라도 그대로 두었으며, 그 인용 구절이 어법상 맞지 않은 경우에만 바로잡았다.
4. 일본 고유의 인명·지명·서명 등의 한자는 일본식 약자 그대로 표기하였다.
5. 문장이 부자연스러운 경우 의미가 통하는 범위 내에서 수정하였다.
6. 인명은 처음 나오는 곳에만 연대를 부기하였다.
   예) 미시마 유키오三島由紀夫(1925~1970)
7. 원문에는 없는 역자 설명의 경우 *표시로 해 두었다.
8. 본문에 달려 있는 각주는 모두 역자가 추가한 것이다.
9. 부록은 원저대로 번역하되 추가할 경우 표시하였다.
10. 찾아보기는 원저에 기초하되 독자들을 위해 보완하였다.

옮긴이의 말

이 책은 고지마 쓰요시小島毅 교수가 근대에서 현대로 넘어오기까지 일본 철학의 흐름을 '양명학陽明學'이란 키워드를 통해 설명한 것이다.

이 책을 번역하게 된 동기에는 영남대 철학과 교수로 계신 최재목 교수님의 덕이 크다. 나는 박사 학위로 공자孔子의 정명正名 사상을 연구하며 주로 중국의 정명 사상을 연구했다. 연구를 하면서 동아시아의 정명 사상이 어떻게 전개되었는지에 관심이 생겼고, 박사 학위를 취득한 이후 한국의 율곡栗谷과 일본의 후지타 유코쿠藤田幽谷의 정명 사상을 연구하기도 했다. 일본의 정명 사상을 연구하면서 일본 사상에 대한 관심도 생겼는데, 마침 최재목 교수님과 그와 관련하여 이야기를 할 기회가 여러 차례 생겼고, 이 책의 번역 제의를 받게 되었다. 그리고 이때 최재목 교수님을 지도교수로 모시고 있는 서승완 군, 조용미 씨도 번역에 합류하게 되었다.

나는 에피소드 IV·V를 제외한 전체를 번역했다. 서승완 군은 에피소드 IV·V를 번역했고 조용미 씨는 전체 문장 다듬기, 부록

부분 교정을 담당했다. 일러두기에서도 밝혔지만, 이 책은 고지마 쓰요시 교수의 원서 내용에 등장인물의 생몰 연도와 역자 주를 보충하였다. 그리고 간혹 문장이 너무 길 경우 역자가 수정한 곳도 있다. 이것은 초벌 번역된 것을 수차례 윤독하며 고친 것이다. 약 5개월 동안 일주일에 한두 번씩 만나며 윤독회를 가졌다.

이 책의 핵심주제는 '양명학'이란 키워드를 통해 일본 근대사상의 흐름을 찾아내는 것이다. 이 『근대 일본의 양명학』은 오시오 츄사이大塩中斎, 라이 산요頼山陽와 같은 전통 유학자들부터 시작하여 존왕양이尊王攘夷의 미토학水戸學, 메이지 유신 주역들의 정신적 기반이 된 요시다 쇼인吉田松陰, 기독교의 우치무라 간조内村鑑三와 니토베 이나조新渡戸稲造, 이노우에 데쓰지로井上哲次郎와 같은 메이지 시대 일본 제국의 철학, 그리고 일본 사회주의와 국가주의 철학, 2차 대전 후의 미시마 유키오三島由紀夫·야마카와 기쿠에山川菊栄까지 근세에서 현대에 이르는 일본 철학의 흐름을 양명학과 연결시켜 설명하고 있다. 일본 현대의 좌익과 우익의 대립 문제까지 양명학과 연결하여 설명하는 부분에서 신선한 관점이 드러난다.

일본에서 양명학이란 주지하다시피 행동주의 철학, 무사도와 연결된다. 개인의 양심에 의거하여 옳다고 생각하는 것을 과감히 실천하는 것, 이러한 자세는 일본의 무사·인인仁人·지사志士들이 갖춰야 할 덕목으로 받아들여진 듯하다. 이러한 성격으로 받아들여진 일본의 양명학은 수많은 유학자를 비롯하여 근대·현대의 우익사상가·좌익사상가들에게 골고루 영향을 끼쳤다. 언뜻 미토학은 주자학의 대의명분론에 영향을 받고 있어, 양명학과 연결성이 거의 없는 것처럼 보이지만, 유명한 미토학자 후지타 도코藤田東湖의 아들 후지타 고시로藤田小四郎가 주도하여 일으킨 덴구도天狗党의 거병을 보면 이것도 또한 행동주의 철학과 연결된다. 이처럼 양명학적 사고는 일본 전체에 영향을 끼쳤다.

현 한국의 상황을 보면 일본 양명학에 대한 전문 서적이 별로 없는 상황이다. 그리고 일본이 어떤 국가인지, 일본인이 가지고 있는 심성이 어떤지, 그 일본인이 만들어 낸 사상이 어떤지, 그 사상이 현대 일본 정치와 어떻게 연결되는지에 대한 분석은 제대로 되어 있지 않아 보인다. 또 한국의 근대를 이해하기 위해서도 일본의 근·현대 사상사를 객관적으로 파악하는 것이 중요하다. 왜냐하면 한국의 근대와 일본의 근대는 연결되어 있기 때문이다.

저자인 고지마 쓰요시 교수는 자칫 지루할 수 있는 이 철학적 주제를, 명료한 문체와 재치 있는 말투로 독자들을 몰입하게 한다. 그러면서 주제와 연관된 요소들을 빠짐없이 훑는 세심함까지 보여 주고 있다. 그래서 일본 근·현대 사상에 관심이 많은 사람들에게 이 책을 추천하고 싶다.

마지막으로 양서良書를 번역하는 기회를 주신 최재목 교수님께 다시 한번 감사의 말씀을 드린다.

2021년 3월 1일
옮긴이를 대표하여
김지훈

차   례

근대 일본 양명학을 보는 눈

― '양명학'에서 '근대 일본 양명학'으로

최 재 목

(영남대 철학과 교수, 전 한국양명학회 회장)

1. 들어가는 말

이 글은 도쿄대東京大 고지마 쓰요시小島毅 교수의 저서『근대 일본의 양명학』이 한글 번역됨에 따라, 근대기 일본 양명학의 전개에 관한 양명학의 학문적 성격, 일본 양명학의 전개 전반을 간략하게 서술하려는 데 그 목적이 있다.

이는 오랫동안 필자가 논의해 온 소견을 바탕으로 기술된 것임을 미리 밝혀 둔다.[1] 서세동점西勢東漸의 근대기에 중국의 명운이 위태

---

[1] 이 논문에 참고·수정한 글의 주요 목록은 다음과 같다. 아울러 본고에서는 일일이 인용 출처를 밝히지 않은 곳도 있음을 알려 둔다.

① 崔在穆,「心学の東アジア的展開」,『日本思想史講座·3(近世)』, 刈部直外編, ぺりかん社, 2012.

② 최재목,『동아시아 양명학의 전개』, 이우진 역, 정병규에디션, 2016.

롭고 양명 학술이 쇠퇴하던 시기에, 메이지明治 일본은 서구의 근대 학술을 발 빠르게 번역·번안하고, '동양학東洋學'의 학술적 개념틀 Framework — 이것을 일반적으로 '학지學知'라고 한다 — 을 선도적으로 구축한다. 이런 개념틀은 이후 근·현대기 일본 학술을 지배하는 인식의 무의식적 체계로서, 국가 및 아카데미즘 내부를 비롯한 관학官學 일반이 나아갈 방법과 방향을 제시하고 그 내부의 실천적 질서를 제공한다는 점에서 일종의 '에피스테메Episteme(인식 체계)'라 할 수 있겠다.

학문을 기술하는 방법의 확립은 법적으로는 헌법을 비롯한 법제法制, 교육적으로는 학제學制, 건축·보건의료·의학 및 과학기술의 표준을 만들게 된다. 방법은 곧 방향이자 지식의 실천이었다. 이런 학술적·지적知的인 틀 '학지學知'의 총괄적 결실은 이후 '일본 제국'을 구축하고 실현해 가는 이른바 제국지帝國知로 이어진다. 조선의 경성 제국대京城帝國大와 타이완의 타이완 제국대臺灣帝國大는 일본의 근대지近代知를 퍼 나르는 지점支店으로서, 제국지를 확산·선전하는 지방방송국 역할을 한다.

이러한 근대적 지식의 기법을 작동시켜 가는 큰 방향에서 일본은

---

③ 최재목, 「일본 양명학의 시時·처處·위론位論의 특징 — 일본 자본주의와 관련한 시론試論」, 『양명학』 54, 한국양명학회, 2019.9

④ 최재목·서승완·김용재, 「근대 일본 양명학에서 오시오 츄사이大塩中齋의 위상」 (Ⅰ), 『동양철학연구』 102, 동양철학연구회, 2020.5

⑤ 최재목·서승완·김용재, 「근대 일본 양명학에서 오시오 츄사이大塩中齋의 위상」 (Ⅱ), 『양명학』 57, 한국양명학회, 2020.6

⑥ 최재목, 「왕양명王陽明과 퇴옹退翁의 심성론·수행론 비교 — 퇴옹의 양명학 논의를 단서로 한 시론試論」, 『퇴옹학보』 17, 대한불교조계종 백련불교문화재단 성철사상연구원, 2020.12

양명학 및 동양학을 '근대적'+'일본적' 버전으로 주도하게 되고, 학문의 내용을 규격화·분절화하거나 새로운 개념으로 번역·번안하는 자신감을 보여 준다. 그것은 사람(학자·언론인·유학생·관료 등)+매체(책·언론 등)를 매개로 동아시아 각국(중국·대만·한국)에 영향을 미친다.

보통 유교에서도 『소학小學』이라는 기초 작업 즉 필로로기Philologie를 토대로 『대학大學』이라는 거시적 안목의 필로소피Philosophie로 나아간다. 이 점을 동아시아 양명학의 전개에 약간 응용을 해 본다면, 대체로 중국과 한국의 학술은 필로소피를 중심으로 필로로기를 흡수하고 있다. 반면 일본의 학술은 필로로기 속에 필로소피를 흡수해 버리고 있는 듯하다. 특히 사회과학적 기술 방법에 철학을 융해시켜 버리는 성향이 있다고 하겠다. 양명학을 사회라는 하부구조와 독립된 고유 철학으로서 다루려는 노력이 중국과 한국에서 강하다고 한다면, 일본 사회 내에서는 양명학을 유기적 상관관계를 지닌 인문적 활동으로 환원시켜 설명하려는 경향성이 짙다. 그런데 일본 양명학은 '근대'라는 시기에 일본 내에서만이 아니라 한국과 중국, 즉 동아시아에도 적지 않은 영향을 미쳤다.

따라서 일본 양명학이 걸었던 길을 모두 일목요연하게 정리해 내기란 쉽지 않다. 그래서 이 글에서는 고지마 교수의 책의 의의를 소개하기 전에 이른바 '양명학', '양명심학'에 대하여 먼저 개관하고, 이어서 고지마 쓰요시의 『근대 일본의 양명학』에 대하여, 마지막으로 일본 양명학 그리고 근대 일본 양명학을 차례로 서술하고자 한다. 독자들의 이해를 돕기 위하여 주요 문단마다 소제목을 달아 두었다.

2. 이른바 '양명학', '양명심학'에 대하여

이른바 '양명학'이란?

'양명학'은 맹자孟子 이래 저류해 온 낙관적 심성론·인간관인 중국 성선론性善論을 완성시킨, 명대明代 중엽 양명陽明 왕수인王守仁이 제창한 학술에서 발단한 유교의 한 흐름이다. 보통 우리는 왕양명의 학문·학술을 '양명학'이라 한다. 그리고 그의 성姓을 따서 '왕학王學'이라고도 한다. 나아가 그의 학문적 경향을 드러내는 이학理學'에 대항·대립하는 '심학'이라는 말에다 왕수인의 호號 '양명'을 합쳐서 '양명 심학'이라 하기도 한다.

심心-심학心學 vs 리理-리학理學

명대 중엽에 중국의 대표적인 사상가인 '왕양명' 하면 가장 먼저 떠오르는 것이 '심心'이다. 그리고 그의 학문을 가리키는 '양명학' 하면 떠오르는 것이 '심학心學'이다.

왕양명의 사상을 언급할 경우 자연히 단짝처럼 따라붙는 것이 남송의 걸출한 사상가 주자朱子(이름은 희熹, 호는 회암晦庵)이다. 왕양명은 그의 대선배 주자의 사상을 비판하고 넘어서면서 사상적 입지와 출발점을 마련한다. 그래서 주자학은 양명학과 대립·대항적 이미지를 형성하는바, 만일 주자학이 없었다면 양명학의 설 자리가 없었을 것이다.

'양명학'에 대해서 '주자학'은 '리학理學'으로 정의되면서, 양명학의 배후에서 혹은 정면에서 늘 대항적 대비적으로 논의되고 있다. 미우나 고우나 함께 붙어 다녀야 할 관계가 되었다.

심학, 그 정의의 어려움

'심학心學'을 한마디로 정의하는 것은 어렵다. 왜냐하면 '심心'이란 말이 다의적이기 때문이다. 아울러 중국·한국·일본의 동아시아 지역 전체를 두고 볼 때 각 지역의 마인드·에토스에 따라 그 의미 내용이 달라질 수 있기 때문이다.

더욱이 심은 유교·불교·도교 등에서 공통적으로 사용하고 있고, 이들 세 사상이 서로 교류·교섭하면서 혼합되는 경향인 싱크레티즘 syncretism(혼합주의)을 보여 주고 있다. 이것은 심이란 개념이 동아시아 각 지역의 구체적인 지적 상황과 복잡하게 맞물리면서 새롭게 영유領有되어, 개념이 내용적으로 재정의·재조정되는 경우를 말한다.

영유란 전유專有함·사용私用함의 뜻이다. 일반적·공공적인 것을 각 사상 내에서 '자기 것'(사유적私有的·특수적인 것)으로 만드는 것을 말한다. 새집을 사서 들어가면 자기 취향에 따라 내부를 꾸미듯이 개념을 새로 다듬고 의미 부여하는 일을 가리킨다.

마음 = 심心의 정의 과정
배꼽 아래 → 배꼽 위 → 가슴(심장) → 머리(두뇌)

'심心'이란 글자는 원래 '심장'의 형상2)에서 출발한다. 글자라기보다는 하트 표시(♥)에 가깝다.

옆 그림은 ① 갑골문甲骨文, ② 동기명문銅器銘文, ③ 간서簡書 및 기타 각사刻辭, ④ 진대秦代의 전서篆書에 보이는 '심心' 자를 보여 준다.

① '갑골문'이란 은나라 때 거북 껍데기나 동물의 뼈에 새긴 문자를 말한다. 주周나라 무왕武王이 은殷(=商)나라를 멸망시키자 은殷은 폐허가 되었다. 이곳을 일반적으로 은허殷墟라고 한다. 지금의 하남성河南省 안양현安陽縣 일대이다. 갑골문은 은허에서 발견된, 기원전 1300년쯤부터 기원전 1100년까지 사용된 문자이다. 당시 거북이의 등껍데기나 짐승의 뼈를 불로 지져서 갈라진 흔적을 보고 길흉을 점치곤 하였는데, 당시 은나라 사람들이 그 내용들을 칼로 새겨 놓았다. 이것을 점의 글이라 해서 복사卜辭라고도 한다.

心 자의 여러 모습

---

2) 高明 編, 『古文字類編』, 中華書局, 1980, 147쪽.

② 동기 명문銅器銘文이란 중국 고대의 청동 제기祭器와 같은 그릇에 새겨 놓은 문자를 말한다.

③ 간서簡書는 목간木簡, 죽간竹簡에 쓴 문자, 각사刻辭는 비석 등에 새겨진 문자를 말한다.

④ 진대秦代의 전서篆書는 인장印章·도안圖案 등에 흔히 사용되는 한자로 획이 방정하고 장식적이다. 보통 대전大篆(주周나라 선왕宣王 때 태사太史(기록을 맡은 관리)인 주籒가 만든 글씨체)과 소전小篆(진시황 때 이사李斯가 대전大篆을 간략하게 변형하여 만든 글씨체)으로 구분한다.

심心, 제의적祭儀的 아우라의 붕괴

위에서 보듯이 심心 자는 중국 고대에 탄생한 주술적 의식儀式(Ritual) 또는 종교적인 문자이다. 불로 지져서 갈라진 흔적을 보고 길흉을 점치는 복사卜辭로서, 청동 제기祭器 같은 그릇에 새긴 문자로서 출발했기 때문이다. 따라서 심 자는 처음에는 희생을 수반하는 '제의祭儀'와 관련된 신체언어로 보인다. 그러나 — 마치 서양 고대의 벽화들이 제의가치祭儀價值(Kultwert)에서 출발하여 전시가치展示價值(Ausstellungswert)의 전시적 예술로 변신해 온 것처럼 — 제의적 가치를 지닌 문자에서 점차 그 전통적 권위나 무게가 빠져나가고 일상의 의사소통수단(=기호記號)의 가치로 바뀌어 온 것이다. 처음 갑골·청동기에 새긴 주술적·의례적·종교적이었던 문자들이 붓글씨나 문자도文字圖·캘리그라피 같은 예술로, 불교나 송명성리학에서처럼 철학적 언어로, 나아가 일상적 소통 언어(생활문화문자)로 바뀌어 온 것은 발터 벤야민이 말한 '아우라의 붕괴'라 할 수 있다. 심이란 글자가 역사 속에서 겪는 '주술적·종교적 → 신체적·생리적 → 일상생활적(문화적·철학적 등)'이라는 과정을 생각해 보면 흥미롭다.

중국에서 '심'의 탄생

위의 갑골문에서는 심 자가 '하트 표시'(❤)를 닮았다. 심 자로 보기에는 약간 미흡한 면도 있지만 일단 심 자로 분류한다. 인지고고학자 스티븐 미슨Steven Mithen의 잘 알려진 저서 『마음의 역사 — 인류의 마음은 어떻게 진화되었는가?(The Prehistory of the Mind — A search for the origins of art, religion and science)』[3]를 잠시 참고해 보자.

스티븐 미슨은 인지고고학의 입장에서 인간의 마음이 2만~6만 년 전에 성립하였다고 주장한다. 그는 인간의 마음을 스위스 아미 나이프Swiss Army Knife에 비유한다. 스위스 아미 나이프는 작지만 다양한 종류의 날들이 여러 개 달려 접을 수 있도록 되어 있는 칼이다. 거기에는 칼·가위·드라이버·오프너 등이 들어 있다. 이처럼 인간의 마음에도 여러 가지 지능, 즉 기술적 지능, 자연사적 지능, 사회적 지능, 일반적 지능 등이 내장되어 있다. 그러나 600만 년 전의 최초의 인류에게는, 스위스 아미 나이프에 비유한다면, 하나의 칼에서 시작하여 여러 도구가 붙은 것처럼, 지식 미분화의 상태에서 뇌 속에 각종 요소의 지능이 분화되고, 다시 그 각 요소가 더욱 진

---

3) 스티븐 미슨, 윤소영 역, 『마음의 역사 — 인류의 마음은 어떻게 진화되었는가?』, 영림카디널, 2001.

화된다. 그러나 어느 시점에서 이 진화가 멈춘다. 이것을 타파하기 위하여 문화의 빅뱅, 뇌의 빅뱅이 일어난다. 여러 가지로 나누어진 각 지능 사이에 옆으로 구멍이 생겨 서로서로 소통이 가능해진다. 즉 인지적 유동성이 생겨난 것이다. 석기를 만든 기술적 지능에다, 자연사적 지능, 사회적 지능, 일반적 지능 등이 가세하여 예술이 탄생하고, 나아가서는 종교와 과학이 탄생한 것이다. 이러한 빅뱅이 일어난 것이 약 6만 년 전이라고 본다. 인류의 마음의 최초로 탄생한 것이다. 그러나 미슨이 말하는 최초로 탄생한 마음이란 매우 '원초적'인 것이다.4)

그런데, 우리가 고민하고 슬퍼하고 기뻐하는 이른바 고락苦樂을 겪는 마음이란 거기서 훨씬 진화한 마음이다. 이와 같은 마음에 대해서는 줄리언 제인즈Julian Jaynes의 설명을 추가할 필요가 있다.

줄리언 제인스는 『의식의 기원(The Origen of Consciousness in the Breakdown of the Bicameral Mind)』5)에서, 인류의 마음心이 탄생한 것을 3,000년 전으로 본다. 앞서 말한 대로, 이것은 심心이란 글자가 중국 한자에서 출현한 것과 일치한다. 중국 고대에 갑골문甲骨文(거북의 껍질이나 사슴의 뼈와 같은 데 새긴 것)이나 금문金文(청동기에 새겨 넣은 것) 같은 한자漢字가 생긴 것은 3,300년 전인 은殷나라 무정武丁 때의 일이다. 흥미로운 것은 이때 거의 단번에 3,500~5,000종이나 되는 대량의 한자가 탄생한다. 하지만 갑골문·금문에 심心 혹은 심心 그

---

4) 스티븐 미슨, 앞의 책, 211, 223, 236, 241, 257, 262, 273, 285, 303쪽의 그림을 참조하면 이해가 쉽다. 安田澄, 『身体感覚で『論語』を読みなおす』, 春秋社, 2009, 35~37쪽의 설명 참조.
5) 줄리언 제인스, 김득룡·박주용 역, 『의식의 기원』, 한길사, 2005.

룹의 한자는 보이지 않는다. 현재의 사전에는 인忍·망忘·충忠·연戀 등과 같이 심心 그룹의 한자가 매우 많다. 이것은 심心 혹은 심 그룹의 한자가 어느 시기에 갑자기 출현한 것으로, 그전에는 참음·사랑 등과 같은, 마음과 관련된 자각적 의식이 없었음을 뜻한다. 그러나 은이 망하고 주周의 시기(기원전 1,046년경)가 되면 금문金文 가운데 심心 그룹의 글자가 갑자기 등장한다. 이처럼 약 3,000년경(공자가 활동하던 약 500년 전)에서야 심心 그룹의 글자가 생겨난 것이다. 그것도 주周나라에서 춘추·전국시대 말기까지 고작 '87자'에 불과했다. 심 그룹 글자의 폭발적 증가는, 심心이 탄생한 뒤 1500년(공자로부터 1,000년) 뒤인 육조기六朝期 때의 일이다.6)

예민한 마음 = 심장에 대한 관찰력

심장은 가만히 있지 않다. 요즘 '심쿵'(심장이 쿵하다 → 깜짝 놀라다)이라 하듯이 '콩콩…… 쿵쿵…… 두근두근'하며 고동친다. 이 고동은 마음의 움직임과 밀접하다. 이 때문에 사람들의 마음이 있는 곳이 바로 심장(=心)이라 생각하였다. 심장에 마음이 있다는 발상법은 매우 초보적인 신체감각, 관찰에서 출발한 것이다.

마음이 '가슴 속'='흉중胸中'에 있다고 하는 것은 『촉지蜀志』「제갈량전諸葛亮傳」에서부터 시작되는 '방촌方寸'이라는 표현이다. 방촌은 천원지방天圓地方 즉 '하늘은 둥글고, 땅은 네모나다'의 사상을 반영한 것이다. '네모 방'에다 우리들이 가족 관계에서 따져대는 삼

---

6) 安田澄, 앞의 책, 26~34쪽 참조.

촌·사촌의 '촌수'나 '한 도막'을 말하는 '마디 촌'을 합한 것이 방촌이다. 방촌은 보통 '흉중, 즉 마음'을 가리키는데 본래는 사방 일촌(약 3cm)의 뜻으로 '극히 작은 넓이'를 말한다. 옛날의 신체 해부적 지식으로 심장의 크기가 '일촌 사방'이라고 생각이 형성되었기 때문이다.

선비들이 마음을 '방촌方寸 (네모난 신체의 중심)'을 빗대어 연못을 네모나게 파듯이 마음을 네모나게 만들고 획 하나하나에 설명을 보탠다. 심은 천원지방의 전통적인 이해를 계승하여 네모난 신체의 중심(=方寸)이며, 타오르는 욕망의 불꽃을 '경敬'으로 다스리고, 도심-인심, 이-기, 천리-인

천인심성분석지도

욕의 기미를 잘 살펴서, 금수와 다른 인간됨의 길을 바르게 잘 지켜가야 함을 설파한다. 이 설명은 여말선초 양촌陽村 권근權近의 유학 개론서인 『입학도설入學圖說』에 나오는 『천인심성분석지도天人心性分釋之圖』 중 마음 심心 자의 풀이이다.

양촌은 한 획, 한 획에 의미를 부여한다. 마음의 작동 매커니즘을 설명하고, 오작동에 대한 제어 방법론까지 설명해 둔다. 일종의 마음 사용설명서이다. 인간의 마음이 얼마나 예민하고, 아름답고 섬세하고, 무섭고 격렬한가. 그것을 애써 설명하려 하였다. 마음이 수행(공부)이 필요한 것이라는 것을 애써 설명하고자 하였다.

속칭 '배알이 꼴린다'는 것

일찍이 도교道敎 의학에서는 신체의 중추를 상단전上丹田(뇌), 중단전中丹田(심장), 하단전下丹田(비장 또는 명치)로 세분화하고, 특히 뇌 부분[이환궁泥丸宮(뇌의 다른 이름)]을 중시했다.

이러한 영향으로 청대쯤 나온 것으로 보이는 도교풍의 인체도로서 사람 몸의 경락經絡을 상징적으로 보여 준 <내경도內經圖>(<道門祕傳

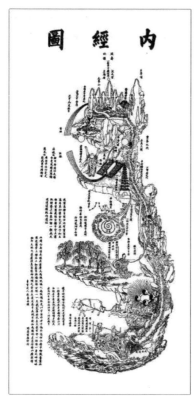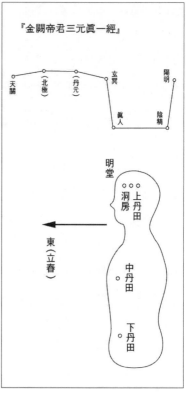

<내경도>(좌)와 『금궐제군삼원진일경』의 <단전도丹田圖>(우)

內經圖>)7)에는 '뇌'(=두뇌)가 중시되어 그것이 중추가 된다. 하지만 기본적으로 '하下(비장·명치)'와 '중中(심장)'에서 '상上(뇌)'으로 인간 중추의 이동이 보인다('하단전=비장·명치'과 '중단전=심장'→'상단전=뇌').

앞의 그림은 <내경도>와 『금궐제군삼원진일경金闕帝君三元眞一經』에 나오는 상중하단전上中下丹田8)의 모습이다.

또한 '心'의 옛 글자체 가운데 동기 명문銅器銘文, 간서簡書 및 기타 각사刻辭, 진대秦代의 전서篆書에 나오는 아래의 글자를 사람들에게 무엇처럼 보이는지 한번 물어보면 좋겠다. 뭐라고 대답할까?

동기명문·간서·기타 각사·전서의 心 글자

아이들이나 사람들은 십중팔구 '남성의 성기'라고 할 것이다. 모양새로 볼 때 남성의 성기로 볼 수 있다. 왜 그렇게 썼는지는 모르지만 여하튼 모양으로는 남성들의 성기를 닮았다.

상대방이 하는 짓이 거슬리고 비위가 상할 때 흔히 '배알이 꼴린다'는 말을 써는데, '배알'이란 창자를 가리킨다. 창자가 꼬이고 뒤틀릴 정도로 반응한다는 것은 몹시 기분 나쁘거나 아니꼬운 것을 말한다. 마음이 괴로우면 소화가 안 되고, 너무 애달파하면 애간장이 녹고, 너무 불쾌하거나 분노하면 창자가 꼬이고 뒤틀린다고 한다.

---

7) 내경도內景圖라고도 함. 내경內經이란 『황제내경黃帝內經』(『소문素問』과 『영추경靈樞經』 두 책을 포괄)을 줄인 말이다.

8) 坂出祥伸, 『道敎大事典』, 新人物往來社, 1994, 205쪽.

이처럼 마음이 배속(창자)에 있다고 볼 수도 있다. 그리고 이성 간에 마음에 드는 사람을 보거나 야한 장면을 보면 '거시기가 꼴린다!'고 한다. 이 꼴림의 현상은 하복부가 먼저 반응한다. 이런 것을 종합해 본다면 마음이 하복부이거나 배꼽 아래(구체적으로 성기)에 있다고 해도 좋겠다. 위의 마음 심 자를 꼭 성기로 볼 수는 없지만, 사람의 마음을 가장 예민하게 짚어볼 수 있는 것이 하복부이거나 배꼽 아래가 아닌가 한다.

마음, 몸의 통솔자, 신명의 주인

『순자荀子』「해폐편解蔽篇」에는 "심자형지 군야이신명지주야心者形之君也而神明之主也"라고 하였다. '마음은 몸의 통솔자이면서, 신명의 주인이다'는 뜻이다.

참고로, 나쓰메 소세키夏目漱石는 소설『코코로こころ(心)』의 초판본(1914) 표지에 그가 직접 그은 테두리 먹선 안의 첫째 줄에 '심'자를 적고 그 근거로『순자』의 한문 구절을 적은 것으로 유명하다.

『코코로』초판본 표지의『순자』구절

「해폐편」의 이 한 문장 속에 '심'이란 주어로 나오고, 술어 속에서 '형形(=신체)'의 '군君(임금)', (천지자연으로부터 받은 심의 탁월한 활동성인) '신명神明'의 '주主(주인)'라는 개념이 나온다. 여기서 일단 주목하고 싶은 것은 심을 규정하는 방식이다.

28

정신-신체, '골라내기-구분-이름붙이기'

　다시 말해서 정신(심=마음)-신체(신=몸) 사이의 위상문제이다. 신체와 정신의 관계에서 '심'을 골라내어 '형-신명'과 구분하며, 심을 '형-신명'의 '군-주'로 확정한다. 이러한 '골라내기 → 구분 → 이름붙이기'의 집요한 행위를 통해 마음을 신체(와 그에 부속된 기질적 감정)의 통솔자로 등극시킨다. 그레고리 베이트슨이『마음의 생태학』에서 인류의 행위들이 "자아·조직, 그리고 종의 개념에 너무 깊이 물들어"[9] 있다고 한 것처럼, '심'의 규정에는 인간 외부의 정치적 위계 — 즉 군신君臣·주종主從 같은 — 가 투영되어 있다. 순자 당시에서 현재에 이르기까지, 이처럼 마음이 신체의 우위에 선다는 이른바 '심신의 위상학'을 자연스럽게, 당연한 것처럼 받아들이고 있는 동양의 무의식은 한마디로 섬뜩하다. 이런 프레임이 동양의 심신론 혹은 인성론에서 요지부동으로 '확정'되고 '명명'된 계보를 잠시 더 들어 보았다. 거꾸로 육체가 정신의 우위에 있다는 생각은 과연 성립이나 한 것일까. 이렇게 물어보면 '마음은 몸의 통솔자이면서, 신명의 주인이다'라는 통상적 언표가 낯설기도 하다.

심즉리心卽理의 양명 심학心學

　양명학의 핵심은 '심心' 즉 '마음'을 둘러싼 논의로 일관하고 있

---

9) 그레고리 베이트슨, 박대식 역, 『마음의 생태학』, 책세상, 2013, 43~44쪽과 726쪽 참조.

다. 이理도 아니고, 기氣도 아니고, 본성의 성性도 아니고 '심' 그 자체를 긍정하고 거기에 모든 권한을 부여한다. 앞서 말한 대로 정신-신체의 '골라내기-구분-이름붙이기'가 동일하게 반복된다. 심에는 그 본체[體]로서 성性도 있고, 그 작용[用]으로서 정情도 있다. 그런데 이것을 일원화시켜서 심이라는 한 글자에다 의존시키고, 그것을 곧바로 이치-이법-규범-규율이라 하여 '심즉리心卽理'를 외치게 된다. 심心과 이理를 '즉卽' 한 글자로 연결한다.

그러나 왕양명은 인간의 마음(=주체, 이후 '양지良知=지知'라는 말이 대신함)이 능동적·자율적·창조적으로 도덕적 규범을 구성하고(=이른바 입법立法 같은 것), 스스로의 시비선악을 가리며 규율·제어할 수 있고(=이른바 사법司法 같은 것), 분절화된 사회의 세부 상황을 명백하게 분별하며 현실적 삶을 원만히 영위할 수 있다(=이른바 행정行政 같은 것)고 보았다. 말하자면 마음의 자주성·능동성·완결성을 전제하고 출발한다. 마음의 '지知'(인식·직관·판단·분별)는 곧바로 몸의 '능能'(실천·실행)이었다. 양명은 자신이 간파한 인간의 마음 구조(=인간의 본질)대로 학생들이나 일반인들에게도 각자의 삶을 다루고 합리적으로 이끌어 갈 것을 요청한다.

양명은 주요 학설 가운데 그 출발점이 되는 37세 중국 귀주성 용장에서 이루어지는 '오성자족吾性自足(나의 본성은 원래 완전하다)'[10]에 기초하여, 심즉리心卽理(내 마음이 이치이다)를 근간으로 하는 '심성론'을 설파하였다.

이런 심성론에서는 만물은 심(=良知)라는 차원에서 감응하며 평

---

10) 王守仁, 『陽明集』, 「年譜」 一 : 始知聖人之道, 吾性自足, 向之求理於事物者誤也.

등하다는 '만물일체萬物一體(만물은 한 몸이다)' 및 거리마다 집집마다 누구나 성인이라는 '만가성인滿街聖人(온 거리 사람들이 모두 성인이다)'의 이론이 완성된다.

양명학이 동아시아에 전개될 때, 모든 이론이 전반적으로 소개되거나 수용된 것은 아니다. 지역적 여건에 따라 선별적으로 수용되어 심화된다. 여기서 말하는 '심화'란 굴절·왜곡·변용·번안 등을 포괄하는 말이다.

성즉리性卽理의 정주程朱 심학心學

그런데 양명처럼 모든 것을 심에다 집중·의존하여 밀고 나가면 어떻게 되는가? 객관적 원리-원칙-규범-룰을 설정하고 그 가이드라인(규율) 속에서 움직여야 한다고 주장하는 이학理學 쪽에서는 당연히 다음과 같은 비판을 쏟아낼 것이다.

"마음에 전적으로 의지하게 되면, 사적인 욕망이나 주관적 판단·해석으로 치달을 위험성이 있다. 자칫 고삐 풀린 말[馬]이나 브레이크 장치 없는 자동차와 같이 멋대로 행위 하게 되면 인륜 질서, 사회적 규범을 혼란으로 몰고 갈 위험성이 있다. 마음을 객관적 규율인 이理의 지침 아래에 두라! 넘치기도 하고[過] 모자라기도 하는[不及] <감정[情]'=희노애락의 욕망=기질지성氣質之性=마음의 기氣>를 내면 깊숙한 곳에 고요히 자리해 있는 <순수지선純粹至善의 본체인 '이성[性]'=본연지성本然之性=마음의 이理>의 규율에 따르도록 하라!"고 말이다.

주자학과 양명학의 공부 도식

잠시 ─ 정이(이천)의 입장을 계승한 ─ 주자의 '성즉리性即理'라는 심성론을 잠시 살펴보자. 주자는 횡거橫渠 장재張載의 '심통성정론心統性情論(마음은 성과 정을 통어한다)'에 근거하여 '정情(악으로의 경향성을 가진 자연감정)'을 '성性(순수하며 고요한 본성으로 도덕감정)'으로 변화시켜 가는 공부론=수행론을 만들어낸다. 이를 위해서 이기론理氣論이라는 존재론을 바탕으로, 그 구체적 내적-외적 공부론인 '거경-궁리居敬窮理' 공부론을 제시한다.

'거경'은 내적 공부로서 불교의 좌선坐禪의 사마타samatha(三昧, 止-定)에 해당하며, '궁리'는 '격물궁리格物窮理(=格物致知, 구체적 사물에 이르러 이치를 궁구하다=앎을 확대해 감)'로서 불교의 위빠사나vipasana(觀-慧)에 해당한다.

주자는 일단 외부세계(대우주, macrocosmos)에 조응하는 것을 내부세계(소우주, microcosmos)인 마음으로 본다. 따라서 외부세계를 설명하는 '이기론' 모형을 심성 구조에도 적용한다. 그는 이천伊川 정이程頤가 체용론體用論의 모형을 성과 정에 적용하여 만든 성즉리性即理(성은 체體로서 이이며 정은 용用으로서 기임)설을 수용하여 응용한다.

심心 ─┬─ 성性 - 미발未發 - 체體   이리 ─┐
      └─ 정情 - 이발已發 - 용用   기氣 ─┴─ 성즉리性即理

성즉리의 구조

이렇게 하여 현재 살아 움직이는 경험적 마음인 '정'에서 출발하여 이상적인 마음인 '성'으로 끌고 가려는 금욕적이고도 경건하며 엄숙한 심성론을 구축하며, 마음을 '2층=2겹' 구조로서 파악한다.

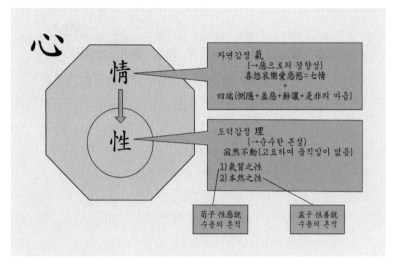

주자 성즉리性卽理의 심성론·수행론 모형

비유하자면 하늘에 태양과 구름이 있다고 치면, 구름은 태양을 가린다. 이럴 경우 태양 자체에 주목할 것인가 구름에 주목할 것인가가 문제인데, 양명은 '태양'이라는 '덕성의 완전성' 쪽에, 주자는 '구름'이라는 '현실 경험 세계의 욕망' 쪽에 초점을 맞춘다. 여기서 양명은 적극적 자기 개성 발휘를 목표로 하는 치양지론을, 주자는 현실적인 착실한 수행을 목표로 하는 격물치지론을 제시한다. 양명에게서는 중국 성선론의 극단을 찾을 수 있으며, 주자에게서는 성악설의 그림자를 읽어 낼 수 있다. 전자는 밝고 능동적이며 역동적인 자아실현을 제안하지만, 후자는 엄숙경건하고 착실한 단계를 통한 자아성취를 제시한다.

왕양명과 주자의 공부론=수행론 도식은 이렇다.

		심성론	수행론
☼	태양	양명의 출발점(심즉리) 본성의 자각 : 돈오 → 치양지
∽∽∽	구름	주자의 출발점(성즉리) 욕망의 제어 : 점수 → 격물치지

양명과 주자의 심성론·수행론 형식

3. 중국 양명학에서 근대 일본 양명학으로

앞에서는 양명학의 내용에 대하여 개괄적으로 설명하였다. 이미 서문에서 논하였듯이 일본의 양명학은 독자적인 필로소피를 구축했다기보다는 사회과학적 안목과 필로로기 속에서 필로소피를 흡수해 버리고 있는 듯하다. 물론 그런 작업은 근대학술과 지식[近代 知]의 프리즘을 통과하면서 인위적-작위적 변형을 보이기도 한다.

여기서는 일본의 근세 양명학에서 근대에 이르는 과정과 내용에 대해 소개하기로 한다.

1) 메이지 일본의 조어造語 '요메이가쿠陽明學'

양명학陽明學이 메이지 일본의 조어造語라니?!

넓은 의미에서 '양명학'이란 중국 명대明代에 왕양명王陽明이 일으킨 유교의 일파로, 맹자의 성선설性善說의 계보에 이어지는 것이나, 좁은 의미로는 메이지 시대의 근대 양명학의 구상에 의한 조어造語로 간주된다.

다시 말해서, '양명지학陽明之學'이 아니라 '양명학陽明學'이란 세 글자는, 중국에서 일찍이 『명사明史』「왕수인전王守仁傳」에도 출현한다.[11] 참고로 『명사』는 1679년부터 시작되어 1739년(건륭 乾隆 4)

---

11) 錢明,「東亞三國的陽明學觀」,『東亞三國陽明學的展開: 2017年成均館大學校東洋哲學系 BK21PLUS事業團 國際學術會議資料集』, 2017年成均館大學校東洋哲學系 BK21PLUS事業團, 2017, 124쪽 참조.

에 완성되었다.

첸밍錢明 교수(절강성 사회과학원)는 이렇게 지적한다. "양명학이란 술어述語에는 다음의 두 가지 의미가 들어 있다. 첫째는 '왕양명 본인의 학설'(→ 양명지학陽明之學, 왕씨지학王氏之學 혹은 왕양명학王陽明學)이고, 둘째는 '왕양명 및 그 학파의 학설'(→ '왕학王學' 혹은 '양명학陽明學')이다."라고 하였다. 그리고 그는 "양명학이란 술어는 중국의 『명사明史』, 조선의 남계南溪 박세채朴世采의 『남계선생박문순공문정집南溪先生朴文純公文正集』 권55 「기소시소문記少時所聞」에도 나오듯이, 중국과 조선 양국의 학자들이 이미 전근대기에 제출하였다." 그러면서 "근대적 의미의 개념으로서, 또한 주자학과 상대되는 개념으로서, 강한 실천적·행동주의적, 혁신·혁명적 의미를 담아 사용하기 시작한 근대기 일본 학자들이었다."[12]고 지적하였다. 다시 말하면, 근대적 의미의 개념, 주자학과 상대되는 개념, 강한 실천적·행동주의적, 혁신·혁명적 개념이라는 의미의 용어는 '근대기 일본 학자들'이었다고 한다.

이처럼 전근대적인 맥락과 달리 근대적인·새로운 의미로 유통되기 시작한 것은 일본의 메이지 시기 때부터이다. 즉 '양명학'이란 세 글자는 '요시다 쇼인吉田松陰'의 저술 속에도, 이후 '이노우에 데쓰지로井上哲次郎'의 제자 '다카세 다케지로高瀬武次郎'의 『일본지양명학日本之陽明學』, 이노우에 데쓰지로의 『일본양명학파지철학日本陽明學派之哲學』 등에서 명시되는 대로 메이지 시기의 '근대 양명학' 구상에 따른 조어造語로서 탄생한다. 그 이전까지는 양지학良知學·

---

12) 앞의 책, 129~131쪽 참조.

요강지학姚江之學·왕학王學·왕씨지학王氏之學 등으로 불렸다. 마찬가지로 근대기 한국에서도 양명지학陽明之學·왕학王學·왕씨지학王氏之學 등을 사용하였다. 이외에 강화학파江華學派의 이광신李匡臣·이영익李令翊에게서는 '계산지학稽山之學'이란 용어도 등장한다.

계산稽山이란 두 가지로 해석이 가능하다. 첫째로, 현재 소흥紹興의 회계산會稽山을 가리키며, 양명이 기거·강학하던 장소이므로 왕양명 및 양명학을 가리키는 대명사이다. 둘째로, '계산지학稽山之學'의 '계산稽山'은 '계산서원稽山書院'을 뜻하는 것이기도 하다. '계산서원'이란 절강성浙江省 소흥紹興에 위치하는데, 북송北宋의 범중엄范仲淹이 창건한 이래 남송 때는 주자朱子가 강학하기도 하고, 이후 명대에는 왕양명이 강학하면서 더욱 활성화되어 유명해진다. 이처럼 강화학파가 말하는 '계산지학'의 '계산'을 '계산서원'의 '계산'으로서 읽을 경우, 보기에 따라서는 '주자학'을, 또 한편으로는 '양명학'을, 아니면 '주자학·양명학이 섞인 중성적인 것'이기도 하다.

그래서 첸밍 교수는 강화학파의 이광신·이영익이 양명학 대신 '계산지학'이라 표현한 것에 대해, "자신들의 '양명학적 입장을 은폐하기 위한 것'이거나, 아니면 주자학 신도로 위장하면서 약간 주朱·왕王 병거並舉의 중성적 태도를 보여 주려는 것이 아니었을까."[13]라고 추정한다. 매우 적절한 지적이라 본다.

주자학과 상대되는, 강한 '실천적＋행동주의적＋혁신·혁명적 의미'의 메이지 시기 '요메이가쿠陽明學'란 용어는, 그 탄생 이전에 사용된 '왕씨지학王氏之學' 등의 여러 용어와는 일단 개념사적으로 연

---

13) 앞의 책, 128쪽 참조.

속하지 않는다. 이처럼 근세와의 연속성을 단절하고, 독자의 연구 영역으로서 '동아시아의 근대 양명학'을 구상해야 한다고 주장한 것은 일본의 오규 시게히로荻生茂博였다.14) 유감스럽게도 그의 '동 아시아의 근대 양명학'구상은 그의 급사로 인해 미완성에 그쳤다. 그러나 그의 관점은 일본과 한국의 '근대 양명학'에 관해서 큰 성과 를 이루었다고 평가된다.15)

필자가 과거 "한국과 중국에 있어서 '양명학'이란 개념이 메이지 기의 '근대 양명학'의 구상에 의한 조어였다"라는 주장을 발표하였 을 때, 일본 이외의 중국과 한국에서는 냉담한 반응을 보이든가 다 소 저항감을 내비치는 경우도 있었다. 메이지 시기 '근대 양명학'으 로 구상된 '요메이가쿠'와 상관없이 근대 이전에 중국과 한국에는 이미 '양명학' 및 '양명지학' 등 지금의 '양명학'에 상당하는 개념이 있었다는 식의 반론이었다.

앞서 첸밍 교수가 적절하게 평가하였듯이, '실천적+행동주의적 +혁신·혁명적 의미'의 메이지 시기 '양명학'의 탄생은, 전근대적 용 어와 맥락이 다른 일종의 기획 상품으로서 탄생한 것이었다. '일반 적 용어term'와 '만들어진invention 개념concept'의 차이를 생각해 보

---

14) 오규 시게히로荻生茂博, 「일본에 있어서 근대 양명학의 성립」, 『季刊日本思想史』 59호, ペリカン社, 2011년 참고. 이 논문은 이후, 오규 시게히로荻生茂博, 『근대·아 시아·양명학』, ペリカン社, 2008에 수록된다. 이 책에는 오규 시게히로의 앞에서 나온 논문 이외에 「막말幕末·메이지明治의 양명학陽明學과 명청사상사明淸思想史」, 「근대의 양명학 연구와 이시자키 도코쿠石崎東國의 오사카 양명학회大阪陽明學會」, 「최남선崔南善의 일본 체험과 『소년少年』의 출발 — 동아시아의 근대 양명학 Ⅲ-1」 가 수록되어 있다.

15) 오규 시게히로에 관한 평가는, 澤井啓一, 「근대 일본에 있어서 양명학의 변용 — 建部遯吾를 例로」, 『陽明學』 제26호, 한국양명학회, 2010 참고.

면 좋겠다. 따라서 왕양명의 학문이 근대기 일본에서 새롭게 '영유 領有(appropriation)'된 것이었다. 이것이 이른바 근대 일본의 양명학 이다. '영유'란 이미 있던 것(일반적·공적)을 새롭게, 다른 차원에서 자신의 것으로 점유(=私有化·我有化)하는 것을 말한다.

그렇다면 참고로 일제강점기에 등장한 정인보鄭寅普의 『양명학연 론陽明學演論』(1933)16)처럼 제목에서 또렷이 제시된 '양명학'이란 세 글자를 우리는 어떻게 바라보아야 할까. '그것이 어디서 왔을까?'라 고 좀 낯설게 쳐다보는 눈도 필요할 것이다.

정인보 이전에는 양명학이란 말을 쓰지 않고 '왕학王學'이라고 하 였다. 예컨대 육당六堂 최남선崔南善의 『소년少年』지 종간호(1911년 5 월 15일자, 제4년 제2권, 통권 23호)이다. 최남선은 제일 먼저 「왕학王學 제창提唱에 대對하여」(1911)17)처럼 말이다.

---

16) 1933년 9월 8일부터 12월 17일까지 『동아일보』에 발표하였다. 그 뒤 1955년 8 월 20일 문교사文教社에서 『담원국학산고薝園國學散藁』를 간행하면서 제4편에 실 었다. 1972년 7월 31일 삼성문화재단에서 『양명학연론』을 간행하였고, 1983년 연 세대학교 출판부에서 『담원정인보전집薝園鄭寅普全集』 6권을 간행하면서 제2권에 수록하였다.

17) 高大亞細亞問題研究所 編, 『六堂崔南善全集』 卷10, 玄岩社, 1974(이하 『六堂全 集』), 145~148쪽에 재수록되어 있다. 참고로 『少年』은 上·下 두 권으로 영인된 것 (崔南善, 『少年』 上·下, 문양사, 1969)이 있다. 그리고 고려대 아세아문제연구소에서 편집한 전집(高大亞細亞問題研究所 編, 『六堂崔南善全集』, 玄岩社, 1974)에는 각 분야별로 분산되어 실려 있고, 최근에 간행된 영인본 전집(『六堂 崔南善 全集』 卷 1~14, 亦樂, 2003) 속에도 분산되어 들어 있다.

2) 양명학의 수용과 초기적 전개

오미의 성인近江聖人 나카에 토쥬

일본에서 자각적으로 양명학을 수용하여 연구한 것은 '오미의 성인近江聖人'이 불리는 '나카에 토쥬中江藤樹'이다. 오미란 '아와우미淡海(あはうみ) 즉 비와코琵琶湖에 있는 나라로, 기내畿內(교토)에서 가까운 나라'라는 의미이다. 비와코는 시가 현滋賀県에 있는 호수로 일본 최대의 명적과 담수량을 자랑한다.

선승 료안 케이고了庵桂梧, 왕양명을 만나다

그런데, 나카에 토쥬 이전, 무로마치室町 시대에 고잔五山[18]의 선승 료안 케이고了庵桂梧는 막부의 명으로 명나라에 가서 1513년 닝포寧波에서 의례적으로 왕양명을 만난 적이 있다. 그해 5월 귀국하는 료안에게 왕양명은 「송일본사요안화상귀국서送日本使了庵和尚歸國序」를 써 주었다. 이것은 『왕양명전서』에는 없고 흥미롭게도 일본의 문헌에만 실려 있다(물론 현재 새로 간행된 『왕양명전집』에는 실려 있다). 료안의 행적에서는 그가 사상적으로 양명학을 수용했다는 증거를 찾을 수 없다.

---

18) 교토京都의 고잔五山을 말한다. 고잔이란 원래는 중국 남송南宋의 영종寧宗이 '인도의 다섯 정사(天竺五精舍)' 고사故事를 본떠서 만든 다섯 사찰, 즉 '경산徑山·영은靈隱·천동天童·정자淨慈·유광育王'을 오산五山으로 보호하였던 데서 유래한다. 가마쿠라 시대鎌倉時代 후기에는 일본에 선종禪宗의 보급에 따라 이 오산이 확산되었는데, 임제종臨濟宗에서 오산제도五山制度를 가지고 있다.

나카에 토쥬의 비관적·타력적 양지학良知學

나카에 토쥬의 경우, 왕양명의 학설을 수용하기 전에 『왕용계어록 王龍谿語錄』을 접하고 왕기王畿의 사상을 받아들인 것이 특징이다.

또한 그는 심즉리설心卽理說을 수용하지 않고 관심을 보인 '치양지 致良知'설도 '양지良知에 이르다致(=至. ィタル)'라고 읽는 등 독자적인 양명학 수용 방법을 취하고 있다. 한국·중국과의 큰 차이는, 그에게 있어서 천인天人 분리의 모습이 보이고, 또한 천天을 '황상제皇上帝(= 천황)'로 간주하고 그것을 인간의 내면에 깃든 양지良知에 연결시켜 황상제가 인간의 내외 양면을 엄격하게 규제하는 사상적 구조를 보여 준다.

이러한 사상의 체계에서 자기가 자기를 컨트롤하는 '자력'의 한계를 넘어 자연스럽게 '타력'이 요청된다. 따라서 그는 외부의 거울 (=理, 성현의 담론)을 설정하고 거기에 자신(의 심신)을 자력적으로 항상 비추면서 이성적으로 자기 컨트롤을 하는 저 송학宋學=정주학程 朱學의 낙관적 인간관을 대표하는 '지경설持敬說'을 쓸모없는 것(사족)로 비판·제거하고 있다. 오히려 그는 비관적 '성의론誠意論'을 구상해 낸다.19) 다시 말하면 바깥 사물로 향하는 인간의 지향성인 '의意'를 악마(=意魔)로서 소멸시키고20) 황상제라는 외적 절대자를 설정해서 항상 자신을 통제한다. 그렇지 않으면, 인간은 어쩔 수 없이 악으로 흘러가고 만다는 것이다.

---

19) 崔在穆, 『東アジア陽明学の展開』, ぺりかん社, 2006, 125~171쪽, 278~286쪽.

20) "良知ノ太陽躍然ト發出シ, 惑ノ意魔當下ニ消滅シテ…", "太陽出テ纖塵コトゴドク照ガ如ク…"(『藤樹先生全集』 卷2, 岩波書店, 1940, 183쪽)

'양지 신앙'에서 '무교회주의'로

여기서 그는 양지良知(=황상제)에 이른다는 것을 중시한다. 그래서 양지良知는 신앙화된다. 이런 발상은 '토쥬 학파'의 후치 고잔淵岡山을 거쳐 기무라 난바木村難波에 이르러서 '받들고자 비는戴祈' 이론으로서 전개된다.21) 이러한 양지良知 해석은 근대기에 이르러 우치무라 간조內村鑑三의 무교회주의로 이어지는 것 같다.

어쨌든 나카에 토쥬의 양명학은 구마자와 반잔熊澤蕃山, 미와 싯사이三輪執齋, 사토 잇사이佐藤一齋, 오시오 츄사이大塩中斎로 면면히 이어져 근대에는 메이지의 정신사와 부합하여 더욱 발전한다. 그리고 사토 잇사이와 그를 잇는 '사쿠마 쇼잔佐久間象山', '요시다 쇼인', 그리고 '사이고 다카모리西郷隆盛'가 있다. 이후 양명학자로 평가받는 '미시마 주슈三島中洲', '야마다 호코쿠山田方谷' 등이 있다.

세키몬 심학石門心學과의 동질성

일본을 생각하는 경우에는 양명의 심학 외에 세키몬 심학石門心學이라는 것이 있다. 세키몬 심학이란 근세 일본의 독자적인 인생철학·서민교학이다. 따라서 나카에 토쥬 이래의 일본 양명학과 직접적인 관련은 없다. 양명학에도 일정한 단계를 거쳐 정규의 학문을 배우기 어려운 일반시민의 마음에 호소하여 생활 현장에서의 자기

---

21) 이러한 사정에 관해서는 木村光德 編著, 『日本陽明学派の研究 藤樹学派の思想とその資料』, 明德出版社, 1986 참조.

각성을 촉구하는 면이 있는데, 세키몬 심학도 그렇다. 이는 신분을 넘은 인간 평등의 주장으로서 양명학 정신과 잘 어울린다. 직감적으로 내면의 영성[心]에 호소하는 설득의 스타일도 양명학과 서로 통한다.

3) 이른바 '일본 양명학파日本陽明学派'

일반적으로 일본에서는 "양명학파陽明学派가 존재한다"는 입장과 "그렇지 않다"는 입장이 공존해 왔다.

'이노우에 데쓰지로井上哲次郎'와 '다카세 다케지로高瀨武次郎'

먼저 양명학파가 존재한다는 입장을 대표하며, 일본학계에서 '일본 양명학파'라는 용어를 가장 최초로 사용하고, 그 계보를 개괄적으로 정리한 사람은 근대 시기 '이노우에 데쓰지로'와 그의 제자 '다카세 다케지로'라 할 수 있다.

우선 이노우에는 잘 알려진 그의 저서 『일본양명학파지철학』에서 '나카에 토쥬'를 일본 양명학의 시조로 정리하고 있으며, 이어 '구마자와 반잔', '미와 싯사이', '사토 잇사이', '오시오 츄사이'로 계승되는 일본 양명학파의 철학적 계보를 그려 내고 있다. 이노우에는 『일본양명학파지철학』에 이어, 『일본고학파지철학日本古學派之哲學』, 『일본주자학파지철학日本朱子學派之哲學』을 시리즈로 간행하여, 일본의 '양명학 → 주자학 → 고학'이라는 장르를 정립하고, 더욱이 '학파'라는 명칭을 써서 전통과 근대를 연속하는 학적學的 계보를

명시하고 있다. 이러한 지적知的 프레임은 만약 일본에서 '양명학
→ 주자학 → 고학파'의 계보를 논의할 경우 '하나의 상식'으로 정
형화를 이루게 되었다.22)

'일본 양명학파' 계보의 성립

그런데, 정확히 말하면 이노우에에 앞서 나카에 토쥬 → 요시다
쇼인 → 사이고 다카모리에 이르는 이른바 '에도 양명학'의 계보,
나아가 '일본 양명학파' 계보를 만든 사람은 그(이노우에)의 제자 다
카세 다케지로였다.

다음의 이노우에가 만든 '일본 양명학 계보도'는 '다카세'의 『일
본지양명학』을 토대로 탄생한 것이다.

---

22) 최재목, 「일본 양명학의 전개」, 『양명학』 제1호, 한국양명학회, 1997. 일본 근세 양
   명학의 전개를 동아시아의 시점에서 비교 연구한 것은 최재목 저, 이우진 역, 『동아
   시아 양명학의 전개』, 정병규에디션, 2016을 참고 바람.

일본 양명학 계보도

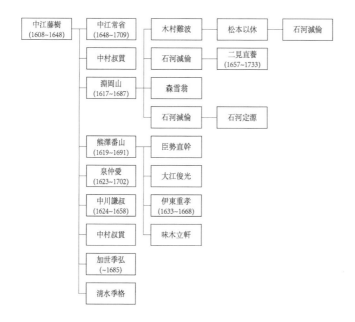

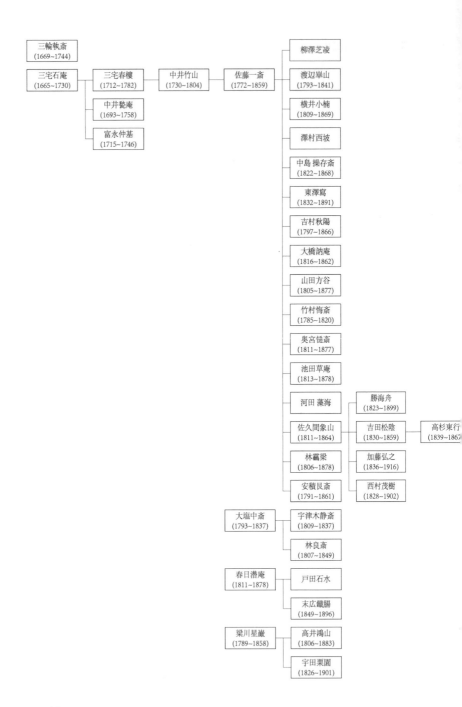

46

다카세의 『일본지양명학日本之陽明學』(1893) 목차를 잠시 보기로
한다.

- 第一	中江藤樹	- 第十九	尾崎愚明
- 第二	熊沢蕃山	- 第二十	中尾水哉
- 第三	北島雪山	- 第二十一	中江兆民
- 第四	三重松庵	- 第二十二	川尻宝岑
- 第五	三宅石庵	- 第二十三	池田草庵
- 第六	中根東里	- 第二十四	中島操存斎
- 第七	三輪執斎	- 第二十五	林良斉
- 第八	川田雄琴	- 第二十六	東沢潟
- 第九	石田梅巌	- 第二十七	春日潜庵
- 第十	鎌田柳泓	- 第二十八	梁川星巌
- 第十一	竹村悔斎	- 第二十九	高杉東行
- 第十二	大塩中斎	- 第三十	雲井竜雄
- 第十三	佐藤一斎	- 第三十一	鍋島閑曳
- 第十四	吉村秋陽	- 第三十二	島義勇
- 第十五	山田方谷	- 第三十三	伊藤茂右衛門
- 第十六	河井継之助	- 第三十四	西郷南洲
- 第十七	金子得所	- 第三十五	海江田信義
- 第十八	奥宮慥斉		

여기서 확인할 수 있듯이, 에도 후기 유학과 양명학의 흐름은 사
토 잇사이에서 시작하여 사쿠마 쇼잔, 요시다 쇼인으로 이어지며,
이후 사이고 다카모리를 비롯한 막말의 지사들에게 직간접적인 영
향을 끼친다. 이러한 양명학 위인 열전의 도식은 당시의 양명학이
근대기 행동하는 지식인이나 지사志士들의 정신적 이념으로 작용하
였을 가능성이 짙고, 메이지 유신明治維新의 원동력이 되었다고 판단
된다.

'일본 양명학파'의 정설화

'고지마 쓰요시'가 지적한 바와 같이, '다카세'는 『일본지양명학』을 저술하여, 일본 양명학자들에 관한 간단한 열전列傳을 완성해 냈다. '이노우에'는 이에 그치지 않고, 좀 더 보완을 하였는데, 일본사상사가 현대 시기에 접어들면서 '이노우에'와 '다카세'로 이어졌던 '일본 양명학파'라는 학설은 일본의 교육현장 및 일본사상사를 기술하는 과정에서 지금까지도 계속 재생산되며 유지되고 있을 정도이다.[23] 그 대표적인 예가 1972년 일본 메이토쿠 출판사明德出版社에서 간행한 『양명학 대계陽明學大系』(8~10권) 속의 『일본의 양명학』상·중·하 3권이다. 여기에는 근세 및 근대기의 일본의 주요 양명학자들의 생애와 활동, 그리고 그들의 주요 저작이 개괄적으로 소개되어 있다.

4) 일본 양명학의 근저: 수토론水土論·시처위론時處位論

'동양도덕東洋道德, 서양예술西洋藝術'

근대기의 아시아 세계의 큰 번민 중의 하나는 '자국=내부'에 도전해오는 '타국=외부' 즉 '서양'에 대한 대응이었다. 근대기에 등장했던 동양과 서양의 격투와 대응에서 나온 중국의 '중체서용론中體西用論'이나 조선의 '동도서기론東道西器論'에 대비되듯, 일본에서는

---

23) 小島毅, 『近代日本の陽明学』, 講談社, 2006, 114쪽.

사쿠마 쇼잔이 '동양도덕東洋道德, 서양예술西洋藝術'을 제창한다. 다시 말해서 동양(=일본)에서는 도덕이, 서양에서는 예술=기술이 뛰어나기에 주자학으로 표상되는 '동양의 도덕'을 잘 유지하면서 서양의 '예술=기술'을 적극 받아들이자는 주장이다.

> 東洋道德西洋藝　동양의 도덕과 서양의 예술
> 匡廓相依完圈模　두 테두리가 서로 만나야 원 모양을 이루네.
> 大地周圍一萬里　큰 지구는 주위가 일만리
> 還須缺得半隅無　모름지기 그 반원이 없어서는 아니 되네.24)

　쇼잔이 말한 '동양도덕'의 동東 혹은 동양東洋은 아시아 전체가 아니라 당시 아시아를 대표한다고 자부하던 '일본'을 의미한다. 서양에 무력한 중국의 파탄을 직시하며, 중국의 화이론華夷論을 일본적으로 변용하여 과거 중심=중국의 자리에 일본을 앉히고 동양의 맹주로서의 자신감을 표출해 가고 있었다.

일본적 공간의 우수성, '수토론水土論'

　일본적 특성을 포함한 일본이라는 '지상적[地] 공간'의 우수성은 '수토론水土論'으로 표상된다.25)

---

24) 『象山全集』 第4卷, 「小林又兵衛宛書翰」, 安政元年 3月付, 242~243쪽.
25) 아래 내용은 최재목, 「'東'의 誕生 ― 水雲 崔濟愚의 '東學'과 凡父 金鼎卨의 '東方學'」, 『陽明學』 26집, 한국양명학회, 2010의 2장 7절, 「東의 우월성, 동양사상의 등장」 앞부분을 수정하였음을 밝혀 둔다.

수토론은, 중국의 전통적인 천=시간성/지=공간성을 참고한다면, 해당 지역의 구체적 환경과 특수성을 사상적·문화적으로 다시 영유領有(appropriation. 아유我有·사유私有·전유專有라고도 함)하는 일이다. 수토론은 다른 말로 하면 일본적 '풍토론風土論'의 재구성이라 하겠다.

수토론은 니시카와 조켄西川如見의 『일본수토고日本水土考』(1720)[26]에 잘 드러나 있다. 니시카와 조켄은 에도 시대 중기의 나가사키長崎 출신으로 천문·지리학자이다. 『일본수토고』는 그의 다른 저서 『수토해변水土解弁』과 아울러 말하고자 하는 것은 지리적으로 선택된 훌륭한 나라 일본에 대한 것이다. 즉 일본이 아름다운 풍토를 가졌으며, 지리적 여건이 다름으로 인해 자연적으로 다른 여러 나라들과 구별되는 훌륭한 나라라고 하는 것을 논하고 있다.

참고로 그의 또 다른 저서 『증보화이통상고增補華夷通商考』는 나가사키에서 보고 들었던 해외의 여러 나라 사정을 주로 통상의 관점에서 서술한 지리서이다. 그는 서양에서 생산된 지구도地球圖의 지식과 유교사상에 내포된 '음양오행사상陰陽五行思想'을 연결시켜 '동이東夷'라는 개념을 일본적 각도에서 새롭게 읽어내고 있다. 다시 말하면 '서쪽[西]'에 위치한 아메리카 주亞墨利加州를 '수토음악편기水土陰惡偏氣의 나라'로 보고 일본을 가장 '동쪽[東]'쪽에 위치시킨다. 그런 다음 "이 나라(=일본)는 만국萬國의 동두東頭에 있어 아침해朝陽가 처음으로 비치는 곳이며, 양기발생陽氣發生의 최초最初, 진뢰분기震雷奮起의 원토元土"라고 하였다. 니시카와는 요컨대 '동쪽

---

26) 이 책은 岩波文庫本으로 '水土解弁·增補華夷通商考'와 합본되어 간행되었다(西川 如見, 『日本水土考·水土解弁·增補華夷通商考』, 飯島 忠夫·西川 忠幸 校訂, 岩波出版 社, 1944).

[東]'지역의 수토水土인 일본은 '생명의 발생' 지역이기 때문에 다른 곳보다 '우월한=특별한 장소'라는 인식을 논증하고, '양陽=목木=춘春=동東이라는 전통적 오행 관념의 연상-결합을 만들어 내고 있는 것이다.

선민選民, 문명국 = 선진국 의식

이러한 수토론을 통한 '동東'의 우월성, 특수성 논의는 결국 '선민選民의식'을 부각시키고 있다. 나아가서 서구와의 만남을 통해서 동서의 구별을 절대화하고, 아시아 내부에서는 중국의 화이론을 일본 버전으로 바꾸어 아시아 차별 논의(탈아입구脫亞入歐 등)를 강화해 간다. 그 결과 '일본민족단결-국체론國體論-제국일본帝國日本 만들기'에 도달한다.

수토론을 통한 '동양'이란 개념의 영유領有는 과거의 '화華'라는 중심 위치에 '일본'을 확정하려는 이른바 시점視點(point of view)의 전환이라 하겠다.27) 이곳이 바로 모든 이야기는 시작=발원되는 지점이라는 뜻이다. 예컨대 일본이 607년 중국의 수나라 황제에게 보낸 국서에서, 발송자를 '일출처천자日出處天子(해 뜨는 곳의 천자)'로 하고 수신자를 '일몰처천자日沒處天子(해지는 곳의 천자)'로 했다는 것에서도 알 수 있듯이, 일본이 중국에 빼앗고자 했던 것은 '동쪽'이 상징하는 빛=문명국=선진국이었던 것이다.28)

---

27) 이러한 논의는 澤井啓一, 上村忠男 ほか編, 「水土論的志向性 — 近世日本に成立した支配の空間のイメージ」, 『歴史を問う・3 : 歴史と空間』, 岩波書店, 2002를 참조하였다.

이처럼 일본의 수토론은 '중심으로서의 구체적 현실적 장소topos' 확보를 그림자처럼 업고 있다. 그만큼 땅에 대한 집착-애착을 은유한다. 수토론이라는 개념과 그 논의는, 거슬러 오르면, 나카에 토쥬와 구마자와 반잔 같은 일본 초기 양명학자들에게서도 두드러진다. 아울러 그들은 수토론과 같은 맥락의 '시처위론時處位論'을 제시하여 일본이라는 '국가'의 현실적 구체적 장소의 특수성을 확보하고 있다.

일본 '답게/스럽게/적인 것으로서 '되기

일본 근대사에서 '일본화', '일본적'이라는 개념은 서양과의 만남을 통해 새롭게 발견되고 재조직화된다. 특히 메이지 시기 '국민+국가' 건설의 구상 가운데 왕양명의 '양명'에다 근대적 의미의 학술 장르를 뜻하는 '학學' 자를 붙여 '양명학陽明學(요메이가쿠)' 세 글자를 재발견해 내고, '일본 양명학파日本陽明學派'를 조직화·계보화한다. 아울러 양명학 논의를 통해 일본사상의 '일본화'와 사상의 일본적 특성을 보여 준다는 의미에서 '일본적'이라는 개념을 부각시킨다.

'일본화'의 '화化'는 일본적 여건(수토/풍토)에 맞도록 '변화'하거나 '영유'한 것을 말하고, '일본적'의 '적的'은 일본이라는 조건을 상당히 만족시키거나 마치 일본 '답게/스럽게/적인 것으로서' 된 것을 말한다.

---

28) 임형택, 『문명의식과 실학―한국 지성사를 읽다』, 돌베개, 2009, 23쪽 참조.

중국의 양명학	➡	일본이라는 여건 (水土/風土)=topos **時處位라는 틀[型]**	➡	일본화 일본적 **日本陽明學**

일본화-일본적인 것의 형성 과정

국가주의-제국지帝國知의 지향

이노우에 데쓰지로와 그의 제자 다카세 다케지로가 근대 이전(근세)과 메이지 유신의 위업을 달성한 영웅호걸들을 일본 양명학자 열전에 넣어 근세-근대를 연결하는 형태의 '일본 양명학파'의 계보가 기획된 것은 좀 더 세심하게 생각해 볼 필요가 있다. 다시 말하면 '양명학'의 조어와 더불어 '일본 양명학파'의 탄생이 결국 국민+국가의 국가주의나 제국帝國을 지향하는 지식 형성과 맞물려 있다는 점이다.

이렇게 '일본+양명학+학파 → 일본 양명학파' 및 '일본 양명학파+철학 → 일본 양명학파의 철학'이라는 조어가 기원한 사건은 — 이미 '학-학파-철학'이라는 말에서 근대의 냄새를 맡을 수 있듯이 — 메이지 30년대 일본의 근대 국가주의-제국지帝國知를 주도하던 아카데미 내부 핵심 이데올로그들의 지적 노력으로 이루어진 것이다. 근대 일본 양명학을 생각할 경우 이런 점들에 예민해질 필요가 있다.

새로운 시대의 학문, 양명학

아울러 '일본화', '일본적'이라는 개념화와 명명을 통해, 이전(구시대)의 관념과 구별하여 새롭게 일본 '답게/스럽게/적인 것으로서'된 것을 천명하는 가운데 '양명학'을 부각시킨 역사적 사건도 병행한다.

예컨대 이노우에는 『일본양명학파지철학』에서 이렇게 말한다.

양명학의 기본을 말하면, 명明의 양명陽明에게서 나왔다고 하더라도, 일단 일본에 들어오고 나서 곧바로 일본화日本化하여, 저절로 일본적인 성질日本的の性質을 띠게 되었다. 만일 그 현저한 사실을 들면, 신도神道와 합일하는 경향이 있다. 확충해서 이것을 말하면, 국가적 정신國家的の精神을 근본으로 하는 추세가 있다. (중략) 일본의 양명학은 신도神道와의 관계를 제외하더라도 저절로 일본적 취미가 있는 것을 부정할 수 없다. 생각건대 일본인은 본성이 단순성을 좋아한다. 그러나 학문으로서는 양명학보다 단순한 것은 없다. 이간 직절易簡直截이라는 참됨[洵]에 해당한다. 이로써 일본인이 양명학에 접하자마자 그(=자신들의) 본성과 사물(=외래 학술)이 딱 들어맞아, 이것을 가지고서 저것을 받아들이고 저것을 가지고서 여기에 수용하며, 상호 융회하여 하나가 되었다. (중략) 지나에서도 양명학파 사람들이 왕왕 뛰어난 절조[奇節]를 드러냈다. 그러나 일본의 양명학파는 실로 활발한 사적을 이루고 혁혁한 흔적을 남겨서 지나의 양명학파보다 훨씬 뛰어나다.29)

이노우에가 명료하게 표현한 것은 중국의 양명학이 일본에 들어오고 나서 '일본화'하고, '일본적인 성질'을 띠게 되었는데, 그 예가 '신도와 합일하는 경향', '국가적 정신을 근본으로 하는 추세'라고 하였다. 그리고 일본의 국민성은 단순성·간이직절簡易直截을 좋아하며 이 점이 양명학과 통하여 상호 융화되었다고 본다. 그러나 양명학의 영유는 구체적인 사적으로 드러나며 중국양명학보다 더 우월하다고 단언한다.

신도와 합일 → 국가적 정신

일본 고유의 민족종교인 '신도와 합일'한다는 것은 외래의 어떤 형이상학이든 형이하학이든 간에 '일본'이라는 정신적–문화적–공간적 특수성인 '수토=풍토'라는 틀[型]에 흡수되어 전개되는 것을 말한다. '국가적 정신을 근본'으로 한다는 것은 '일본'이라는 '국가'와 그것이 지향하는 '이념·주의'라는 틀을 토대로 전개됨을 말한다. 따라서 일본화·일본적이라는 것은 앞서 말한 대로 '일본이라는 여건과 장소(水土/風土)=시처위時處位라는 틀'에 주조鑄造되어, 구체적인 것으로 분명하고 단순화되는 형태로 드러나서 일본 '답게/스럽게/적인 것으로서' 된 것이다.

---

29) 井上哲次郎, 『日本陽明學派之哲學』, 富山房, 1900, 573~574쪽.

'일본민족단결-국체론國體論-제국일본帝國日本 만들기'

덧붙인다면, 이노우에 데쓰지로는 이노우에 엔료井上円了와 더불어, '변화·차별의 현상세계(=假想)'가 유일한 '실재(=實相. 진여·평등)'라고 하는 '현상즉실재론現象卽實在論'을 주장한다.30) 이 논리를 일본화·일본적이라는 논리에 적용한다면, 신도가 있는 일본이라는 국가적 정신이야말로 절대정신이므로, 그것 빼고는 별다른 실재가 없다는 결론에 이를 수 있다. 이미 언급한 '일본민족단결-국체론國體論-제국일본帝國日本 만들기'에 기여하는 논리적 기획임을 알 수 있다.

아울러, 이노우에보다 먼저 '일본 양명학파'의 계보를 기획했던 다카세는 『일본지양명학』에서 이렇게 말한다.

> 지나支那의 왕학자王學者는 그(=양명학의) 고선적枯禪的, 몸이 마르도록 참선에 정진함 → 선종禪宗 원소元素를 얻고 사업적事業的(현실 사회의 정치·경제) 원소를 유실했다.
> 이에 반해 우리나라 양명학陽明學은 그 특색으로 일종의 활동적 사업가를 배출했다. 토쥬藤樹의 대효大孝, 반잔蕃山의 경륜經綸, 싯사이執齋의 훈화薰化, 츄사이中齋의 헌신적 사업에서, 유신제 호걸의 경천동지의 위업에 이르기까지 모두 왕학王學의 결실이 아닐 수 없다. 저 지나의 타락적 양명학파陽明學派에 반해

---

30) 이에 대해서는 新田義弘, 「井上円了における現象卽実在論」, 『井上円了と西洋思想』, 東洋大学井上円了記念学術振興基金, 1988, 79~102쪽 참조.

서 우리나라의 양명학은 늠름한 일종의 생기生氣를 띠고, 겁쟁이도 뜻을 세우고 완고한 사람도 청렴해지는 기풍[風]이 있다. 이는 다른 것이 아니라, 양 국민의 성질이 그렇게 만든 바이다. 일본 국민의 성질은 저들(=지나支那)에 비해 의열義烈하고 준민俊敏하며, 게다가 현실적으로 기울고 실천적 성질이 풍부하다. 때문에 우연히 미묘微妙하고 유현幽玄한 이론을 얻어서 공구攻究하더라도 아직껏 문지기의 안쪽[혼오閣奧, 어둡고 깊은 곳. 추상적·형이상적인 것]을 엿보지 않고 이에 곧바로 실행 여하를 따져보고서 만일 실행할 수 없을 것 같으면 결국 이것을 취하지 않는다. 따라서 현묘정치玄妙精緻한 철리哲理도 일단 우리나라 학자의 두뇌를 통과하면, 곧바로 일본화日本化하여 일종의 천근淺近(혼오閣奧의 반대. 구체적·형이하적인 것. 얕고 가까운 것)한 것이 되어, 실행에 편한 부분만이 발달하여, 추상抽象·순정純正·고상한 부분은 의심되거나 제거되어 발달을 보이지 않았다.31)

이노우에보다 먼저 다카세는 양명학의 '일본화' 및 일본적인 에토스나 마인드를 상징하는 기풍[風], '일본 국민의 성질(=국민성)' 즉 '실천적-실제적-현실적 민족적 성향'을 하나의 외부의 사상문물을 받아들이는 틀[型]로서 적시摘示한다.

다카세는 왕양명의 전기와 사상을 상세히 풀어 쓴 『왕양명상전王陽明詳傳』에서 왕양명의 사상을 '간이직절簡易直截'의 '활용실학活用實學'으로 보고, '현허공허玄虛空虛'와 '지리산만支離散漫'을 치유하

---

31) 高瀨武次郎, 『日本之陽明學』, 鉄華書院, 1898, 34쪽.

는 특효약처럼 여기고 있었다.

> 현허공허玄虛空虛에 빠지려 할 때 이것(『왕양명상전』)을 읽으면 활용실학活用實學으로 돌아간다. 지리산만支離散漫에 흐르려고 할 때 이것을 읽으면 간이직절簡易直截로 돌아간다.32)

양명학, 사무라이의 나라를 대변

어쨌든 이 당시 양명학은 사무라이(무사)의 나라 일본에 적합한, '일본적'인 것을 대변하는, 현실적·실천적·실용적·행동적인 '실학'으로써 승인받으면서 메이지 30년대의 기풍을 표상하고 있었다. 이 대목은 —비록 메이지기에 기획·창조된 개념으로서의 '양명학'이라 하더라도— 일본인 그 스스로가 일본화라는 한 '형식'을 잘 말해 주고 있는 셈이다. 이 형식은 '혼오閽奧=추상/순정/고상/현허/공허/지리/산만'의 외래적 요소를 '천근淺近=실제/실용/실천/단순/간편/간이/직절/활용/실학'으로 변환하는 기제이다.

이것을 일본 자본주의의 발달에 연결시켜 볼 때, 일본 근대기의 유교는 지식인들이 일상생활에서 활용하는 기초교양 정도였거나 아니면 전문학자들의 학문방법론과 연구 시각으로 각색되던 하나의 대상물이었지 그들(일본인)에게 체질화된 문화심리 체계까지는 도달해 있지 않았음을 이해할 수 있다.33) 그래서 일본의 대중문화

---

32) 高瀨武次郎, 『王陽明詳伝』, 文明堂, 1904, 9쪽. 참고로 이 책은 1915년 広文堂書店에서 재판再版되며, 백암白巖 박은식朴殷植의 『왕양명선생실기王陽明先生實記』 집필에 영향을 미쳤다.

와 유교의 전통이 다르다는 주장도 가능하다. '일본이라는 수토=풍토=시처위'에 따라 외래의 것, 예컨대 중국의 양명학을 근대기 일본에서 새롭게 발견하듯, 외래의 자본주의 또한 일본적인 것으로 수용하여 전개할 수 있음을 보여 주는 대목이라 하겠다.

다만 유의해야 할 것은 이 당시 일본에서 이해된 양명학은 적어도 '국민도덕'-'도덕주의'에 기여하는 것이지, 이기주의-공리주의를 내용으로 하는 자본주의의 확립에 관련돼 있지 않다는 점이다. 예컨대 이노우에는 『일본양명학파지철학』에서 이렇게 말한다.

> 유신 이래 세간의 학자, 혹은 공리주의를 창도하거나 이기주의를 주장하여, 그 결과가 미치는 곳은 간혹 우리 국민적 도덕심을 파괴하려고 한다. 이것은 애당초 그 학문이 철저하지 않음에서 나왔다 하더라도 국가의 원기를 좌절시키고, 풍습 교화[風敎]의 정수를 좀 먹는 해[蠹毒]가 아닐 수 없다. 공리주의와 같은 것은 국가 경제의 주의로서 본디 가능하다. 다만 이것을 개인에 관한 유일의 도덕주의로 하는 것은 불가능하다. 왜냐하면 그 경우에 도덕은 타율적으로 되어 조금도 심덕心德을 양성하는데 효과가 없기 때문이다. 대개 공리주의는 사람을 사욕으로 이끄는 가르침으로서, 우리나라의 종래 신성시하는 심덕을 더럽히는[汚穢] 것이다.[34]

---

33) 이와 관련한 논의는 최재목, 「한국에서 '일류日流'의 현상 — 특히 일류 붐의 '한계'와 그 극복 방안 논의를 중심으로」, 『일본문화연구』 20집, 동아시아일본학회, 2006 참조.

34) 井上哲次郎, 「日本陽明學派之哲學序」, 『日本陽明學派之哲學』, 富山房, 1900, 3쪽.

형이하적인 것, 사회과학적 의식

여기서 주목해야 할 점은, 외래의 것과 자생-토착의 것을 구별하고 외래의 것을 '일본의 수토=풍토, 나아가서 시처위'라는 인식 '틀[型]'이다.

예컨대 이것은 일본에서 마치 절분節分 때 콩을 던지며 "도깨비는 밖으로! 복은 안으로!(鬼は外! 福は內!)"라 외치며 잡신을 내쫓고 운을 불러들이는 일에 비유해 보는 것도 좋겠다. 다시 말하면 외부의 것을 이해하는 틀은 도깨비같이 '어렵고 모호한 형이상적인 것(=혼오)'이거나 '좀 먹는 해[蠱毒]-더럽히는[汚穢] 것'이니, 일본인의 깨끗한 국민적 도덕심=심덕心德으로 이것을 걸러내어, 눈에 보이고 이익이 되는 형이하적인(=천근=천근) 것으로 조정되어 있다. 일본인들의 심덕은 이노우에가 언급한 '이간직절易簡直截이라는 참됨[洵(まこと)]'이라 할 때의 '참됨', 즉 '마코토[誠]'로 정리된다.

5) 마코토[誠]=성실, 사무라이의 도덕

'개인 내면의 순수·절대'에서 수용

미조구치 유조溝口雄三 등이 편집한『중국사상문화사전中國思想文化事典』의 '양명학' 항목 말미에 '일본 양명학'의 특징을 간략하게 요약하고 있다.

중국의 양명학을 종종 일본 양명학의 렌즈를 통해서 보고 그 결과 내면의 자립, 개아 각성의 학으로 이해하기도 한다. 이러한 경향에 유의해야 한다는 관점에서, 본 항목에서는 예외적으로 일본 양명학을 언급하기로 하겠다. 일본에서는 예를 들면 구마자와 반잔 양명학에 대해서 "심법心法에 있다"(『集義和書』 권1) 혹은 구사카 겐즈이久坂玄瑞가 "심술心術을 단련하고, 생사生死를 이탈하는"(『吉田松陰全集』, 「入江杉藏宛書簡」) 것이라고 평가하는 데서도 엿볼 수 있듯이, 도덕의 민중화라기보다는 오히려 마음이나 인간의 내면의 모습을 묻는 학學이라는 이미지가 농후하다. 그 담당자도 민중이 아니라 사무라이士(지식인층)인 데다, 명대 후기에 볼 수 있는 것처럼 하나의 사회운동으로서 작용한 사실도 없으며, 오로지 성誠 등 사무라이나 지식인층의 개인적인 내면세계의 것으로 받아들여졌다. 다카스기 신사쿠高杉晋作가 기독교와 처음 접했을 때, "이것은 양명학파와 유사하다. 우리나라의 분해分解는 이것으로부터 시작될 것이다."(內村鑑三,『代表的日本人』, 「西鄕隆盛」)35)라고 부르짖었다는 것은 양

명학이 기독교처럼 개인의 내면세계의 순수·절대라는 방향으로 수용되었음을 말해 주는 것이다.36)

위에서 언급하였듯이 일본의 양명학은 중국에서처럼 도덕의 민중화가 아니라 '마음'이나 '인간의 내면의 모습'을 묻는 학문이라는 측면을 갖는다. 양명학의 담당자도 민중이라기보다는 사무라이±나 지식인층이어서, 명대 후기에 나타나는 사회운동도 없었다. 요약하자면, "오로지 성誠 등 사무라이나 지식인층의 개인적인 내면세계의 것으로 받아들여졌다." 이것은 일찍이 다카스기 신사쿠가 지적하였듯이, 기독교처럼 '개인의 내면세계의 순수·절대라는 방향으로 수용'되었다는 언급은 매우 중요하다.

마코토[誠] 중심은 나카에 토쥬 이래의 전통

성誠은 『중용』에서 말한 대로 '하늘이 운행하는 도리(天之道)'이다. 하늘의 명天命을 받아 태어난 인간은 당연히 자신 속에 '하늘의 뜻=의지 혹은 원리(性, 明德)'가 들어와 있으므로 마음속의 그 '하늘의 뜻=의지 혹은 원리'를 받들며 살기 마련이다.
　나카에 토쥬는 31세 때 「명덕도明德圖」37)를 만드는데, 그 그림을

---

35) 內村鑑三, 『代表的日本人』, 「西鄉隆盛」, 波書店, 1995, 19쪽. 원래 문장은 "이것은 양명학과 똑같다. 제국帝國을 붕괴시키는 것이야."로 번역할 수 있다. 그리고 미주에 보면 "예를 들면 蒲生重章, 『近世偉人傳』의 「高杉晋作傳」 등에 기록되어 있다."고 하였다.
36) 溝口雄三 외 편, 김석근 외 역, 『中國思想文化事典』, 민족문화문고, 2003, 758쪽. '일본 양명학' 항목은 市來津由彦·溝口雄三 두 사람이 작성하였다.

보면 심心 속에 천天이 들어와 있는 것이다. 그래서 그는 마음 '심' 자 속에다 하늘 '천' 자를 각인해 두었다. 아래의 그림을 디자인의 측면에서 본다면 심心 자 속에다 천天 자를 집어넣은 특징 있는 '인간학'의 표현이다.

심心 자 속에 천天 자를 새겨 넣었음

토쥬의 명덕도明德圖(좌)와 '심心' 자 확대(우)

나카에 토쥬는 처음에 경敬·지경持敬을 중시하였다. 이후 그는 주자학적 원리=격법格法을 부정하고 또한 경을 버리고 성誠=마코토를 지향한다. 격법은 격투格套(또는 격식格式)와 같은 말이다. 토쥬는 스스로 만든 「숙어해熟語解」에서 '격투'를 "법식이라는 것(法式ㅏ云ㅋ ㅏ)"38)으로 풀이하여, '격투=법식'으로 보고 있다. 격법(격투)은 인간을 일정한 틀에 붙들고 얽매이게 하여 행동에 모가 나며 융통성

<hr />

37) 中江藤樹, 『藤樹先生全集』(이하 『藤樹集』) 권1, 岩波書店, 1940, 677쪽.
38) 『藤樹集』 권1, 岩波書店, 1940, 593쪽.

이 없게 할 뿐만 아니라 마침내 인간이 본래 가지고 있는 활발한 모습을 상실하게 한다는 중요한 자각을 하게 된다.39)

토쥬는 왕양명의 학설을 받아들이기(37세) 전에 양명의 뛰어난 제자인 왕기王畿의 언설과 사상이 담긴 저서 『왕용계어록王龍溪語錄』을 접하고서 그의 사상으로부터 영향과 자극을 받는다(33세). 그런데 토쥬는, 이미 언급하였듯이, 왕양명의 여러 학설 — 심즉리心卽理·지행합일知行合一·치양지致良知 등 — 을 받아들임에도 불구하고 가운데서 '심즉리설'은 수용하지 않는다. 다시 말하면 토쥬는 유독 치양지설에 관심을 보인다. 하지만 치양지 세 자의 훈독을 '양지를 이루다(良知ヲイタス)'가 아니라 '양지에 이르다(良知ニイタル)'로 하고 있다. 마음이 이치라는 명제는 그의 안목에 없었다. 오직 양지를 인격적으로 절대화하고 그 절대자에 '이르는'(=다가가는) 것을 목표로 한다. 왜 그런가? 이 대목을 좀 더 설명해 두자.

경敬의 배척, 독특한 '성의론誠意論'의 구축

토쥬는 인간을 창조/주재하며 생사여탈·상벌을 담당하는 권능을 가진 천天과 그 피조물인 나약한 인人을 분리하고, 천을 군부君父보다 엄격한 '황상제皇上帝'로 규정한다. 아울러 황상제를 인간에게 연결시켜, 인간 내부에 상존하는 황상제의 분신=양지良知40)로 본다.

따라서 황상제는 인간 밖에서 뿐만이 아니라 양지의 형태로 인간

---

39) 『藤樹集』 권5, 「年譜」 34세조, 岩波書店, 1940, 23쪽.
40) 토쥬는 양지를 본존本尊·태양太陽·명덕明德으로 보기도 한다.

내부에서도 감시·통제한다고 보았다. 결국 이렇게 해서 그의 사상은 '자력적'인 것이 아니라 '타력적'인 것이 되고 만다. 외부에 존재하는 타자(이치理-성현의 말씀)를 거울삼아 거기에 항상 자기 자신을 비추어 보면서 스스로를 이성적으로 컨트롤해 가는 '지경설持敬說'(경건함의 상태를 지켜간다는 이론)은 수용하기 힘들게 된다. 지경설은 주자학=송학의 자율적이고 낙관적인 인간관을 대변하는 것이었다.

그래서 토쥬는 ─ 일찍이 왕양명이 주자학=송학의 '지경설'을 쓸모없는 군더더기(=사족蛇足)라고 딱 잘라 비판하고[41] 성의誠意에 관심을 기울인 것처럼 ─ 지경에 관련된 송대의 여러 학설들이 '그럴 듯하게 경건한 척 폼만 잡는 것일 뿐皆唯形容持敬之氣象而已'이라는 등[42] 지경설을 비난하고 있다. 인간은 스스로 자기 자신을 통제할 수 없다는 타율적이고 비관적인 심학-인간학을 구축하는 방향으로 나아간다.

당연히 토쥬는 '마음의 발동=의意'를 악마로 보고 '의마意魔'라는 말을 사용한다. 마음이 발동하는 그곳은 악마의 소굴인 셈이다. 당연히 의지의 발동은 태양 같은 양지의 빛남으로 '소멸'되어야만 하고[43] 항상 황상제와 같은 외적 절대자에 의해 통제되어야 한다. 그렇지 않으면 인간의 마음은 항상 악으로 흐를 가능이 열려 있다. 그것을 제거하거나 틀어막아야만 한다. 이런 내용들이 그의 독특한 '성의론誠意論'이었다.[44]

---

41) 『傳習錄』上卷.
42) 『藤樹集』 권1, 岩波書店, 1940, 684~687쪽 참조.
43) 『藤樹集』 권2, 183쪽: "良知ノ太陽躍然ト發出シ, 惑ノ意魔當下ニ消滅シテ……" 혹은 "太陽出テ纖塵コトゴドク照ガ如ク……."
44) 이에 대해서는 崔在穆, 『東アジア陽明学の展開』, ぺりかん社, 2006, 125~171 및

여기서 그는 '치양지'의 훈독을 '양지(=황상제)에 이르다'라고 하여 절대적인 존재 양지=황상제에 무조건 굴복하고 이르러야 함을 주장하게 된다. 이와 같은 무조건적인 토쥬의 양지 신앙은, 그 이후 이른바 '토쥬 학파'의 후치 고잔을 거쳐, 기무라 난바에 이르러 '(내 속에 들어와 있는 양지에 감사하면서) 이미 받잡은 것에 대해 기도하는= 이타다키 이노루戴祈' 설로 전개된다.45)

성誠, 심정에 충실한 도덕

그렇다면 마코토=성誠으로 향한 것은 어떤 의미일까. 이것은 보편적 원리를 자각하는 이성적 판단력이 결여된 채, 절대적 존재의 부름으로 나아가는 성실한, 순종적인 심성이다. 히틀러도 무솔리니도 도둑도 모두 자신이 지향하는 바가 보편적인 원리에 맞는지 어떤지를 망각한 채 스스로의 심정에 충실했다. 만일 이것이, 아래에서 논의하는 '국가+효'의 결합에 기여한다면 국가나 천황 같은 절대적 존재에 대한 '충+성'심 무조건적인 신앙화를 부추길 수 있는 것이다. 다시 말해서, 출격 명령을 기다리는 가미가제 특공대처럼 어디로 향할지는 정해져 있지 않지만, 만일 지휘자가 출격을 명령하면 어디든지 돌진할 무서운 맹목성을 숨기고 있다. 타율적 행위의 위험성이다.

278~286쪽 참조.
45) 이에 대해서는 최재목 저, 이우진 역, 『동아시아 양명학의 전개』, 정병규에디션, 2016, 335~345쪽 참조.

6) 양명학=행동적·혁명적이라는 이미지의 형성

제국의 버팀목, 양명학·칸트·무사도

근대 일본 양명학에서 핵심적인 것은 이념을 어떻게 '행동'으로 옮길 것이냐의 문제, 즉 '실천성'에 있었다. 바로 그것이 근대 일본 양명학을 존재할 수 있도록 만든 하나의 기준이었다.

근대 일본에서는 전통 성리학性理學에서 말하는 '성리性理'가 근대의 '이성理性'으로 동일시되고, 나아가 그것이 독립자존獨立自尊·자주자치自主自治의 인격을 상징하는 개념으로 인식되었다. 무사도에도 독립자존·자주자치의 인격이 있으며 그것은 제국의 군인정신으로서 요청되는 것이었다. 따라서 무사도에도 성리=이성이 있다고 보았던 것이다. 독일의 철학자 임마누엘 칸트는 『순수이성비판』·『실천이성비판』에서 보듯이 인간을 '이성적' 존재로 보고, 인간의 '주체성'을 중시하며, '도덕적 실천'을 강조한다. 칸트를 중심으로 하는 독일 관념론 철학의 키워드인 페아눈프트Vernunft를 이성으로 번역한 것은 잘 알려진 대로 니시 아마네西周였다. 성리에 기초하여 서양의 이성Vernunft을 번역했지만, 칸트의 '이성+도덕+실천'이라는 키워드는 무사도·양명학과 가부반응 없이 해후하게 된다. 이것이 일본의 메이지 시기였고, 근대였다. 서양은 한어(정확히 '일본한어日本漢語')를 통해서 일본(내지 동양)으로 진입해 오고 또한 상호 소통하고 있었다('서양 → 일본한어 → 일본').46) 동–서양 사이에는 얇은 망

---

46) 小島毅, 앞의 책, 110~111쪽 참조.

사veil 같은 '한어'가 있었다.

이렇게 해서 이성Vernunft을 말하는 칸트는 독립자존·자주자치의 인격을 설하는 성현聖賢으로 숭상될 수밖에 없었다. 그 대표적인 예로 일본 근대의 대표적인 불교철학자인 이노우에 엔료를 들 수 있다. 그는 칸트를 성인으로까지 모신다. 엔료는 국가주의의 입장에서 불교개혁 사상 등을 제기하고 철학의 보급을 목표로 1887년 데츠각칸哲學館을 건립한다. 그는 모든 학문의 기초를 철학으로 보고, 사성四聖으로서 동양의 두 사람, 서양의 두 사람, 즉 '공자孔子·석가釋迦·소크라테스·칸트'를 숭앙하며, 철학을 보급한다.

고지마 쓰요시는 일본 근대의 메이지 제국을 지탱한 세 기둥을 '칸트'와 '양명학'과 '무사도'라고 언급하고 있는 것도 이런 이유에서이다.47) 예를 들어, 한국의 근대에 '퇴계·화랑도·이순신·실학' 등이 중시된 흐름과도 얼핏 보면 흡사한 점도 있다.48)

무사도와 '불교·신도·유교·양명학'의 결합

일본 근대에 있어서 양명학의 '행동적', '혁명적' 특성의 발견과 관련하여 빠질 수 없는 것은 '무사도와 불교·신도·유교·양명학과의 결합'이다. 일본의 국가주의의 확립을 생각할 때 빼놓을 수 없는 인물은, 이미 언급한, 이노우에 데쓰지로와 그 제자 다카세 다케지로이다.

---

47) 小島毅, 앞의 책, 93~132쪽 참조.
48) 이에 대해서는 崔在穆, 「정인보 양명학 형성의 지형도 — 세계와의 호흡, 그 중층성과 관련해서」, 『東方学誌』 143, 연세대국학연구원, 2008 참조.

이노우에는 도쿄제국대학 교수를, 다카세는 교토제국대학 교수를 거친 인물이다. 함께 국가주의의 입장에서 종교에 대한 국가의 우월을 강력히 주장하고, 일본의 국가주의 확립에 공헌했다.

이노우에는 『일본양명학파지철학』을 저술, 그 목적은 저서의 '서'에 나타나 있는 것처럼, 국가주의의 발상을 띠고, 즉 양명학자를 현창함으로써 이기주의를 비판하고 국민도덕을 육성하는 데 중점이 있었다. 이 이기주의 비판은 다카세의 『양묵철학楊墨哲學』과 완전 동일 취지이며, '양명학'을 현창하는 다카세도 또한 그 의미에서 이노우에의 계승자인 것이다. 양계초가 영향을 받은 것은 양명학을 지행일치의 인격적 완성이라는 관점에서 파악한 이노우에와 같은 메이지 일본에 있어서 양명학의 영향이었다고 할 수 있다.49)

다카세는 『양자철학楊子哲學』과 『묵자철학墨子哲學』의 독립된 저서를 합본한 형태로 취하고 있는 『양묵철학楊墨哲學』을 저술했다.50) 그 저작 의도는 『양자철학』과 『묵자철학』에는 명확한 결론이 적혀 있지 않지만, 『양묵철학』의 예언例言과 이노우에의 서문에 잘 나타나 있다. 양자楊子·묵자墨子의 사상이 유행했던 주말周末을 당시의 풍조와 같이 위기로 보고, 양자楊子를 당시의 이기주의(공리주의)·쾌락주의·본능주의(사회진화론도 포함됨), 묵자墨子를 무차별 박애를 창도하는 기독교도로서 배격하고 '온당한 윤리'를 고취하고자 하는 것이다.

니토베 이후 전개되는 무사도에 대한 관심과 논의는 기본적으로

---

49) 末光宏, 狹間直樹 編,「梁啓超와 日本의 中国哲学研究」,『梁啓超 — 西洋近代思想 受容와 明治日本』, みすず書房, 1999, 180쪽.
50) 高瀬武次郎, 『楊墨哲学』, 金港堂, 1902.

국가주의·군국주의 건설의 이념과 관련을 갖는다 할 수 있다. 니토베 이나조가 쓴 『BUSHIDO, The soul of Japan』이 1899년(메이지 32) 11월 미국에서 출판되었다. 또한 다음해(1900) 10월 일본에서는 사쿠라이 오손櫻井鷗村에 의해 『무사도』라는 제목으로 일역되었다. 이 책은 실로 세계적인 반향을 불러, 독어·프랑스어·폴란드어·노르웨이어·헝가리어·루마니아어·러시아어·중국어 등 다양한 언어로 번역되어 읽혀지고 있다.

니토베는 그 저서에서 "압록강, 조선과 만주에서 승리를 가져온 것은 우리를 지도하고 격려해 온 마음속의 조상의 혼이었다. 이 혼, 용무勇武의 조상의 정신은 죽음에도 굴하지 않는다. 보는 눈을 가진 사람은 그것이 명확하게 보이는 것이다. 가장 진보된 사상을 가진 일본인의 피부를 벗겨 보면 거기 사무라이의 모습이 드러날 것이다"(제17장 '무사도의 미래'[51])라고 말하면서, '사무라이侍'의 정신으로써 무사도의 연원을 불교·신도·유교(공맹사상과 양명학)로 보았다(제2장 '무사도의 연원'). 다만 선진유학 사상보다 양명학이 일본의 무사 계급에 보다 큰 영향을 주었다고 평가한다. 이러한 양명학에 대한 평가는 왕양명의 사상에는 지행합일과 같은 실천주의가 있어 그것이 사무라이를 감화시켰다는 논리에 근거하고 있고, 게다가 그것은 근대 일본의 지식인의 시각과 상통하는 면이 있다.[52]

이후 이러한 생각은 근대 동아시아의 지식인에게 자국의 '상무尙武'정신의 발견과 탄생을 촉구하고, 무사도와 양명학이 '실천·행동

---

51) 新渡戸稲造(樋口謙一郎·国分舞訳), 『武士道BUSHIDO:The Soul of Japan』, IBC 퍼브릭 株式社, 2008, 297~298쪽.
52) 新渡戸稲造(樋口謙一郎·国分舞訳), 앞의 책, 38~53쪽 참조.

주의'와 관련지어 크게 기능하게 된다.

'압록강, 조선과 만주에서 승리를 이끌었다'라는 것은 청일전쟁 등 대륙 진출로 일본제국의 팽창을 암시한 것이다. 그는 그것을, '선조의 혼', '무용의 선조 정신'으로 이해했다.

칼 야스퍼스가 노다 마타오에게 한 말

앞서 무사도와 양명학의 만남에서 살폈듯이, 일찍이 일본 양명학에서 ― 근세에서 근대를 가로질러 ― 나타나는 특징은 '지행합일知行合一'의 흐름이다. 지행합일은 근대 일본 양명학에서 보이는 '행동적', '혁명적'인 양상과 맞물리며, 무사도와 걸림 없이 소통한다.

칼 야스퍼스Karl Jaspers는 노다 마타오野田又夫와 왕양명은 중국의 고대 이후 형이상학자로서 마지막 사람으로, 그 이후의 철학은 중국적 실증주의(=고증학)가 되어 버렸고, 양명학은 혁명적인 활력을 강하게 보여 준 학파라는 등의 이야기를 주고받는다.53)

"당신(=노다 마타오)의 소개로 니시다西田 철학에 대해서는 잘 알게 되었습니다. 저도 동양철학에 관심을 가지고 있습니다. 나치의 터무니없는 정책으로 잠자코 있어야 했을 때 나는 바이블과 동양의 철학자를 읽고 있었습니다. 인간성의 이어짐을 거기서밖에는 구할 수가 없었습니다." "동양의 어느 철학인가"라고 묻자, "중국의 철학"이라고 말한다. "어느 학파인가요?"

---

53) 野田又夫, 『自由思想の歷史』, 河出書房, 1957, 176쪽.

"나는 잘 모르지만, 왕양명이라는 사람이 있지요. 거기서는 ⟨한⟩ 맞았어요. 왕양명은 중국 고대 이래, 최후의 형이상학자가 아니겠습니까?" 프랑스인의 왕양명 연구를 책장에서 꺼내서 보여 주었다. "왕양명 이후에는 중국류中國流의 실증주의가 되어 가기 때문에, 말씀하신대로라고 생각합니다. 그리고 유교 가운데서 혁명적인 활력을 강하게 보여 준 것은 왕양명 학파로, 일본에도 큰 영향을 미쳤습니다. 이 학파에서는 장 자크 루소를 닮은 급진적 사상가도 나왔습니다." "그것은 재미있네요. 그 사람의 이름은요?" "이탁오李卓吾" (방점은 인용자)

야스퍼스와 노다가 나눈 말 속에서 가장 눈에 띄는 것은 역시 '혁명적인 활력'이라는 단어이다. 우선 '혁명Revolution'이란, "비합법적인 방법으로 종종 폭력적인 수단을 수반하면서 정부와 사회의 조직을 근본적으로 변화시키는 정치권력의 행사를 가리킨다."라고 말해지는, 다소 과격한 인상을 주는 부분이 있다.

야스퍼스와 노다가 교감한 '양명학'의 '혁명적인 활력'이란, 일본의 근대에 재발견한 '일본 양명학'의 한 경향성을 말한다. 예를 들면 오시오 츄사이, 사이고 다카모리, 요시다 쇼인, 미시마 유키오에서 그런 경향을 살필 수 있다.

이 인물들이 모두 양명학과 관련이 있었던 것에서 보면, 실로 일본 양명학을 '행동적', '혁명적'이라 평가할 만하다. 아울러 자살·죽음에 대한 낭만주의적 성향마저 엿보인다.

어쨌든 일본의 근대 양명학에 대한 평가에서 가장 중요한 점은 양명학의 '실천성'에 있었다. 바로 이것이야말로 양명학을 양명학이게끔 하는 것으로 확정된 것이다. 이러한 근대 일본 양명학에서 보이는 '실천성', '행동성', '혁명성'을 중국·한국 양명학에까지 적용하는 것은 무리가 있다.

7) 이른바 '오시오 헤이하치로'를 둘러싼 문제

오시오 츄사이에 대하여

위에서 처음 언급된 오시오 헤이하치로는 오시오 츄사이이다. 그의 본명은 마사타카正高인데, 나중에 고소後素로 개명했다. 자는 고키子起이다. 흔히 츄사이라고 부르는 것이 호이다. 그리고 정식 이름이 아니면서 일반적으로 잘 알려진 별명[通称]은 헤이하치로平八郎이다.

츄사이는 가직家職이었던 에도 막부의 '오사카마치 부교구미 요리키大坂町奉行組与力', 즉 오사카의 마치부교大阪町奉行 요리키与力를 지냈다. 츄사이의 집안은 슈고 다이묘守護大名였던 이마가와 씨今川氏의 후손이었으나54), 전국시대 이후 몰락하여 대대로 지방의 요리키를 역임해 왔다. 그의 아버지인 요시타카敬高55)도 마치부교 요리

---

54) 츄사이는 15세 때 『가보家譜』를 읽고 자신의 조상이 이마가와德川家의 가신家臣이었음을 알고 자신도 그런 역할을 하고 싶음을 드러낸다(年十五, 嘗讀家譜, 祖先, 卽今川氏臣而其族也, 今川氏亡後, 委贄于我)[大塩中斎, 「寄一斎佐藤氏書」, 『佐藤一斎・大塩中斎』, 岩波書店, 1980, 633쪽]

55) 오시오의 가족 관계에 관해서는 여러 이설이 존재한다. 요시타카를 친부로 보는 것이 일반적이나, 실은 마나베 이치로真鍋市郎의 차남인데 오시오 가家에 양자로 입적했다거나, 부친 혹은 모친을 일찍 여의고 조부 마사노조政之丞의 손에 길러졌다는 등, 아직까지 명확하게 밝혀지지 않은 부분들이 많다.

키였으며, 츄사이도 유년시절부터 마치부교의 견습생으로 일을 시작하였다.

'요리키與力', 경찰공무원

'요리키與力'란 에도시대의 경찰 공무원이다. 도시 행정의 모든 것을 총괄하는 경찰총장인 마치부교町奉行 밑의 보좌관으로서, 그 아래의 도신同心을 지휘 감독하는 위치이다. 요즘의 감각으로 말하면, '오사카 부大阪府 경찰본부警察本部 경시정警視正56)'이거나 '오사카시 관공서大阪市役所의 주민생활국장'으로57) 에도 시대의 경찰 공무원이다. 도시 행정의 모든 것을 총괄하는 경찰총장인 마치부교町奉行 밑의 보좌관으로, 그 아래의 도신同心을 지휘 및 감독하는 위치에 해당58)한다. 다시 말해 에도 막부의 말단 관리로서, 난/사건 이전의 츄사이는 철저하게 막부를 위해 일하는 입장이었다는 것이다.

츄사이가 요리키로 재직한 것은 견습생 시절을 포함하여 약 24년가량이었다. 그는 요리키로서 묵묵하게 주어진 일만 처리하는 인물이 아니었다. 여러 부정과 부패들을 서슴없이 고발하고 이를 시정하고자 여러 노력들을 기울였다. 당시 니시 마치부교西町奉行의 동료였던 유게 신자에몬弓削新左衛門의 비리를 폭로한 것이나, 육식·대처하는 약 30여 명의 승려들을 적발해 낸 것이 대표적이다. 이후

---

56) 경찰관 계급의 하나로, 경시장警視長의 아래, 경시警視의 위. 한국의 총경에 해당.
57) 小島毅, 앞의 책, 16쪽 참조.
58) 石平, 『日本の心をつくった12人 わが子に教えたい武士道精神』, PHP研究所, 2020, 179쪽.

오시오 츄사이大塩中斎(오사카 성
덴슈카쿠 소장)

츄사이가 근무했던 히가시 마치
부교쇼東町奉行所 유적

에는 이른바 '오사카 기리시탄 일건大坂切支丹一件'이라 말해지는 기
독교 신자 적발 사건의 체포와 처형을 담당[59]하기도 했다. 전술한
활약들을 츄사이는 스스로의 3대 공적으로 여겼으며, 이로 인해 오
사카 시민들의 관심과 존경을 한 몸에 받았다고 한다. 이는 모두 츄
사이의 상관이었던 다카이 사네노리高井実徳의 깊은 신뢰가 있어 가
능한 일이었는데, 1830년 다카이의 은퇴와 함께 요리키 일을 그만
둔 것을 보면 그 둘 간의 유대관계를 짐작할 수 있게 한다.[60]

---

59) 당시 에도 막부는 시볼트 사건シーボルト事件 관련자를 색출해내기 위해 혈안이
되어 있는 상태였다. 당시 기독교 관련 지식이 있는 난학 연구자들이 사건에 연루되
었으며, 이 영향으로 교토 및 오사카에서도 여성 음양사 도요타 미쓰기豊田貢, 난의
사 후지타 겐조藤田顕蔵 등 관계자 6인이 처형되었다. 이 사건을 담당한 것이 바로
츄사이였다. 이는 일종의 '종교 탄압'으로 여겨질 수 있으나, 후대의 시각으로 당대
의 상황을 재단하는 것은 바람직하지 않을 뿐더러, 아직까지 관련 연구 또한 부족한
실정이다. 吉野作造, 『書物展望』第1卷 第2號, 書物展望社, 1931 참조.

60) 保阪正康, 「時代に挑んだ反逆者たち 近代日本をつくった「変革」のエネルギー」,
PHP研究所, 2003, 178쪽.

츄사이에게는 양자인 '가쿠노스케格之助'가 있다. 1826년 먼 친척인 니시다西田 가문으로부터 양자를 들였다(당시 16세). 그런데 그는 1937년 '츄사이의 난/사건'61) 당시 함께 자결한 것으로 알려졌으며, 9년의 시간 동안 함께 한 셈62)이다.

'오시오 헤이하치로의 난大鹽平八郎の亂'의 엇갈리는 평가

보통 츄사이는 과거로부터 '오시오 헤이하치로의 난大鹽平八郎の亂'으로 잘 알려져 있다. '난'이 함축하는 의미는 '큰 소요 사건'을 일으켰다는 의미이다. 최근에는 '오시오 헤이하치로의 사건大鹽平八郎の事件'으로 평가되고 있기도 하다. 어쨌든 이것은 여전히 일본에서 츄사이의 평가가 진행 중이란 것을 잘 보여 주고 있는 대목이다.

재일평론가인 석평石平은 『일본의 마음을 만든 12인』가운데서 츄사이를 들고 있다. 여기서 그는 츄사이가 '이길 승산이 없는' 난을 의도적으로 일으켰다고 보았다. 그것은 당시 횡행하던 무사 사회의 부패한 뇌물[賄賂] 문화와 같은 이른바 '자본의 논리金の論理'에 대항하여, 무사도武士道에 입각하여 목숨을 바쳐서 청렴결백한 정신을 지키고자 했다는 것이다. 다시 말하면 그의 가계는 이마가와今川 가문에 연결되는 명문 무가武家였는데, 비록 당시 그가 속리俗吏이긴 하나 가문에 대해 큰 자부심을 가지고 항상 선조의 유업을

---

61) 오시오의 '난'을 두고 '사건'으로 규정하는 경우가 있기 때문에 이 두 가지를 난/사건'으로 병기한다.
62) 상세한 내용은 大野正義, 「大塩格之助の実家　西田家と本照寺」, 『まんだ３３号』, 1988 참조.

계승하며 훌륭한 가계의 명예를 더럽히지 않도록 신경을 쓴 결과로 서 '난'을 일으켰다고 본다.[63]

고지마 쓰요시는 『근대일본의 양명학』 앞부분에서 츄사이를 재 조명하면서 이렇게 적고 있다. 즉 에도의 3대 기근의 마지막이었던 '덴포天保의 기근' 때 농촌으로부터 식량 조달이 악화되고 치안·행 정직 공무원들의 무책임 속에 오사카 시민들(그 가운데, 일용직의 하층 민)의 울분이 축적되어 가고 있던 시점이었다. 이때 퇴직 후 은거 중 이던 츄사이(44세)는 그 해결책을 찾고자 노력하나 잘 이루어지지 않았다. 그러자 그는 '가난한 자의 쌀을 먹지 않고'자 고통받는 주 변의 농촌사람들, 빈민들을 구하고자 '구민救民'이라 깃발에다 적고 서 시민 300여 명(문인門人, 무사들, 호농豪農, 가난한 하층주민)을 이끌고 거병擧兵, 호상豪商(거대기업)의 점포를 부수고, 불 지르며, 그들의 곡 식창고(금고)를 열어젖혔다. 하지만 무사의 밀고(배신)에 의해 실패로 끝나고, 준비한 화약으로 자폭하며 45세로 생을 마쳤다.

우국지사/'사회변혁, 혁명적 기풍'을 대변자? 범죄자/반란자?

그 이후 그의 '난(폭거=악행)'의 소식(=부정적 평가)은 일본 전역에 전해지고, 막부에도 진상조사가 건의되는 등의 경과를 거쳐 '덴포 天保의 개혁'이 시작되었다. 메이지 시대가 되자, 혁명을 일으킨 당 시 정부를 정당화(합리화)시키기 위해 이전 도쿠가와 막부의 행위들 을 나쁘게 평가하는 풍조가 유행하자 당연히 츄사이의 반란에 대한

---

63) 石平, 앞의 책, 191~202쪽.

평가가 시작된다. 그는 혁명을 일으키는 '우국지사'로서 폭거를 일으킨, 말하자면 '추앙되는 범죄자'였다.

다시 말해서 츄사이는 "메이지 정부를 옹호하든(=反德川), 비판하든(=反權力) 선인先人으로서 숭상되었다."[64]

일본에서는 다카세 다케지로와 그의 스승 이노우에 데쓰지로의 연구를 통해 이른바 '일본 양명학파'에 대한 계보가 만들어진 다음, 일본 양명학파의 주요인물로서 오시오 츄사이는 다루어져 왔다.

최근 고지마 쓰요시를 비롯하여[65] 츄사이를 재조명하고 있다. 학계가 아니라 오사카 거주 민간인을 중심으로 다시 연구되기 시작했다. 즉 1975년 11월 9일 오사카 민간인(시민)이 주축이 되어 「오시오 츄사이 선생 현창회大塩中斎先生顕彰会, 오시오 사건 연구회大塩事件研究会」를 만들고, 다음해 3월에는 기관지 『오시오 연구大塩研究』창간호(1976.3)가 간행되었다. 이후 현재까지 매월 잡지가 간행되어 오고 있을 만큼[66] 그 열의가 대단하다.

어쨌든 최근 일본에서 이루어진 다량의 연구를 전부 분석할 수는 없지만 지금까지 이루어진 오시오 츄사이의 연구의 흐름은 대략 두 경향으로 나눌 수 있을 것 같다.

먼저, 기존체제를 뒤흔들려 한 '반란'의 사상으로서 파악하려는 것이다. 흔히 일컬어지는 '오시오 헤이하치로의 난'은 정상적인 에도 막부의 정치체제를 뒤흔들었다는 '부정적' 의미를 담은 '반란자'로서 자리매김된다.

---

64), 65) 小島毅, 앞의 책, 16~20쪽 참조.
66) 2020년 1월 교토를 방문했을 때, 이에 대한 정보와 자료를 제공해 준 오구라 기조 小倉紀藏 교수에게 감사의 말씀을 드린다.

이에 대해서 긍정적인 입장에서 재검토한 것이 다음의 연구 경향이다. 다시 말하면 오시오 츄사이는 메이지유신의 '사회변혁, 혁명적 기풍'을 대변하는 사람이라는 관점의 재해석이다. '오시오 사건 연구회'의 '사건'이라는 말에서 보듯이, '반란 → 사건'의 시점 이동은 평가의 이동(부정 → 긍정)을 의미한다. 사건은 중립적인 개념이지만 내용적으로는 긍정적 해석의 의미를 담고 있다. 특히 이 '사건'이라는 관점은 에도를 중심으로 한 안목에서 접근한다기보다는 '오사카라는 지역'의 역사(→ 지역사)의 특수성을 부각시키는 연구에서 출발하고 있다. 오사카가 과거에 새로운 일본의 구체제(막부)의 개혁을 가져오는 발원지였고, 현재도 그런 정신을 계속해 나갈 수 있는 위치라는 자부심과 가치를 평가하고 싶은 것이라 생각된다.67)

어쨌든 이런 평가는 일본의 근대성 문제와 맞물려 있다고 본다. 근대와 전근대를 나누고, 전자를 신시대-청년-진보-개혁으로, 후자를 구시대-노인-보수-수구로 규정하면서 전자의 가치를 높이려는 의도를 갖고 있다. 1936년 2월 당시 도쿄를 둘러본, 전쟁사의 거장으로 불리는 존 톨런드는 "동양보다는 서양에 더 가까운 모습 …… 아시아에서 가장 진보적이면서 서구화된 나라"68)라고 일본을 논평하고 있다. 이처럼 외부의 눈에서만이 아니라 내부에서도 '성공한 근대'라는 기억을 어디엔가 끌어당겨 활용하려는 움직임이 있다. 일본의 여러 학술 가운데서, 양명학은 근대성의 계보 속에서 재평가되었다. 다시 말하면 양명학이라는 학술을 중심축으로 하여 '일본화·일본적이라는 사유의 틀[型]'로 발 빠르게 연결해 간 근대

---

67) 오구라 기조 교수가 제공해 준 기관지 『大鹽研究』 전권을 참조.
68) 존 톨런드, 『일본제국패망사』, 박병화·이두영 역, 글항아리, 2019, 50쪽.

지식인들이 있는 것이다. 그 전통은 현재의 우익 정치 레짐과 일본 자본주의 전통에서 여전히 계속되는 점을 부정할 수 없다.69) '양명학=근대적=서구적'이라는 인식은 일본 근대기 지식인 사이의 상식처럼 되어 있었다. 말하자면 일본의 성공신화를, 일본의 국가주의에 기여한 무사도武士道-양명학과 연결하여 칭송하던70), 기독교와의 유사성을 발견하여 '일본 재건에 중요한 요소'로서 특징화시키려 하든71), 아니면 현실정치의 불안 또는 국가주의의 정체停滯를 '일본혼日本魂을 지닌 무사/무사도'의 강조를 통해 그 극복을 시도하든72), '동양 도덕'을 담당할 '동양정신의 정수'로서 그 '혁명성'을 경계하며 '자발적 실천성'을 평가하든73) 간에 일본의 근대적 '기획'

---

69) 이에 대해서는 최재목, 「日本陽明學의 時·處·位論의 특징 — 일본자본주의와 관련한 시론試論」, 『양명학』 제54호, 한국양명학회, 2019를 참조 바람.

70) 그 대표적인 저서가 니토베 이나조新渡戶稲造의 『武士道BUSHIDO: The Soul of Japan』, 樋口謙一郎·国分舞 譯, IBC 퍼브릭 株式会社, 2008이다.

71) 우치무라 간조內村鑑三는 그의 대표 저서 『대표적 일본인』(영문명: Representative Men of Japan, 1894)의 '사이고 다카모리西郷隆盛' 대목에서 이렇게 말한다. "사이고는 젊은 시절 왕양명의 책에 마음이 끌렸다. 양명학은 중국사상 가운데 아시아에서 기원하는 성스런 종교와 매우 흡사한 점이 있다. 그것은 숭고한 양심을 가르치면서 따뜻함이 있으면서도 엄격한 '천天'의 법칙을 말하는 점이다. 사이고가 쓴 문장에는 그 영향이 뚜렷이 반영되어 있고, 그의 글의 기독교적 감정은 모두 왕양명의 간결한 사상이 나타나 있으며, 왕양명의 사상을 모두 섭취하여 자신의 실천적 성격을 형성한 사이고의 위대함을 볼 수 있다. ⋯ 도쿠가와 막부가 체제 유지를 위해 특별히 보호받은 주자학과는 달리 **양명학은 진보적이고 긍정적이며 장래성이 풍부한 가르침이다. 양명학과 기독교의 유사성에 대해서는 이미 여러 차례 지적되어 왔으며, 그런 이유로 양명학이 일본에서는 금기시되었고, '이것은 양명학과 똑같다. 일본의 붕괴를 일으키는 것이다.'**라고, 유신혁명에서 이름을 떨친 조슈의 전략가 다카스기 신사쿠高杉晉作는 성서聖書를 접했을 때 그렇게 말했다. 그 기독교와 유사한 사상이 일본 재건에서 중요한 요소로 작용하였고, 이는 당시의 일본 역사를 특징짓는 하나의 사실이다."(內村鑑三, 『代表的日本人』, 岩波書店, 1995, 18~19쪽.)

72) 이 부분은 김선희, 「가고시마 현과 메이지 150년 — 사이고 다카모리에 대한 기억을 중심으로」, 『일본역사연구』 제48집, 일본사학회, 2018 참조.

속에 양명학은 그 중심적 위치를 차지하고 있었다.

한국의 오시오 츄사이 연구

그동안 국내에서 이루어진 오시오 츄사이 관련 논문은 소수이긴 하나 다방면에서 이루어졌다. 예컨대 송휘칠의 「양명학의 일본적 수용 전개에 관하여」(1991)[74], 최재목의 『東アジアにおける陽明学の展開(동아시아에서 양명학의 전개)』(筑波大 박사학위논문, 1991) 및 「공허의 실학: 태허사상의 양명학적 굴절」(1995)[75], 임정기의 「오오시오 츄사이의 '태허'에 대해서」(2008)[76], 이우진의 「오시오 츄사이의 귀태허 공부론 연구」(2018)[77]와 「오시오 츄사이의 세심동 강학 연구 — 귀태허 공부론과 관련하여」[78]와 같은 연구들이 그것이다. 그런데 이들 연구는 츄사이가 일으킨 '난亂'과 같은 사회적·정치적 맥락을 포함한 종합적 안목에서라기보다 철학사상의 내재론적 맥락이나 교육에 초점을 둔 것이라 하겠다.

---

73) 이에 대해서는 이혜경, 「양명학과 근대일본의 권위주의 — 이노우에 데츠지로와 다카세 다케지로를 중심으로」, 『철학사상』 제30호, 서울대학교 철학사상연구소, 2008 참조.

74) 송휘칠, 「양명학의 일본적 수용 전개에 관하여」, 『동방한문학』 제7호, 동방한문학회, 1991.

75) 최재목, 「공허의 실학: 태허사상의 양명학적 굴절」, 『철학논총』 제11집, 영남철학회, 1995.

76) 임정기, 「오오시오 츄사이大塩中斎의 '태허太虛'에 대해서」, 『다산학』 13호, 다산학술문화재단, 2008.

77) 이우진, 「오시오 츄사이大塩中斎의 귀태허歸太虛 공부론工夫論 연구」, 『양명학』 제51호, 한국양명학회, 2018.

78) 이우진, 「오시오 츄사이大鹽中齋의 세심동洗心洞 강학講學 연구 — 귀태허 공부론과 관련하여」, 『서원학보』, 한국서원학회, 2018.

여전히 살아 있는 오시오 츄사이 그리고 메이지 요메이가쿠

근대 일본 양명학에서 츄사이와 그의 양명학이 어떻게 인식되고, 해석되어 왔을까? 간단히 말하면 일본 근대를 관통하는 중요한 두 평가가 현재진행형으로 존재한다. 즉 하나는 '국가주의적·우익적'인 평가이며, 다른 하나는 이에 대항하는 '좌익적·반국가적·사회주의적' 평가이다.

고지마 쓰요시는 근대 일본의 양명학에서도 이러한 평가의 흐름이 있었다고 본다. 전자를 '하얀 양명학白い陽明学', 후자를 '붉은 양명학赤い陽明学'이라 부른다. 그러면서도 고지마는 양자의 양명학을 상이한 것으로 보지 않는다. 이노우에로 대표되는 '하얀 양명학'도 기성의 보수적인 교설만을 따르지 않았기에 가능한 것이었고, 혁명에 불타올랐던 이들의 '붉은 양명학'은 더욱 그랬기 때문[79]이다. 뿌리가 같으면서 해석과 실천이 달랐던 것이다.

8) '하얀 양명학' vs '붉은 양명학'

국가주의적·우익적 평가 = '하얀 양명학白い陽明学'

메이지 수립 이후 이른바 '문명개화'의 바람이 일면서, 기존 주류 학문이었던 주자학 등의 유학이 밀려나고 그 자리를 양학이 대신하게 된다. 그러나 시간이 지남에 따라 메이지 정부는 서양에 대한 열

---

79) 小島毅, 앞의 책, 132쪽.

등감을 해소하고 '일본'으로서의 정체성을 더욱 부각시켜야 할 필요성을 느끼기 시작했다. 일방적인 서구화가 아니라, '근대'라는 시대정신을 담고 있는 일본만의 사상이 필요했다. 그 결과 주목을 받은 것이 바로 양명학, 그것도 일본만의 특징을 담은 양명학이었다. 저자진의 앞선 논문(도쿄편)에서도 밝힌 바 있듯이, 막말유신초의 양명학은 당시의 행동하는 지식인과 지사들의 정신적인 이념으로 기능[80]하였기에, '지행합일'로 대표되는 양명학의 실천성과 혁명성은, 곧 양학을 대체할 수 있는 하나의 학문이자 이념이 되기에 충분했다.

　이러한 흐름에 앞장선 사람이, 일본 유학사에서 양명학의 계보를 만든 이노우에 데쓰지로다. 도쿄제국대학의 철학과 교수였던 이노우에는 상술했던 바와 같이 양명학이 국가주의를 지탱하는 중요한 이념이 된다고 생각했다. 이노우에가 간행한 『칙어연의』에서는 천황에게 충성하는 신민들의 덕육 교육을 위해 양명학이 필요함을 강조했다. 이노우에에게 있어 양명학이 강조하는 '지행합일知行合一'의 '행行'이란 바로 '국가를 위해 순수한 마음으로 봉사하는, 목숨까지 바칠 수 있는 과감함'을[81] 이르는 것이었다. 특히 이노우에는 일본의 양명학이 지나(=중국)의 양명학과 비교해도 뒤지지 않는다고 생각했다. 특히 '실천'이라는 면에서는 매우 우월했다. 이노우에는 그 대표적인 인물로 구마자와 반잔과 오시오 츄사이 두 사람을 든다.[82]

---

80) 최재목·서승완·김용재, 「일본 양명학의 현재 ─ '도쿄'의 유적 답사를 통한 검증」. 『동양철학연구』 98집, 동양철학연구회, 2019, 266쪽 참조.
81) 이혜경, 「양명학과 근대일본의 권위주의 ─ 이노우에 데츠지로와 다카세 다케지로를 중심으로」, 『철학사상』 30호, 서울대학교 철학사상연구소, 2008 참조.
82) 高瀨武次郎, 『日本之陽明學』, 鉄華書院, 1898의 井上哲次郎, 「日本之陽明學 敍」

추종하는 이념·국가 등을 위해 일하고, 또 목숨까지 버리기를 각오하는 그 실천[行]의 정신이 바로 그의 양명학이었고, 바로 메이지 정부가 그토록 찾던 것이었다.

이노우에와 마찬가지로 일본 근대기에 양명학을 보급하고자 노력했던 철학자로는 미야케 세쓰레이三宅雪嶺가 있는데, 그는 동시에 세이쿄샤政教社의 멤버로서 메이지 정부의 무조건적인 서구화 정책을 비판하고 일본적인 근대를 마련하기 위해 노력했던 인물이다. 그가 저술한 『왕양명王陽明』과 『요시다 쇼인吉田松陰』 등의 저서들은 내셔널리스트들의 양명학, 이른바 하얀 양명학을 이해하는 데에 매우 필수적인 저서들이기도 하다. 이보다 앞서 미야케가 메이지 22(1889)년에 출판한 『철학연적哲學涓滴』의 한 부분을 보자.

우리나라 국민들은 지금에서야 이론을 좋아하는 모습을 보이지만, 고래로부터 편중되게 감각적인 사물만을 중시하고, 사상에 대해서는 고원하고 막막하게만 여겨왔다. 스가와라의 가문도, 오에노의 가문도, 도쿠가와 가문의 모든 유자儒者들도 많은 시문을 짓고, 경서를 연구하였으나, 주로 문구의 해석과 고어의 인용만을 한, 즉 기록하거나 전하고, 보고 읽는 것밖에 하지 못했다. 능력이 없음에도 자랑할 뿐이었다. 그 속에서도 철학의 일종을 연구한 자들을 들자면, 이토 진사이, 승려들을 제외하고, 나카에 토쥬, 구마자와 반잔, 오시오 츄사이와 같이 왕양명의 양지학을 공부한 무리들이다.[83]

참조.

여기서 미야케는 나카에 토쥬, 구마자와 반잔, 오시오 츄사이를 왕양명의 양지학을 받아들인 사람들로서, '사상'이 부족했던 일본에서도 거의 유일하게 철학을 한 사람들이라고 주장한다. 그는 이어서 츄사이가 제자에게 보낸 글에 탄복하고, 양지만 제대로 발휘한다면 '영준함이 어찌 오사카의 요리키보다 몇 배가 되지 않을 이치가 없겠는가(英俊豈に大坂の与力に勝る幾層倍ならざるの理あらんや.)'라며 츄사이의 양명학84)을 배울 것을 주문한다.

그는 일본의 철학을 제대로 세우기 위해서 필요한 것이 바로 양명학이 강조하는 '양지'라 믿었으며, 그 대표적인 인물 중 하나로 츄사이를 꼽고 있는 것이다.85) 이렇듯, 메이지 정부와 그 정부의 열렬한 지지자들은 자신들이 발굴해 낸 양명학이 정부를 지탱해 주는 정신적 이념이 되기를 바랐다.

양명학은 막부를 타도하는 유신 지사들의 혁명적 이념이었으며, 그것은 서구에도, 중국에도 없는 일본만의 우월한 무엇이었다. 그 것을 여실히 증명해 주는 많은 막말의 지사 가운데 츄사이가 있다고 믿었다. 훗날 일본의 대표적인 극우 작가 미시마 유키오三島由紀夫는 이러한 시각에 영향을 받아 「혁명 철학으로서의 양명학革命哲

---

83) "我国人民当今こそ理論を嗜好する様にみふれ，古来偏へに感覚的の事物を貴びて，絶へて思想を高遠に騖する莫く，菅江諸家も，徳川氏の諸儒も，多くは詩文の編作，経書の註 説に従事し，経書の註説とても，主に字句を解釈し，古語を引用し，強記博覧読み得ざる 無きを誇れるのみにして，強て哲学の一種を考究せし者を挙れば，伊藤仁斎を除き，僧侶の一部分と中江熊沢大塩の如く王陽明の良知学を奉せる徒輩に過ぎざりしならん."(三宅雄二郎，『哲学涓滴』，文海堂，1889，23쪽)

84) 水野 博太，「明治期陽明学研究の勃興: 井上哲次郎『日本陽明学派之哲学』に至る過程」，『思想史研究』24號, 日本思想史·思想論研究会, 2017, 71쪽.

85) 앞의 글과 같음.

学としての陽明学」(『행동학 입문』, 1970년 간행)에서 츄사이의 귀태허 사
상을 다음과 같이 논한다.

> 혁명은 행동이다. 행동은 죽음과 맞닿아 있는 경우가 많으므
> 로, 한번 서재의 사색을 떠나 행동의 세계로 들어갈 때, 사람이
> '죽음을 앞둔 니힐리즘'과 '우연의 요행을 부탁하는 미스티시
> 즘Mysticism(신비주의)'의 포로가 될 수밖에 없는 것은 인간성의
> 자연스러움이다. (중략) 양명학 시대에는 허무주의라는 말이 없
> 었지만, 그것은 오시오 헤이하치로의 츄사이 학파가 유난히 강
> 조했던 「귀태허」설 속에 나타나 있다. 「귀태허」라는 것은 태
> 허로 돌아가는 것이라는 의미인데, 오시오는 '태허'라는 것이
> 야말로 만물 창조의 근원이고, 또 선과 악을 양지에 의해 변별
> 해 얻는 최후의 것으로 여기에 이른 사람들의 행동은 생사를
> 초월한 정의 그 자체에 귀착한다고 주장했다. (중략) 베트남에서
> 항의하는 승려가 분신자살하는 것은 대승불교로 설명하지만,
> 또한 양명학적인 행동이라고도 할 수 있다.86)

주지하다시피, 탐미주의와 허무주의의 영역을 오가며 일본 문단
에서 활약했던 미시마는 동시에 쇼와 시대를 대표하는 극우 사상가
이기도 했다. 그는 츄사이의 귀태허 사상을 '생사를 초월하는 정의
를 추구하는 것'과 동치로 여겼고, 자신의 몸을 불살라 가면서도 자

---

86) 三島由紀夫, 「命哲学としての陽明学」(1970), 『決定版 三島由紀夫全集』第36巻,
新潮社, 2003, 208쪽.

신이 추구하는 진리를 이루는 것이야말로 진정한 양명학적 정신이라 여겼다. 양명학에 심취하고 여러 저술을 남기기도 했던 미시마는 끝내 자위대의 쿠데타를 기도하다 할복자살하며 생을 마감하고만다. 그가 자살을 하면서까지 이루려고 했던, 그 나름의 숭고한 이상과 진리라는 것에 츄사이의 기여가 없다고 할 수 없을 것이다. 고지마 쓰요시는 『사대부들의 시대』라는 책에서 츄사이가 이념적으로 군사 봉기를 일으킨 것과, 미시마의 자살을 병렬적으로 서술하며 '그들이 보편적 진리를 실현하기 위해 장기적인 안목으로 취한 행동임을 이해'한다면서도, '사회적으로는 매우 위험한 사상이 될 수 있다는 것'을 인정하고 있다.[87] 이러한 측면들은 이른바 '붉은 양명학'쪽에서도 두드러진다.

반국가주의적, 좌익적 평가 = '붉은 양명학赤い陽明学'

이노우에가 밝히고 있듯이 양명학은 그 자체로 '반체제'의 학문[88]이었다. 시간이 지남에 따라 그 '반체제'의 칼날은 에도 막부가 아닌 새로운 시대를 향하고 있었다. 물론 이노우에의 양명학은 구체제에 반항하는 혁명, 즉 새로운 체제를 옹호하는 것이었지만, 그것은 다시 그 체제를 위협할 수 있는 위험성을 내포하는 것이기도 했다. 근대 양명학은 다양한 영역에서 드러나고 녹아나는데, 특히 자

---

87) 고지마 쓰요시, 신현승 역, 『사대부의 시대 — 주자학과 양명학 새롭게 읽기』, 동아시아, 2004 참조.
88) 高瀬武次郎, 『日本之陽明學』, 鉄華書院, 1898의 井上哲次郎, 「日本之陽明學 敍」 참조.

유민권운동가 지식인[89]들에게도 깊은 영향을 끼쳤다.[90]

자유민권운동은 메이지 초기, 헌법을 제정하고 국회를 개설할 것을 요구한 민주주의 운동이다. 메이지 초기의 정치 지형은 메이지 유신의 공신들이라 할 수 있는 사쓰마 번薩摩藩과 조슈 번長州藩 출신의 인물들만 채워져 있었기 때문에, '삿조薩長에 의한 새로운 유사 막부가 세워졌다'라는 시민들의 불만이 여기저기서 터져 나오고 있는 상황이었고,[91] 당시 주류 정치권력에서 밀려난 이들을 중심으로보다 공공적이고 근대적인 민주사회를 만들어야 한다는 문제의식이 공유되었다. 그 결과 관료층·지식인층·호농층 등을 중심으로 다양한 양상을 띠며 '자유'를 부르짖는 정치 운동이 벌어졌는데, 그것들을 모두 일컬어 자유민권운동이라 한다. 그 당시 다양한 정치 조직들이 결사하였는데 대표적인 것으로 릿시샤立志社·아이코쿠샤愛国社·호쿠슈샤北洲社 등이 있었다.

이 가운데 호쿠슈샤北洲社를 설립한 시마모토 나카미치島本仲道를 살펴볼 필요가 있다. 그는 도사 번土佐版 출신의 관료이자 변호사로, 막말에는 존황양이를 주장한 정치조직 도사킨노도土佐勤皇党에서 활동하였고, 유신 이후 병무성과 사법성의 관료를 역임했으며, 말년에는 자유민권운동에 뛰어들어 민권파 변호사들의 결사인 호쿠

---

89) 자유민권운동 등을 '반국가적이고 좌익적인 흐름'에서 다루는 것이 부적절하다고 여겨질 수 있겠으나, 본고는 양명학과 츄사이를 근대의 흐름 속에서 추적하고 그 행간을 읽어 내기 위함이 목적이니까 편의상 이분법을 적용하여 읽은 것이므로 양해 바란다.

90) 최재목, 「崔南善 少年誌에 나타난 陽明學 및 近代日本陽明學」, 21호, 한국양명학회, 2008 참조.

91) 앤드루 고든, 문현숙 외 역, 『현대 일본의 역사 1』, 이산, 2015, 180쪽 참조.

슈샤北洲社를 설립한 입지전적인
인물이다. 그의 특이한 이력 중 하
나는 젊은 나이, 양명학에 심취해
야스이 솟켄安井息軒, 구사카 겐즈
이로부터 사사했다는 점[92]이다.
그가 양명학에 대해 어느 정도 깊
은 이해를 가지고 있었냐는 점은
기록이 부족해 찾아볼 수 없지만,
'오시오 츄사이를 존경'하였다는
점만은 확실히 확인할 수 있다. 시
마모토는 메이지 20년(1887) 전제

『청천벽력사』 첫 장에 그려진 츄사
이의 초상. 大塩後素(오시오 고소)
로 되어 있다. 출처: 일본국립국회
도서관 디지털 컬렉션

적인 메이지 정부에 항거해 투쟁을 이어 가다, 보안 조례에 의해 도
쿄에서 쫓겨나게 되는데[93] 이 무렵 결심하여 『청천벽력사青天霹靂
史』라는 전기 형태의 역사서를 쓴다.

책의 내용은 막말 '청천벽력'과도 같았던 '오시오의 난/사건'을 소
상히 기록하고 평한 것으로, 츄사이에 대한 연구 성과도 부족했던
당시로서는 대단히 의미 있는 결과물이었다. 시마모토는 책에서 츄
사이의 「격문」을 손수 옮기고, 그를 둘러싼 여러 인물들에 대해서
도 상세히 기록했다. 시마모토는 자유 민권을 향한 자신의 노력과
메이지 정부를 향한 투쟁을 츄사이에게 투영시켜 이해하고자 했던

---

92) 中瀬 寿一,「大阪における'弁護士民権'の先駆島本仲道 ― 大塩の伝統を継承発展
させた民権家たち」,『大阪春秋』33號, 大阪春秋編集室, 1982 참조.

93) 谷正之,「弁護士の誕生とその背景 ― 明治時代前期の民事法制と民事裁判」,『松
山大学論集』第20卷 第6號 松山大学学術研究会, 2009 참조.

것이다. 그에게 있어 츄사이는 일종의 롤모델이었다.

오시오 츄사이의 영향력은 시마모토에게만 미치는 것이 아니었다. 자유민권운동가 후카자와 곤파치深沢権八 등이 주장하여 마련된 민간 헌법「이쓰카이치 헌법초안五日市憲法草案」관련 사료에서도 츄사이의 한시漢詩가 발견된다. 마찬가지로 민권운동가 야마다 헤이지前田兵治의 연설문에서 츄사이의 이야기가 자주 인용된다. 이처럼 츄사이는 자유민권운동 안에서 꾸준히 호출되었다.94) 물론 츄사이 당시에는 민권이나 헌법과 같은 근대적 민주 의식과 제도가 없었음이 분명하지만, 그들은 자신들의 민권 사상과 츄사이의 그것이 일치하는 바가 많다고 판단한 것으로 보인다. 츄사이의「격문」에서 드러나는 것처럼 '만물일체의 인仁'으로 대변될 수 있는 휴머니즘과, 잘못된 정치 세태에 대한 열렬한 비판, 요리키와 도신, 일반 민중들을 차별의식 없이 대하고, 끝내 자신의 신념을 위해 희생을 마다하지 않았던 그의 정신이 민권주의 사상과 맞닿아 있다고 해도 큰 무리는 없을 것이다. 나카세 도시카즈도 이러한 점을 주목하며 "오시오는 양명학에서 민권사상가로 발전해 갔다"95)는 다소 은유적인 평가를 내리고 있다.

이후 메이지 정부가 헌법을 제정하고 민권에 대한 요구들을 조금씩 수용하기 시작하며 한 시대를 풍미한 자유민권운동은 점점 쇠퇴의 길을 걷는다. 특히 자유민권을 기치로 내걸었던 자유당 좌파가 여러 차례의 농민운동과 봉기들을 주도하면서, 오히려 그 세력이

---

94) 中瀬 寿一, 앞의 글 참조.
95) 앞의 글 참조.

축소하게 되고 민권운동 자체가 좌경화·사회주의화96)되는 결과를 낳았다.

한편, 메이지를 대표하는 문인 모리 오가이森鴎外는 자신의 소설 『오시오 헤이하치로大塩平八郎』의 부록에서 '오시오의 난 / 사건'에 대해 다음과 같은 서술을 남긴다.

> 이 사건은 사회 문제와 관계하고 있다. 물론 사회 문제라는 이름은 서양의 18세기 말에 공업기관을 사용하게 되면서 큰 공장이 생기고, 기업가와 노동자 간에 생긴 것이지만, 그 싹은 어느 나라나 옛날부터 있었다. 빈부의 차로부터 생기는 충돌은 모두 그것이다. 만약 헤이하치로가 사람에게는 귀천 빈부의 구별이 있는 것이 자연스러운 결과이니까 그저 방임하는 것이 좋다고 개인주의적으로 생각했다면, 폭동은 없었을 것이다. (중략) 헤이하치로는 당시의 질서를 파괴하면서 목적을 달성하고자 했다. 헤이하치로의 사상은 아직 깨어나지 못한 사회주의다.97)

오가이의 『오시오 헤이하치로大塩平八郎』는 '오시오 헤이하치로의 난 / 사건' 당일의 행적을 소설화한 것으로, 앞서 소개한 코다 시게토모의 연구서 『오시오 헤이하치로大塩平八郎』와 미야케 세쓰레이의 연구 성과를 기반으로 허구의 상상력을 입힌 역작이다. 하지만 오가이의 관점은 이들과는 사뭇 다르다. 츄사이를 다소 부정적으로,

---

96) 구태훈, 『일본사 강의』, 히스토리메이커, 2017, 374쪽.

97) 森鴎外, 『大塩平八郎』, 岩波書店, 1940, 70쪽.

그리고 사회주의적으로 해석하고 있다. 이는 그 무렵에 일어난 대역사건大逆事件98)의 영향이 있었던 것이지만, 오가이가 소설을 쓸 당시에 이미 츄사이를 사회주의적으로 보는 시각이 일부 있었다는 방증이기도 하다. 양명학을 국가주의적으로 해석하고자 했던 이노우에 조차도 『일본양명학파지철학日本陽明学派之哲学』에서 츄사이의 양명학을 다소 사회주의적으로 볼 여지가 있다고 다음과 같이 언급한다.

> 단지 왕학(=왕명학)의 결과가 일시동인一視同仁의 평등주의로 되는 경향이 없다고는 할 수 없다. 토쥬에서도 볼 수 있듯이 분명히 평등주의 관념이 있다. 고로 츄사이의 폭거처럼 사회주의와 맞는 부분이 없다고는 할 수 없다.

이후 일본의 대표적인 사회주의 운동가이자 역사 연구가인 사노 마나부佐野学 또한 이러한 시각을 견지해 자신의 책 『일본사日本史』에서 '그(=츄사이)의 반란은 지주세력에 대항하는 부르주아 계급을 위한 민주주의 운동이 아니라, 착취받고 학대받는 노동자들을 위한 선구적 운동이었다'라며, 츄사이를 사회주의 운동가로 격상시키고 있을 정도다.99)

이러한 흐름은 계속해서 반전과 인터내셔널리즘의 물결로 이어진다. 여기서 이시자키 도코쿠石崎東国가 설립한 '센신도 학회洗心洞

---

98) 고토쿠 슈스이幸徳秋水를 비롯한 약 20여 명의 사회주의자들이 천황 암살을 모의 했다는 죄로 사형당하거나 옥고를 치른 사건이다. 사회주의 탄압을 위한 날조된 사건으로 평가받고 있으며, 이를 계기로 일본의 사회주의 운동이 크게 위축되었다.

99) 雄山閣編輯局, 『異説日本史』 第6巻 人物篇 8, 雄山閣, 1932, 309~339쪽 참조.

學會'와 그 후신인 '오사카 양명학회大阪陽明學會'를 주목할 필요가 있다.

도코쿠는 민권운동가이자 사상가인 나카에 조민中江兆民에게 사사하며 학문을 배웠는데, 특히 양명학과 츄사이에 깊은 관심을 두면서 이와 관련한 다양한 활동들을 하기 시작한다.[100] 대표적인 것으로 잡지 『양명陽明』(이후 『陽明主義』로 이름을 바꾼다)을 창간하고, 츄사이의 사숙인 센신도에서 이름을 딴 '센신도 학회洗心洞学会'를 설립한다. 이런 시도들은 동시에 사회개혁적인 방향으로 추진되었는데, 잡지 『양명』에 실린 센신도 학회의 선언문을 보면 그와 그 단체의 성향을 뚜렷이 짐작할 수 있다.

화철火鉄의 문명은 그 최고도로 이르러 가고 있음에도 불구하고, 사회의 인도人道는 파괴와 멸망을 향해 전하転下되고 있다. 이러한 시기에 맞춰 우리들은 센신도 학회를 조직하고, 지행합일의 학설을 연구하며, 그것에 의해 정신을 수양하고, 그것에 의해 인도의 전계를 꾀하며, 또한 나아가 사회의 혁신을 도모한다.[101]

꾸준히 활동을 이어 가던 센신도 학회는 러일전쟁 직후 '오사카 양명학회'라는 이름으로 새로이 발족한다. 유관 단체들을 합병한 것도 하나의 이유겠지만, 승전 이후 가속화되는 제국주의 노선과

---

100) 山村獎, 「明治期の陽明学理解 — 社会主義と明治維新との関係から」, 『東洋文化研究』 第18號, 學習院大學東洋文化研究所, 2016, 102쪽.

101) 洗心洞学会, 「洗心洞学会宣言文」, 『陽明』 10號, 大阪陽明学会, 1911, 3쪽.

동아시아에 드리우는 전운, 그로 인해 발생한 여러 사회 문제 해결에 기여하려는 의도였을 것이다. 그로 인해 당시 일본에는 도쿄 양명학회와 오사카 양명학회가 공존하게 되었는데, 전자는 시부사와 에이이치渋沢栄一를 필두로 한 한학漢学 유행의 결과물로, 주로 사토 잇사이 연구자들이 주축이 되었다. 그리고 후자는 반전과 인터내셔널리즘을 기치로 내걸었던 츄사이 연구자들의 모임이었다.102) 두 학회의 성격은 완전히 다른 것이었다. 고지마의 표현을 빌리자면, 전자는 '하얀 양명학'에 후자는 '붉은 양명학'에 속한다고 할 수 있다. 무엇보다 그들은 도쿄 양명학회가 내세우는 가치와 그 설립 계기마저 철저하게 비판한다.

그들은 이노우에의 양명학을 어용학문이라 여겼고, 당대의 한학 유행조차, '과도한 충군애국忠君愛国을 강조하려는 책동'에 지나지 않는다며 평가 절하103)했다. 도코쿠와 오사카 양명학회가 진정으로 내세우고자 했던 가치는 국가나 정부와 같은 거대 권력, 시대 권력에 향한 것이 아니었다. 츄사이가 그토록 추구하던 만물일체萬物一體의 인仁과, 인간 내면으로부터 오는 양지良知의 정신, 그리고 그것을 몸소 실현하려는 태도였다. 이후 양명학에 기반해 독자적인 인터내셔널리즘을 심화시켜 나가던 오사카 양명학회는 결국 내부 분열로 인해 해산되지만, 당시 사상계에 가져다준 충격과 그 의의는 매우 크다고 할 수 있겠다.

102) 井形正寿,「石崎東国の足跡を追う」,『大塩研究』第48号, 大塩中斎先生顕彰会·大塩事件研究会, 2003 참조.
103) 荻生茂博,「法としての東アジア実學」,『自然と実学』創刊號, 日本東アジア実学研究会, 2000, 85쪽.

4. 고지마 쓰요시의 『근대 일본의 양명학』에 대하여

번역의 인연

2년 전 김지훈 군이 박사학위를 취득한 뒤 인사차 영남대를 방문을 했을 때 나는 그가 일본지성사에 관심이 있는 것을 알게 되었다. 그때 나는 선뜻 도쿄대 고지마 쓰요시 교수의 『근대 일본의 양명학』을 보이며 이 책을 같이 번역했으면 하는 뜻을 내비쳤더니 흔쾌히 승낙하였다. 그 이후 나는 김지훈 박사와 당시 영남대 철학과 학부생인 서승완 군(현재 동 대학원 진학), 그리고 대학원 한국학과 박사과정 재학 중인 조용미 씨(학부에서 일본문학을 전공)와 함께 공부할 생각으로 번역을 시작하였다. 주로 김지훈 박사, 서승완 군이 번역을 해 오면 함께 검토하는 방식이었다.

당초 이 책을 번역하고 싶었던 이유는 한국의 양명학계에 '근대 일본 양명학'에 대한 이해와 연구가 부족하다는 판단에서였다. 현재 한국 양명학계의 분위기는 중국 양명학, 그것도 명대明代의 왕양명에, 한국의 경우에도 하곡霞谷 정제두鄭齊斗에 연구가 집중돼 있어, 근대기 양명학 연구에 대한 관심은 부진하다. 따라서 일본, 나아가 일본 근대의 양명학에 대해서는 거의 무관심하다고 해도 과언이 아니다. 이런 상황에서 보다 폭넓은 연구 방법과 대상을 제안해 보고자 고지마 쓰요시의 『근대 일본의 양명학』을 떠올렸다.

고지마 쓰요시의 『근대 일본의 양명학』은 간략하면서도 '근대+일본+양명학'을 요령 있게 정리하였다고 판단된다. 양명학을 공부하는 사람들이 최소한 이 정도만 파악하게 되면, 자발적으로 근대 일본 양명학 분야를 개척하고, 나아가 근대 동아시아 양명학의 지형도를 창의적으로 구상할 수 있겠다는 생각을 해 보았다.

목차 및 내용

고지마 쓰요시의 『근대 일본의 양명학』은 목차에서 알 수 있듯이, 에피소드를 중심으로 독자들이 읽기 쉽게 정리하고 있다. 그 내용을 각 장별로 요약하자면 다음과 같다.

1장(에피소드 I)

1837년 오시오 헤이하치로의 난이 발발했다. 그는 기근으로 인한 백성의 괴로움을 좌시하지 못하고 막부 관리에게 구제책을 건의했으나, 받아들여지지 않았고 결국 이 무모하다고도 말할 수 있는 거병 행동에 나섰다. 이 난은 내부고발자로 인해 누설되어 실패로 끝났지만 일본 사회에 많은 반향을 불러일으켰다. 이후에 바로 덴포의 개혁天保の改革이 일어났으며, 메이지 시대가 되자 메이지 정부를 정당화하고 옹호하기 위해 막부를 비판하는 풍조가 형성되어 오시오는 선구자로서 정의의 편·서민의 편으로 숭배되고 받들어지게 되었다. 그리고 동시에 오시오가 양명학에 심취했던 사실도 주목받게 되었다. 난으로까지 전개된 그의 적극적인 행동주의와, 그의 사숙의 이름 센신도, 그리고 그의 호인 츄사이中齋 모두 양명학과 연결되어 있다. 그러나 오시오 헤이하치로가 난을 일으킨 궁극적인 목적은 민주주의·근대화·양명학을 위해서가 아닌 공자·맹자의 올바른 가르침을 실천하기 위한 것이었다.

2장(에피소드 II)

미토 도쿠가와水戸德川 가는 주나곤中納言으로 미토 번水戸藩을 다스렸다. 미토학이란 이 미토 번에서 일어난 학문으로, 도쿠가와 미쓰쿠니 주도의 『대일본사』 편찬 작업에서 비롯한다. 미쓰쿠니의 사서 편찬은 이 주자학의 대의명분론을 일본의 역사에 검증, 드러내기 위해 이루어졌다. 불교를 배척하고, 부계 상속을 강조하며, 남북조 시대의 남조를 정통으로 삼고 있다. 이런 미토학은 이후 국체론이 등장할 시기가 되면 당시 융성해 가던 국학國學과 연동되어 갔다. 존왕양이의 풍조와 일본 고유의 것을 중시하는 풍조가 강화되어 갔다. 이때 요시다 쇼인이 등장했다. 후대에 그를 양명학자로 보지만, 이것은 결정적인 것은 아니다. 그는 양명학적 심성을 가져 이탁오를 접했다고 보는 것이 옳을 것이다. 요시다 쇼인은 미토를 여행하며 미토학자 아이자와 세이시사이를 만나며 그의 국체론에 영향을 받아 존왕양이파 논객이 되었다. 그는 이후 밀항을 위해 외국 군함에 승선을 하다 실패하여 고향에 유폐되었다. 이때 교육활동을 하였는데 쇼카손주쿠松下村塾에서 훗날 메이지 유신의 주역이 될 인재들을 지도했다. 쇼인의 초망굴기론草莽崛起論은 메이지 유신의 주역들에게 강력한 원동력이 되었고, 그들은 실력으로 번의 정치를 좌지우지하여 일본 전체의 구체제 전복을 꾀하고 달성하기에 이른다. 쇼카손주쿠가 메이지 시대를 낳았다고 해도 지당하다고 할 수 있다.

■ 요시다 쇼인을 기리는 <쇼인 신사松陰神社>(東京都 世田谷区 若林 4-35-1)[104]

'요시다 쇼인'을 모시는 '쇼인 신사'

요시다 쇼인은 '요시다토라지로후지와라노리카타노미코토吉田寅次郎藤原矩方命'라는 신의 이름으로 불리우며 추앙받고 있다.

'요시다 쇼인'의 무덤

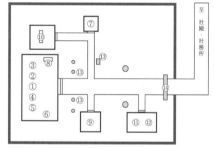

'요시다 쇼인' 묘소 배치도
출처: 쇼인 묘역(東京都世田谷区若林4丁目35-1)의 안내 표지판

---

104) 다음의 내용은 최재목·서승완·김용재, 「일본 양명학의 현재 ─ '도쿄'의 유적 답사를 통한 검증」, 『동양철학연구』 제98호, 동양철학연구회, 2019.5에 근거함.

요시다 쇼인 묘소의 정식 명칭은 '吉田松陰先生他烈士墓所(요시다 쇼인 선생, 타 열사들의 묘소)'이다. 배치도의 번호에 따른 비석의 주인 은 다음과 같다.

① 요시다 토라지로吉田寅次郎(요시다 쇼인)
② 고바야시 민부小林民部
③ 라이미키 사부로頼三樹三郎
④ 구루하라 료조来原良蔵
⑤ 후쿠하라 오토노신福原乙之進
⑥ 와타누키 지로스케綿貫治良助
⑦ 나카타니 쇼스케中谷正亮
⑧ 조슈 번택 몰수 사건 관계자의 위령비長州藩邸没収事件関係者の慰霊碑
⑨ 구루하라 료조의 처 와다 하루코来原良蔵妻和田春子
⑩ 조슈 번 제4대대 초혼비長州藩第四大隊招魂碑
⑪ 노무라 야스시野村靖
⑫ 노무라 야스시의 부인 노무라 하나코野村靖夫人野村花子

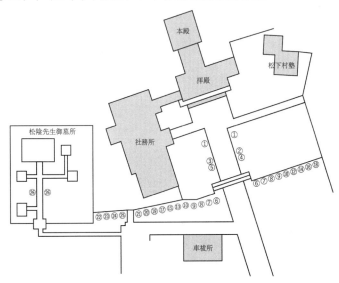

요시다 쇼인 묘소·석등 배치도
출처: 쇼인 묘역의 안내 표지판

또한 '쇼인' 묘소에는 32기의 석등이 늘어져 있는데, 이는 '쇼인' 문하의 '모리 모토아키라毛利元昭', '이토 히로부미伊藤博文'를 비롯한 관련 인물들이 1908년에 봉납한 것이다.

배치도의 번호에 따른 석등의 봉납자는 다음과 같다.

① 모리 모토아키라毛利元昭
② 깃카와 쓰네타케吉川 經健, 모리 모토타다毛利 元忠
③ 모리 모토히데毛利元秀, 모리 모토타케毛利元雄
④ 깃카와 조키치吉川 重吉, 고바야카와 시로小早川 四郎
⑤ 오무라 노리토시大村 德敏, 모리 고로毛利五郎
⑥ 이토 히로부미伊藤 博文
⑦ 야마가타 아리토모山縣有朋
⑧ 이노우에 가오루井上馨
⑨ 가쓰라 다로桂 太郎
⑩ 기도 다카마사木戸 孝正
⑪ 사쿠마 사마타佐久間 左馬太
⑫ 노기 마레스케乃木希典
⑬ 히로사와 긴지로廣澤 金次郎, 하야시 히로타로林 博太郎
⑭ 야마다 히데오山田 英夫, 시나가와 야이치品川 弥一
⑮ 아오키 슈조青木 周蔵
⑯ 노무라 야스시野村 靖
⑰ 마사타카 가와세河瀨 眞孝
⑱ 스기 마고시치로杉 孫七郎
⑲ 소네 아라스케曾爾荒助
⑳ 하세가와 요시미치長谷川 好道
㉑ 오카사와 구와시岡澤 精
㉒ 오시마 요시마사大島 義昌
㉓ 데라우치 마사타케寺内正毅
㉔ 이노우에 히카루井上 光
㉕ 이리에 간이치入江 貫一
㉖ 게이비 협회藝備協会(유일한 단체)

3장(에피소드 III)

1867년 10월 도쿠가와 요시노부의 대정봉환으로 에도 막부는 막을 내렸다. 이후 정부와 막부 사이에 충돌이 일어나 큰 전투로 이어졌고, 막부군이 패배했다. 미시마 주슈는 막부를 지지했던 빗추 마쓰야마 번備中松山藩 출신의 양명학자이다. 그는 막부군 패배 후에 메이지 정부에 불려졌고 이후 다이쇼 천황의 교육 임무를 맡았다. 그가 다이쇼 천황에게 가르친 것은 양명학이었다. 그리고 언론인 미야케 세쓰레이는 세이쿄샤에서 『왕양명』을 출간하며 왕양명을 인류 공통의 스승으로서, 또한 일본인의 스승으로서 이야기한다. 우치무라 간조는 『대표적 일본인』에서 왕양명의 철학을 그의 종교인 기독교와 연결지어 설명하기도 했다. 니토베 이나조는 대표작 『무사도武士道』에서 공자의 정통 후계자로 주자가 아닌 왕양명을 지목했다. 이처럼 일본 제국으로 넘어가기 직전, 메이지 시대 초기에는 일본 사회 전체적으로 양명학이 널리 확산·강조되고 있었다.

4장(에피소드 IV)

종래 일본의 문명개화와 국수보존 갈등이 전통 정신을 보존하면서 문명화하자는 하나의 흐름으로 합쳐져 간다. 이러한 가운데 이노우에 데쓰지로와 그 밖의 메이지 시대 철학 연구자들은 요시다 쇼인과 사이고 다카모리를 양명학자로 분류·확립시킨다. 이노우에 데쓰지로는 도쿄대학교 조교수 시절 독일 철학을 일본에 이식하는 사명을 띠고 독일에 유학을 갔다. 그는 칸트 철학을 들고 와서 일본에 전파했다. 칸트가 이성의 독립자존을 설파한 철학자였기 때문에 메이지 시대 철학 연구자들에게 선호되었다. 칸트 철학의 이성적 행동은 무사도와 결합되었다. 무사도는 사리사욕을 채우기 위한 것이 아니라, 보편적인 지고의 가치를 위해 살아가고 죽는 것을 가르치고 있는 것이다. 여기에 다시 양명학이 연결된다. 이노우에 데쓰지로를 비롯한 메이지 시대 철학 연구가들은 중국 명대에 왕양명이 주창한 교설의 일부를 환골탈태시켜 근대 일본에 적응시키려 했다. 그들에게 있어서 양명학이란 누군가의 고정적 교설을 가리키는 것이 아니라 양지에 따라 성실하게 살아가는 실행주의 정신 그 자체였다. 그러나 여기서 말하는 '양명학'이라는 것은, 뭔가 확실한 실체를 수반하는 것이 아니라 막연한 '지사 정신'에 지나지 않았다. 지사는 자주독립을 생각한다. 그래서 사회통념에 얽매이지 않고 지사로 행세할 수 있다. 즉, 세상사에 구애받지 않는 인물이 지사가 된다. 기성 교설을 추종하는 보수주의와는 별개로 '내 머리로 생각해낸 국체수호주의', 이른바 하얀 양명학이 이노우에가 그리는 양명학이었다. 이에 비해 에도 막부 말기 이래의 전통을 어떤 의미에서 올바르게 계승하며, 혁명의 이상에 불타오르는 인사들도 양명학에 끌리고 있었다. 말하자면 붉은 양명학이다.

5장(에피소드 V)

다이쇼 시대 일본 양명학은 '일본정신 강조'를 통해 나타난다. 다카바타케 모토유키高畠素之, 오카와 슈메이大川周明, 야스오카 마사히로安岡正篤가 그 대표적 인물들이다. 타카바타케 모토유키는 영어판『자본론』을 일어로 완역한 사회주의자이다. 그는 국가사회주의를 주장했는데, 성악설에 의거하여 국가에 의한 지배와 통제를 강조했다. 오카와 슈메이는 사이고 다카모리를 평생 존경했던 인물이다. 그는 국가주의 민족주의 정치운동에 관여하였는데 훗날 5·15 운동 때 혈기왕성한 군인들이 오카와를 이론적 지도자로 추앙하기도 했다. 다카바타케·오카와는 모두 외래 사상을 신봉하는 풍조에서 탈피하여 일본이란 국가를 강조했다. 야스오카 마사히로 또한 국가주의자이다. 그는 옥음방송의 개정자로 유명하다. 그 또한 일본정신을 강조했다. 하지만 결국 오카와나 야스오카나 이노우에가 구축한 틀 속에서 새로운 디자인을 공들여 일본정신을 말하고 있었던 것일 뿐이다.

6장(에피소드 VI)

야마카와 키쿠에는 야마카와 히토시의 아내로 사회주의자·여성운동가로 유명하다. 미시마 유키오는 소설가로 우익 민족주의자이다. 이 둘의 선조들은 모두 미토 번과 연결되어 있다. 야마카와 키쿠에 부부는 필부필부匹夫匹婦의 양지良知를 믿은 성선설·양명학적 심성에 의거하고 있다. 따라서 지나치게 이상적인 모습도 보인다. 미시마 유키오는 양명학 자체에 관심이 있었다. 그는 무사도로써 지행합일의 양명학이 무엇인지 증명하려 했다. 이것은 그의 자위대 궐기와 할복으로 이어진다.

이상과 같이 이 책은 '일본+근대+양명학'의 문제를 관통하면서 학술적·정치적·문화적인 문제를 다루고 있다. 이 점에서 한국 혹은 동아시아 근대 양명학을 연구하는 사람에게 필독을 권하고 싶은 책이다.

5. 나오는 말

근세의 양명학의 주연 배우는 중국이었다. 물론 한국과 일본의 성과를 과소평가하려는 것은 아니다. 양명학의 철학사상과 전개의 큰 흐름을 형성했다는 점에서 이견이 없을 듯하다. 그런데 근대가 되면 상황이 좀 달라진다. 중국은 청대가 되면서 송명 성리학이 쇠퇴하고 고증학·실학의 분위기로 바뀐다. 더욱이 서세동점의 근대기가 되면 중국은 서구의 충격에서, 한국은 서구의 영향과 일본 제국의 침략에 따라 국가의 혼란과 양명학술의 침체기에 접어든다.

일본은 메이지 유신에 성공하고, 근대학술을 선두적·성공적으로 수용하고 번안한다. 그래서 중국에서 유래한 양명학마저도 자신들의 안목과 관점에서 기획하고 유통할 수 있었다. 다시 말해서 근대 양명학은 일본이 주도하고 '행동적', '혁명적', '실천적'이라는 새로운 양명학상像'을 창출하였다. 어쩌면 양명학을 근대적으로 임상실험하고, 자신들의 버전으로 재창출하고 있었다. 본론에서 파악한 여러 양명학의 군상들, 그리고 고지마 쓰요시의 책 내용에서 보여주는 바대로 양명학이 서양학술 그리고 일본 내의 역사＋정치＋문화와 어울리며 습합褶合·잡종 교배하는 모습은 이해되는 부분도 되지 않는 부분도 있다.

그러나 좋든 싫든 간에 메이지 일본에 있어 진행된 이런저런 양명학의 실험과 번안 작업은 동아시아 학계와 사회에 다양한 영향을 끼쳤다. 근대 중국과 한국은 자신들의 전통 양명학의 흐름을 중심으로 삼으면서도 근대 메이지 일본의 '양명학지陽明學知'에 자극을 받을 수밖에 없었다. 하지만 이를 통해서, 자국의 국민국가의 정신과 내셔널리즘 창출을 위한 새로운 학지學知로서 재영유再領有하면서, 서양과 일본 제국에 적절히 대응하고자 했다.

앞으로 이러한 근대 동아시아 양명학의 내용과 형식을 규명하고, 나아가 그것이 어떻게 현대로 이어지는지를 살펴보아야 할 것이다. 다시 말하면 지금 우리가 연구하는 양명학에 앞선 '근대 양명학'에 주목하면서 계속적으로 '방법', '관점', '대상'을 새롭게 수정·보완해 가면서 동아시아 양명학 연구로 나아가야 할 것이다.

프롤로그

야스쿠니 '참관'의 기록

야스쿠니 '문제'의 소재

헤이세이平成 17년(2005) 10월 17일 월요일 오전 10시 넘어 일본국 내각 총리대신 고이즈미 준이치로小泉純一郎 씨는 추계 예대제例大祭1) 시작날에 맞춰 도쿄 구단九段의 야스쿠니 신사靖国神社에 참배했다. 경내에 체재하고 있었던 시간은 겨우 5분이라는 짧은 시간이었지만 신사 배전拜殿 앞에서 35초간(당일 TV 뉴스 보도) 합장 경례한 행위는 틀림없이 '참배'였다.

실은 6월경부터 고이즈미小泉 수상은 8월 15일 이른바 '종전기념일' 참배를 예정·공언하고 있었다. 그러나 우정민영화 관련 법안에 대한 참의원參議院의 부결에 대항하여 그 자신이 중의원을 해산하고 "국민의 뜻을 묻는다"고 했기 때문에 선거의 쟁점에 야스쿠니 문제가 들어가는 것을 피하고 그 예정을 연기했다. 현안이었던 우정민영화 관련법안 성립을 받아들여 그는 이전의 약속을 이날 실행했던 것이다.

내가 그 제1보를 알았던 것은 가족들의 휴대폰 문자로부터였다. 매주 월요일 오전에는 어떤 사립대학('메이지 유신明治維新'의 연호를 이름으로 쓰는 대학)에서 대학원 수업을 담당하였기 때문에, 본교에 들러 그 자료를 준비하기 위해 평소보다 빨리 집을 나섰던 나는, 그 시점에 아직 "수상이 참배한 듯하다"라는 뉴스를 알지 못했다. 강사 대기실에서 그 문자를 받았던 것이다.

그 대학은 구단九段으로부터 도보 15분 정도의 스루가다이駿河台에

---

1) 1년에 한두 번 정해진 날 신사에서 하는 큰 제사.

109

위치하고 있다. 내가 평소와 같이 교실에 들어가 학생들에게 반쯤
농담으로 "그렇다는 것 같으니 여기서 수업 따위 하지 말고 항의
활동을 할까?" 등을 말했던 10시 10분 지날 즈음에 생각해 보면
수상은 마침 야스쿠니 신사의 경내에 있었던 것이다. 내가 교실에서
아시아 사史의 일환으로 주자학朱子學과 양명학陽明學에 대해 강의
하고 있을 즈음, 일본 총리대신은 아시아 여러 나라의 감정을 거스
르는 행위를 확신범적으로 수행하고 있었다.

"한 사람의 일본인으로서 전쟁에서 돌아가신 분들에게 경의를
표하기 위해 왔다." 이것이 수상의 말이었다. "이세 신궁伊勢神宮에
참배해도 '위헌'이라는 소리를 듣지 않는데, 왜 야스쿠니에 대해서
만은 시끄럽게 구는지 나는 알 수가 없다." 이 직전에 오사카大阪
고등재판소가 내린 '야스쿠니 참배 위헌'의 판결에 대해 그가 기자
들의 질문에 이렇게 대답했다. 그 정색하고 나오는 뻔뻔한 태도에
야스쿠니 옹호파 사람들은 "말 잘했다" 등의 갈채를 보냈을지도 모
른다.

그러나 나로서 말하자면 그는 결정적으로 아무것도 모르고 있다.
이것은 법률론이 아닌, '역사'의 문제라는 것을 말이다.

야스쿠니 신사의 기원은 유교에 있다

다카하시 데쓰야 씨의 『야스쿠니 문제靖国問題』는 그해의 베스트
셀러가 되었다. 다카하시 씨는 '씨'가 아니면 할 수 없는 양식적이
며 중립적인 시점으로, 야스쿠니 신사에게 정교분리원칙을 엄격하

게 적용하여, '영령英靈의 위령·현창'이라는 그 본래 종교적 직무에 전념하는 것이 아시아 여러 국가들과 일본과의 꼬인 감정을 풀어낼 구체적 해결책이라고 말한다. 그 주장은 한 시민의 건설적인 제안이라고 평가하고 싶다. 그러나 다카하시 씨도 고이즈미 수상과 같이 과오를 범하고 있다. 야스쿠니의 역사는 다카하시 씨가 말하는 것과 같이 근대국가의 문제로만 본다면 충분하지 못하다.

보통 야스쿠니 신사는 메이지 초기에 국가 시설로 창건된 '신도神道'의 종교시설이라고 이해된다. 현재의 법제상 그것이 틀림없다. 야스쿠니 참배 소송이 헌법의 정교분리규정을 쟁점으로 제기하는 것도 야스쿠니 신사가 '신도神道'로서 종교법인을 가지고 있기 때문이다. 그래서 그 점에서 이 시설은 확실히(고이즈미 수상이 말한 대로) 이세 신궁과, 혹은 당신 마을에 있는 하치만 님2)이나 이나리 님3)과 본질적으로는 틀리지 않다. 총리대신이 자신의 고향에서 우지카미4)를 참배만 해도, 그것이 헌법 위반이냐 아니냐라고 할 정도로 문제가 되지 않을 것이고 중국이나 한국의 정부가 엄중 항의할 것도 없다. 그러나 야스쿠니는 특별하다.

그것은 야스쿠니 신사의 기원이(이세 신궁이나 하치만 궁이나 이나리나 그 밖의 여러 신들을 모시는 신사와 다르게) '신도神道'에는 없는 것에 유래한다. 이 신사는 실은 '유교 교의에 바탕한 사원'인 것이다.

---

2) 일본 신도神道의 신. 일본 무가武家에서 무운의 신, 군신軍神으로 받들어졌다. 이후 불교와 결합되어 하치만 대보살八幡大菩薩이 되기도 했다.
3) 일본의 곡령신穀靈神·농경신農耕神. 일본 신화의 우카노미타마ウカノミタマ와 동일시되는 경우도 있다.
4) 같은 지역의 주민들이 공동으로 모시는 신토神道의 신.

미토학水戸学5)이라는 조연

이 단정문은 학술적으로 부정확하다. 그러나 지금 이렇게 말한 것은 지금부터 본서에서 소개해 나갈 '근대 일본 양명학 전개의 이야기'의 결론을 먼저 가져가며, 굳이 위험한 표현을 써 보고 싶었기 때문이다. 본서에 대하여 우선 문제를 야스쿠니 신사로부터 말하기 시작한 것은 이유가 있다. 일단 보면 다른 것으로 보일 수 있는 두 가지는 역사적 경위로부터 보면 같은 조류에 속해 있다. 그것은 본서 마지막 장에서 다룰 어떤 고명한 작가(*미시마 유키오)의 자결사건의 열쇠로 이어지는 것이 된다.

지금 수도의 행정을 맡고 있는, 고이즈미 수상의 야스쿠니 참배를 두고 칭찬을 보낸 이시하라 신타로石原慎太郎(1932~)는 그와 친한 후배작가이기도 했다. 한때 그는 공개서한으로 '무사도'라는 이름의 질타를 당한 적도 있었는데, 이는 야스쿠니 신사와 양명학이 무사도를 매개체로 연결되어 있음을 보여 준다.

그리고 여기서 하나 더, '미토학'도 중요한 역할을 하고 있다. 마침 올해(2006)는 미토학의 중심 사업이었던 『대일본사大日本史』6) 간행 100주년에 해당한다. 『대일본사』라고 하면 겐로쿠元禄 시대에 죽은

---

5) 미토 번水戸藩을 중심으로 형성된 학문. 일본의 주자학에서 파생된 유학 사상. 크게 전기와 후기로 나뉜다. 전기 미토학은 미토 번주 도쿠가와 미쓰쿠니德川光圀를 중심으로 『대일본사大日本史』를 편찬하면서 형성되었고, 후기 미토학은 고도칸弘道館을 중심으로 발달한 학풍으로 후지타 유코쿠藤田幽谷, 아이자와 야스시会沢安 등이 주도했으며 존왕사상尊王思想을 강조했다.

6) 일본의 한문체 역사서. 도쿠가와 미쓰쿠니德川光圀에 의해 편찬이 시작되어 1906년에 완성되었다. 진무 천황神武天皇부터 고코마쓰 천황後小松天皇까지 100대에 이르는 천황들의 치세를 다루고 있다. 기전체의 사서로, 제왕들을 다룬 본기 73권, 열전 170권, 지志·표表 154권으로 전 397권 226책(목록 5권)으로 구성되어 있다.

미토 고몬水戶黃門, 도쿠가와 미쓰쿠니德川光圀(1628~1701)가 시작한 사업이다. 그러나 '300주년'이 아니다. 겨우 100주년이다. 러일전쟁 '승리' 다음 해 이(문자 그대로의) 세기의 대사업이 완성된 것에서 '역사'의 깊이를 알 수 있다. 내가 "야스쿠니 신사를 이 신사가 창설된 때부터 말하는 것으로는 문제의 본질에 닿을 수 없다"라고 주장하는 이유가 그런 의미인 것이다. 우리들은 아직도 에도 시대江戶時代의 연장선상에 살고 있는 것이다

'그 전쟁'의 박물관

그것은 야스쿠니 신사 경내에 있는 박물관 '유슈칸遊就館'을 견학하는 것만으로 실감할 수 있다.

작년(2005) 8월 14일 나는 이 박물관 안에 있었다.

전술한 대로 고이즈미 수상은 당초 8월 15일의 참배를 공언했다. 때마침 미국으로부터 오랜 지인이었던 연구자 E 교수가 대만 출신 부인을 대동하여 일본에 왔기 때문에 나는 일부러 교수 부부를 초대하여 14일의 '참관'을 실행해 보았다. (내가 '참관'이라 적은 것은 참배 전에 배례를 하지 않고 단순히 견학만 했으니까 '참배'라고 부를 수 없기 때문이다. 물론 나는 그것을 '확신범적'으로 하고 있다. 해당 종교시설이나 그곳에 있는 '신자'들에게 양해를 구한 후에 누차 불교 사원이나 그리스도 교회나 한족의 '묘廟'를 관광 시설, 연구 대상으로서 견학하는 경우와 같은 요령으로. 그런 의미로 1년에 한 번은 야스쿠니를 '참관'하는 것이 나의 '공약'이다.)

8월 14일 수상 참배는
이미 중지된 것이 널리
알려졌다. 그러나 신사
경내에서는 다음날 행해
질 식전의 준비가 진행
되어, 기분 탓인지 평소
보다 '참배'객도 많았고
또한 내각 구성원이 본전
에서 '참배하심'도 맞닥
뜨리게 되었다.

고이즈미 쥰이치로 참배 2005년 당시 일본 총리
였던 그는 종전 기념일(8월 15일) 야스쿠니 참배를
공언했지만 중지되었고, 다음 해 2006년 종전 기념
일에 야스쿠니 참배를 했다.

그런 가운데 미국·대만·일본 제각각 출신이 다른 우리들 '참관'
자 세 사람은 배전 앞에서 다른 참배객이 배례하는 것을 방해하지
않도록 곁에서 견학하였고 기념품 가게를 구경한 후 그리고 앞서
말한 유슈칸에 입장했다.

그곳의 홀에는 '세계를 놀라게 한 일본의 기술력'으로 해군 영식
함상전투기零式艦上戰鬪機 통칭 '제로센零戰'이 전시되어 있어 우선
사람의 눈길을 끈다. 그리고 이하 펼쳐진 전시 그림 두루마리도 그
대다수 — 제로센이 활약했던, 현재의 문부과학성 검정이 완료된
교과서에서 '태평양전쟁'이라고 불리며 야스쿠니 신사에서는 '대동
아전쟁'이라 칭해진 — 가 '그 전쟁(*태평양전쟁)'에 소비되고 있다.
오늘날의 '야스쿠니 문제'가 되는 것이 이 '그 전쟁'과 그 앞의 역사
인 '지나사변支那事變'(야스쿠니에서의 용어)에서 유래하고 있는 것은 말
할 것도 없다. 전술한 다카하시의 논점도 마찬가지다.

야스쿠니 사관에 파고들다

'그 전쟁(*태평양전쟁)'이 침략전쟁이었는가 성전이었는가, 현재에도 평가가 나뉘는 것은 어쩔 수 없다. 그러나 우리들은 그보다 옛날, 근대가 시작되기 전의 '역사'를 볼 필요가 있다. 우리들 세 사람은 최초의 전시실에서 그것을 곧바로 깨우쳤다.

유슈칸 전시실1 '무인의 마음가짐'이라 제목이 붙여진 어두침침한 방에는 한 자루의 일본도가, 그리고 이 칼만이 전시품으로 전시되어 있다. '원수도'. 메이지 국가의 창설부터 쇼와昭和의 패전까지 육해군 대장 30명에게 '원수'라는 칭호가 증정되고, 이것과 같은 칼이 수여되었다고 한다. 수여한 것은 물론 대일본제국의 군주 '대원수' 천황이었다.

그리고 어두침침한 조명 가운데 이 칼의 주위를 둘러싸고 네 수의 와카和歌가 게시되어 있다. 그러나 그것들은 신기하게도 '원수'들이 칭호를 수여받을 때의 은전恩典으로 읊어진 것이 아니다. 작자는 무네요시 친왕宗良親王(1311?~1385?), 모토오리 노리나가本居宣長(1730~1801), 오토모노 야카모치大伴家持(718?~785), 미쓰이 고우시三井甲之(1883~1953). 그 어느 것이나 무사도의 정수를 보여 주는 예로서 현창顯彰되었던 것이다.

생각지도 못했네
손도 대보지 못했던 화살을
자나 깨나 내 곁에 두며 익혀야 할 줄은. _무네요시

115

일본의 고유한 정신을 사람들이 묻는다면
아침 해에 아름답게 피어 있는 벚꽃나무라네. _노리나가

바다에 가면 물에 젖은 시체
산에 가면 풀이 자라는 시체
임금의 곁에서 죽는다면 뒤돌아보지 않으리. _야카모치

헌걸찬 애처로운 목숨들이 거듭거듭 지켜 왔네
조국 야마토 시마네. _고우시

이어 전시실2는 '일본의 무武의 역사'로 불리며, 고분 시대古墳時代[7]로부터 에도 시대에 이르는 '이 나라를 지탱한 무인의 긍지'를 모아 정리한 것이다. 구스노키 마사시게楠木正成(1294~1336)가 충의로운 무인으로서 전시되어 있는 것은 그렇다 쳐도(실은 그다지 좋지도 않다. 여기서는 묻지 않도록 하겠다.) 오다 노부나가織田信長, 도요토미 히데요시豊臣秀吉, 도쿠가와 이에야스德川家康 '천하를 얻은 세 사람天下人三人衆'이 모여 천황을 모시며 충성하는 집안으로서 찬미되고 있는 것을 보니 이상했다. 노부나가信長에 대해서는 천황을 대신해 자신이 왕이 되려는 계획을 세우고 있었다고 하는 학설도 있고(나는 그렇다고 생각한다.), 히데요시秀吉에 대해서는 (야스쿠니 신사의 설명에서는) 쥬라쿠다이聚楽第[8]에 천황을 초대하여 섬겼다고 말하지만, 그것

---

7) 3세기 중반부터 7세기 말까지의 약 400년을 가리킨다. 경우에 따라 8세기 초까지
보는 견해도 있다.
8) 간파쿠関白가 된 도요토미 히데요시가 교토京都에 세운 저택. 1586년 준공되었으나
준공 후 8년 만에 파괴되었다.

은 실질적인 국왕으로서 권위를 과시하는 시위행동이었다고 하는 것이 역사학계의 통설이다. 이에야스家康에 대해서는 막부를 열어 천황으로부터 정권을 빼앗은 장본인9)이 아닌가. 물론 그의 자손(*도쿠가와 요시노부)이 '대정봉환大政奉還'10)을 하여 바친 것은 사실이지만, '동조대권현東照大權現11)'인 '신군神君'은 천황에게서 정치를 '맡은' 기억 따위는 없었을 터이다. 그는 히데요시秀吉를 대신하여 국왕이 된 것에 불과하니까.

'영령英靈'과 '조적朝敵'의 구분은?

그러나 '야스쿠니 사관'에는 전거典據가 있다. 그것이 전시실3에 밝혀져 있다. '메이지 유신'. 여기에 모인 존왕양이파尊王攘夷派 지사志士들에 의해 "무사는 본래 천황폐하의 집 지키는 개로서 섬겨야 하는 것"이라는 사명감이 열심히 이야기되었고 실천되어 도쿠가와 300년 태평했던 치세를 파괴했던 것이다. 그 사상적 주동자 역에도 유슈칸은 주의를 게을리하지 않는다. 전시실3에 요시다 쇼인吉田松陰(1830~1859) 등 다른 저명한 존양파尊攘派 지사들에 뒤섞인 후

9) 도쿠가와 이에야스는 천황에 대해 겉으로는 존중하였으나 실제로는 천황을 중심으로 정치 세력이 형성되는 것을 우려하여 철저하게 황가 세력을 통제하였다. 금중병공가제법도禁中並公家諸法度를 발표하여 천황과 공가公家 세력의 일상생활까지 규제하고 그나마 유지하던 의례적인 권위도 제한하였다. 그리고 교토에 교토쇼시다이京都所司代를 두어 천황과 공가 세력의 움직임을 집중적으로 감시했다.
10) 1867년 에도 막부江戸幕府가 천황에게 국가 통치권을 돌려준 사건이다. 쇼군将軍 도쿠가와 요시노부德川慶喜가 메이지明治 천황에게 통치권을 반납하는 것을 선언한 정치적 사건이다.
11) 도쿠가와 이에야스의 신호神号. 1617년 고미즈노後水尾 천황이 내린 시호이다.

지타 도코藤田東湖(1806~1855)의 소개가 있는 것에 나는 안심했다.

후지타 도코. 페리가 내항한 시점의 미토학의 중심인물이다. 나중에 본론에서도 서술하듯이 그는 안세이安政 지진에서 불행하게도 목숨을 잃었지만 요시다 쇼인이나 사이고 다카모리西郷隆盛(1828~1877)에게 크게 영향을 준 사상가였다. 야스쿠니 신사(천황제 국가를 위해 한목숨을 바친 무인들을 제사 지내는 시설)의 발상의 기초는 그가 떠맡은 미토학에 의해 제공되었다. 애당초 '영령英靈'이란 말도(원래의 유래가 있지만) 직접적으로는 도코의 문장에 전거12) ─ 전거 주석을 밝힌다 ─ 를 두고 있다(적어도 야스쿠니 신사 자체가 그런 방식으로 설명하고 있다).

요시다 쇼인도 사카모토 료마坂本龍馬(1835~1867)도 천황을 위해 진력하다 최후를 맞은 영령으로서 이 방에서 '미코토命'13)란 존칭이 붙은 채 해설되고 있다. 그러나 제국해군창설의 역사도 해설해야 할 이 유슈칸에는, 그들의 대적 세력인 막부 신하이자 하코다테전쟁箱館戦争14)에서 천황에게 칼날을 겨누었던 역신逆臣 에노모토 다케아키榎本武揚(1836~1908)마저 현창·전시되어 있다. 항복·귀순한 후 메이지 국가에서 해군경海軍卿15)을 역임했다는 이유 때문이다.

---

12) 영령英靈이란 현재 일본에서는 특히 국가를 위해 죽은 자를 미화하는 특수한 의미로 쓰이지만, 원래 중국에서는 자질이 빼어남, 걸출한 인재, 신령, 혼백, 죽은 자에 대한 미칭美稱 등의 다양한 의미로 쓰였다. 후지타 도코는 『동호시초東湖詩鈔』「문천상의 정기가正氣歌에 화답하다和文天祥正氣歌」란 한시에서 영령을 언급한다. "이에 알게 된다. 사람은 비록 죽어도, 영령은 아직도 전혀 멸하지 않았다는 것을(乃知人雖亡 英靈未嘗泯)"에서 영령이 나온다.

13) 일본에서 신神이나 귀인貴人의 이름에 붙이는 높임말.

14) 보신전쟁戊辰戦争 국면 중 하나. 1868년과 1869년 사이에 일어났으며 신정부군과 막부군의 마지막 전투이다.

15) 2차 세계대전 이전 일본의 해군 군정기관 해군성海軍省에 속한 관리.

그와 고료카쿠五稜郭16)까지 동행하여 결국 하코다테箱館의 땅에서 스러진 신센구미新選組 부장副長 히지카타 도시조土方歲三(1835~1869)는 '조정의 적'인 채로 죽어서 유슈칸에 없다. 아이즈 뱍코다이会津白虎隊17)에 이르러서는 말할 필요도 없을 것이다.

이하 유슈칸의 전시실4 이후는 메이지 이후의 '영령'들의 활약과 그 배경을 상세하게 해설해 간다. 여기서도 그 시작이 '최후의 사무라이'라고 불리는 사이고 다카모리를 '조정의 적'으로서 처벌했던 세이난전쟁西南戰爭18)이란 것이 아이러니하다. 이하 청일전쟁·러일전쟁으로부터 '그 전쟁(*태평양전쟁)'에 이르는 역사가 끝없이, 이것도 이것도라는 식의 물량 공세로 전시되어 있다. 우리들 세 사람은 과연 '지나사변' 즈음에서 기분이 안 좋아져 마지막 방에서는 단지 지나가기 위해 통과했다.

아무튼 "유슈칸이 이런 근대 일본의 토대가 된 영령들의 유품 여러 가지를 소개하고 그 조국에의 한없는 사랑과 염원과 헌신의 족적을 후대에 전하기를 이미 90년 이상의 세월이 경과되었다."(오하라 야스오大原康男,「감수의 말」, 『유슈칸의 세계遊就館の世界』, 산케이신분샤産経新聞社)라는 말은 사실이다. 그 이야기는 '근대 일본'의 경과를 '그 전쟁(*태평양전쟁)'을 포함하여 긍정적인 어조로 말하고 있다. 그것은 이 '종교 시설(*야스쿠니 신사)'이 국가에 의해 국가를 위해 전사했던 사

---

16) 에도 시대 말기 막부가 1866년에 세운 성곽. 에조蝦夷의 하코다테箱館 교외에 건조된 능보식稜堡式 성곽이다.

17) 아이즈전쟁会津戰爭 때 아이즈 번会津藩이 조직한 부대. 16, 17세 정도 무가武家의 소년들로 이루어졌다.

18) 1877년 가고시마鹿兒島의 사족士族들이 사이고 다카모리西郷隆盛를 앞세워 일으킨 반정부 내란. 결국 정부군에게 진압되었고 사이고 다카모리 등의 지도자는 대부분 자결했다.

람들을 '위령·현창'하기 위해 창건된 이상, 그렇게 될 수밖에 없는 필연성을 가진 '이야기'인 것이다.

반反양명학으로부터의 도전장

각자 나름대로 충의를 관철했던 신센구미나 뱌코다이白虎隊에 대해 "일본의 무인이 아니다"라고 하는 말투는, 예전부터 일본에서 전해 오던 것이 아니다. 적어도 패자에게 진혼鎮魂·애도의 뜻을 바치는 『헤이케모노가타리平家物語』19)의 감성과는 이질적이다.

천황에게 붙어 따랐던 자들만이 정의였던 보신전쟁戊辰戦争20) 가운데 확립된 이런 독선적인 논리는, 앞에서 기술했던 후지타 도코가 본직으로서 관여했던 『대일본사』의 것이고, 그에 앞서 대유행했던 라이 산요賴山陽(1781~1832)의 『일본외사日本外史』21)의 논지이다. 그리고 동기가 올바른 '대의大義'의 싸움만을 근거로, 아직까지도 '성전聖戰'을 칭송하고 "왜 패배했는가?"를 묻지 않는 그런 사고가 정지된 모습은 미토학의 대의명분론大義名分論과 일본 양명학의 순수 동기주의가 결합한 산물이다. 본서는 그것을 논증해 갈 것이다.

---

19) 헤이케平家(다이라 씨)의 번영과 몰락을 묘사한 13세기 작자 미상의 문학 작품. 일본의 군담소설인 군기문학軍記物語으로 다양한 텍스트와 공연물로 발전하였다. 작품의 저자는 나카야마 유키나가中山行長라는 설이 유력하다.
20) 사쓰마 번薩摩藩과 조슈 번長州藩 중심의 메이지 정부의 군대가 에도 막부江戸幕府 세력 및 오우에쓰 열번동맹奥羽越列藩同盟 등과 1869년까지 벌인 내전. 무진년戊辰年(1868)에 시작되었으므로 보신戊辰 전쟁이라고 한다.
21) 에도 시대江戸時代 후기 라이 산요賴山陽가 지은 한문 역사서. 겐페이源平 가문 이야기에서 에도 막부까지 무가武家의 흥망성쇠를 다룬 역사서.

그러나 그것으로 내가 독자 여러분께 묻고 싶은 것은 단순한 야스쿠니 문제가 아니다. 애당초 사람들이 함께 공유할 수 있는 '역사 인식' 등으로 말할 수 있는 것이 존재하는가 하는 극히 원리적인 질문이다. 내가 말하는 '근대 일본의 양명학'은 어디까지나 나의 이야기로 당신에게는 당신의, 다른 사람에게는 다른 사람의 '근대 일본의 양명학'이 있을 것이다. 무한의 상대주의에 빠질지도 모르는 이 수렁에서 괴로워 몸부림치지 않으면 '이웃 나라들과의 우호' 따위는 있을 수 없다. 반양명학적 심성을 가진 나로부터, 이것은 여러분께 보내는 도전장이다.

미토학과 양명학이 정치적·사상적으로 제각각 입장이 달라도, 어떤 종류의 심성을 공유하는 사람들을 가리키는 총칭인 것은, 읽어가면서 이해하게 될 것이다. 야스쿠니에 참배하는 사람들도, 야스쿠니를 비판하는 사람들도, 같이 이런 심성을 가지는 것은 불행이다. 내가 가장 호소하고 싶은 것은 그런 것이다.

에 피 소 드 I

오시오 츄사이大塩中斎 어쩔 수 없는 반란자

1. '난'으로 불려

가난한 사람은 쌀을 먹을 수 없다

덴포 8년(1837)이라고 하면 막부 말기의 시작을 알리는 '흑선 내항'22)의 1년 전, 아직 이웃 나라에서 아편전쟁도 아직 일어나지 않은, 일본 전체가 '태평한 수면'에 잠겨 있던 때였다.

이해 2월 '천하의 부엌'이라고 알려진 거대 경제도시 오사카(*당시에는 大坂이라 썼으나, 메이지 유신 이후 大阪으로 쓴다.)에서 청천벽력이라 할 만한 대사건이 일어났다. 속칭 '오시오 헤이하치로의 난大塩平八郎の乱'이라 불린 소요였다.

지금도 보통 '난乱'이라는 평가가 붙어 버린 이 사건, 주모자인 오시오 헤이하치로大塩平八郎(1793~1837)는 은퇴한 히가시마치부교쇼東町奉行所 요리키与力23)였다. 즉 '오사카 부府 경찰본부 경시정大阪府警察本部警視正' 혹은 '오사카 시역소 주민생활국장大阪市役所住民生活局

---

22) 페리 내항 사건을 가리킨다.
23) 에도 시대 때 부교奉行의 휘하에서 경찰·서무를 담당한 하급 관리인 도신同心을 지휘하던 직이다.

長'이다. 치안·행정의 책임을 담당한 간부직에 있었던 인물이 오사카 시내를 몽땅 태워 버린 '폭거'를 일으키기까지 부득이한 사정이 있었다. 그는 사리사욕으로 이런 불경한 일을 꾸미기에 이른 것은 아니었다. 백성의 괴로움을 좌시하지 못하고 어쩔 수 없는 심정에서 무모하다고도 말할 수 있는 거병 행동에 나섰던 것이다.

그 전해는 '덴포天保의 기근24)'이라 불린 흉작이었다. 교호享保·덴메이天明와 함께 이른바 에도 시대江戸時代의 3대 기근 가운데 마지막의 것이다. 여름 세 달간 동일본에는 찬 빗줄기가 계속 내려 벼농사는 괴멸적인 타격을 입었다. 막부는 번藩에 비축한 쌀을 방출하거나, 투기적인 독점 매매를 금지하는 등 대책을 강구하였고, 그 보람이 있어 관할 하의 에도 시내市内는 어떻게 해를 넘길 수 있었다. 여기에 12대 쇼군将軍 도쿠가와 이에요시德川家慶(1793~1853) 취임 축하식전을 1년 앞두고 있던 사정이 있었다.

그러나 그것은 다른 지방의 희생 위에 성립한 구제 조치였다. 특히, 오사카에서는 히가시마치부교東町奉行 아토베 요시스케跡部良弼(1799~1869, 미즈노 다다쿠니水野忠邦의 친동생)가 막부의 에도로 쌀을 돌리라는 지령에 충실히 따라 쌀을 계속 반출하고 있었고, 또한 호상豪商들은 투기적 은닉을 시행하고 있었기에 시중에는 쌀이 돌지 않았다.

거대도시이기 때문에 벌어지는 비극으로서 유통 사정의 악화는 시민들 가운데도 고정된 직업을 가지지 못한 일일 고용 생활을 하는 하층 주민들에게 사활이 걸린 문제였다. 농촌이라면 쌀이 없어도

---

24) 에도 시대 1833년(덴포天保 4)에 시작하여 1839년(덴포 10)까지 이어진 대기근.

식량 조달을 할 수 있다. 상품경제가 발달한 간사이關西에서는 더더욱 그렇다. 그러나 도시 주민들에게는 주변 농촌에서 혹은 먼 곳의 쌀 산지로부터 들어오는 쌀만이 의지할 부분이었다. 그것이 손이 닿을 정도의 거리에 있으면서도, 입에는 들어가지 않았던 것이다. 그 울분과 분노는 점차 축적되어 갔다.

무참한 봉기

은거하고 있던 오시오大塩는 이 상황을 가까운 곳에서 보고 있었다. 은거라고는 하나 아직 44세. 혈기가 쇠하지 않은 나이이다. 그는 아토베跡部에게 계속 구제책을 건의했다. 그러나 자신의 입신을 위해 에도 측에 잘 보이고 싶었던 아토베는 듣지 않았다. 해가 지나서 덴포 8년이 되자, 오시오는 거병을 결심한다. 여기서 그의 문인들이 찬동·참가하여 2월의 봉기에 대비하며 무기·탄약을 조달했다. 그 무리에 적지 않은 호농豪農들이 참가했고, 사적 이익을 바라는 호상들과의 도덕성의 차이가 사람들의 이목을 끌었다. 그들은 봉기 전에 1만 세대에 이르는 주민들에게 '시행금施行金'을 배포하고 있었다.

그런데 거병 계획은 사전에 누설되었다. 배신자가 나왔던 것이다. 농민이 아니라 무사였다. 오시오의 부하라고 할 수 있는 마치부교쇼町奉行所의 도신同心25) 두 명26). 그들에게서 보면 성공할 가망이 없

---

25) 무가武家를 섬기는 하급 무사. 에도 시대에는 부교奉行 등에 속한 하급 관리. 시내의 서무, 경찰 사무를 맡았다.

는 폭거에 가담하는 것보다 사전에 보고하여 피해가 생김을 막자는 좋은 판단력이 작동했을지도 모른다. 사가史家들은 이 일당에 대해 대체로 냉담하지만 나는 그들을 책망할 생각이 없다. 인간은 그런 나약함을 가지고 있는 존재이고 이성적으로 생각해 보면 그들 쪽이 상식적인 사람이기 때문이다.

아무튼 오시오는 사전에 계획이 발각된 것을 알자마자, 자택에 불을 지르고 19일 아침 드디어 결기했다. 시대극의 '특수치안대火付盗賊改め'27)를 아시는 독자들은 에도江戶 시대에 '방화'가 중죄였던 것을 알 것이다. (물론 지금도 '방화'는 아무리 경미하다고 해도 무겁게 처벌된다. 여러 가지 의미로 '불놀이'에는 주의하도록 하자. 남의 일이 아니다. '질투의 불꽃'만큼 이 세상에 무서운 것은 없을 것이다.)

오시오 일행은 오사카 중심부 덴마天満 일대를 불바다로 만들며 큰 상가가 집중한 북北 선착장에 도착했다. '구민救民'의 기인旗印 아래 300명 정도의 사람들이 오시오를 따랐다고 한다. 여기서 고노이케鴻池28)나 미쓰이三井 등 지금도 그 이름을 떨치고 있는 호상(=거대기업)의 가게(=본사빌딩)를 때려 부수고 그 창고(=금고)를 강제로 열었다.

미리 거병 정보를 입수하며 부교쇼奉行所의 진압부대가 오시오 측과 전투를 벌였던 것은 오후가 되어서였다. 치안부대를 목도하자

---

26) 봉기 계획을 밀고한 히라야마 스케지로平山助次郎, 요시미 구라에몬吉見九郎右衛門을 가리키는 것으로 보인다.

27) 에도 시대에 방화·도적·도박을 단속하던 직책. 본래 임시직으로 막부 상비군에서 선발되었다.

28) 에도 시대에 성립한 일본 재벌. 16세기 말 고우노이케鴻池 집안이 청주淸酒를 양조하던 것에서 시작했다. 그 후 오사카로 진출하여 환전상両替商으로 전직하여 일본 최대의 재벌로 발전했다.

마자, 봉기세력은 사방으로 흩어졌고 싱겁게 끝이 났다. 훈련되어 나름 사기가 있었던 것은 오시오 직속 문인門人들뿐, 나머지는 오합지졸, 이른바 '화재 현장 강도'였기 때문일 것이다. 오시오가 구제하려고 생각했던 궁핍한 백성들은 거병에 가담한 자도 파괴로 입수한 쌀을 가지고 달아나 버렸고, 그 대다수는 끝날 때까지 조금도 행동을 일으키지 않았다. 민중 봉기가 아니었던 것이다.

양자와 함께 잠복한 오시오는 필사적인 수색에도 불구하고 그 행방이 묘연했다. 한 달 넘게 조사해서 겨우 소재가 판명되어 포졸들이 향하자, 이미 단념하고 있던 오시오는 이미 단념한 채 미리 준비해 놓은 화약으로 자폭했다. 향년 45세였다.

숭배되는 범죄자

이 사건은 일본 전역에 전해졌고, 그러자 다양한 반향을 불러 일으켰다. 한편으로는 모방범이 나타나기도 했다. 게다가 주모자들은 오시오의 문인·제자·잔당이라 칭하며 오시오가 쓴 격문을 깃발에 적어서 내걸기도 했다. 아마도 이것은 사칭이었겠지만, 그것의 적극적인 의의를 찾아내자면, 오시오의 거병은 사회적인 효과가 있었던 것이 아닐까.

다른 한편 정부 측에서도 사태를 심각하게 받아들였다. 그도 그럴 것이, 막부 직참直參29) 관리로서 오사카의 치안·행정을 위임받

---

29) 일본에서 주군主君을 직접 섬기는 신하를 말한다. 하타모토旗本·고케닌御家人 등이 해당한다.

은 자의 범죄였다. 여타의 다이묘大名들에 대해서도 기강이 서지 않는다. 천하의 부 쇼군副將軍[30] 미토 번주水戶藩主 도쿠가와 나리아키德川齊昭는 막부에게 개혁을 건의하였고, 그것을 받아들이는 형태로 로쥬老中 미즈노 다다쿠니水野忠邦(1794~1851)에 의한 덴포의 개혁天保の改革이 시작된다. 연극이나 풍속을 단속하였기 때문에 평판이 나쁜 개혁이었지만, 모든 개혁이 그렇듯이 기득권들의 이익에 달려드는 저항세력이 저널리즘을 끌어들여 비판을 전개한 것이다. 에도江戶의 3대 개혁(교호享保·간세이寬政·덴포天保) 가운데 최대의 실패·실정이라고 여겨지지만 그것은 저항세력 ─ 그것이야말로 오시오가 눈엣가시로 여기던 호상들이었다 ─ 이 거대하게 되어 있었기 때문이었다.

메이지의 치세가 되자, 혁명을 일으킨 지금의 정부를 정당화하기 위해서라도 전 시대를 나쁘게 말하는 풍조가 성행하여, 반정부운동에 쓰러진 사람들을 영웅시하는 조류가 생겨났다. 이리하여 오시오는 정의의 편, 서민의 편으로서 우상이 되어 갔다. 오시오를 높게 평가한 것은 그렇게 평가한 측이 그에게 자기투영을 하고 있었기 때문이다. 메이지 정부를 옹호하든(=반 도쿠가와) 비판하든(=반 권력) 오시오는 선구자로서 숭배되고 받들어지게 되었다.

인격적으로도 오시오는 결코 사리사욕을 위해 봉기한 것은 아니니까, 그 점에서는 나도 호감을 가지고 있다. 이런 일화가 있다. 성

---

30) 에도 막부江戶幕府가 시작된 이후 부 쇼군이란 직책은 없었다. 그러나 고산케御三家 가운데 미토 번주水戶藩主는 '천하의 부 쇼군天下の副将軍', 또는 '미토의 부 쇼군水戶の副将軍'이라고 불리는 경우가 있었다. 이는 미토 번주의 지위가 다른 다이묘와 달랐기 때문이었다. 미토 번주는 참근교대參勤交代를 하지 않고 항상 에도江戶에 머무르는 것이 의무였고, 쇼군의 보좌역으로서의 색채가 강했기 때문이다.

대31)를 구워 먹었을 때 화제가 정치로 가자 흥분한 오시오는 이 물고기를 뼈째 씹어 먹었다고 한다. 그가 우국지사였다는 것을 보여 주고 있지만 그것을 증언한 사람은 오사카 마치부교町奉行를 맡은 야베 사다아키矢部定謙(1789~1842)였고 그 증언을 기록한 것은 다음 장의 주인공 후지타 도코였다. (『견문우필見聞偶筆』)

오시오에게 이 '난'은 어쩔 수 없는 것이었다. 다만 그가 좋은 의도로 한 일이 결국 오사카 시내를 태워 버렸고 시민의 집이나 재산을 빼앗는 것으로 끝나고 말았다. 결과적인 책임에서 말하면 역시 그는 '방화', '강도', '집단폭행' 용의의 범죄자이리라.

"좋은 사람이었는데 말이지. 믿기지 않는군."

TV 와이드 쇼 취재에 대해 얼굴을 숨기고 음성을 바꾼 오시오의 이웃집 사람들이 답할 것 같은 대사이다. 표제는 "컬트Cult 집단 '센신도洗心洞'32)의 수수께끼를 쫓다!" 오사카 시민의 인터뷰에 이어 지식인이 의기양양한 얼굴로 코멘트를 붙인다. "애당초 말입니다. 그가 신앙하고 있던 '양명학'이란 것은 감정이 내키는 대로 행동하는 위험한 유파로서……" 그 뒤에 평화적인 '양명학'의 도장이 비치고 그곳의 간부가 귀찮다는 듯이 말한다. "오시오? 그 녀석은 '양명학'의 진수를 전혀 알지 못합니다. 우리들은 그쪽과 다르니까요. 그럼, 됐죠? 취재는!"

남의 말도 석 달.33) 오시오의 이름은 언젠가 사람들의 입에 오르

---

31) 달강어라고도 한다.
32) 에도 시대 말기, 현재 오사카 부 오사카 시에 존재했던 오시오 헤이하치로大塩平八郎의 사숙私塾.
33) 人の噂も七十五日. 일본 속담으로 세상을 떠들썩하게 한 일도 오래 못 간다는 뜻.

내리지 않게 되었고, 십수 년 후 사람들은 에도 근교 우라가浦賀 해안에 갑자기 나타난 UFO의 이야기34)로 떠들썩했다.

---

34) 1853년 페리 원정 사건(흑선 내항 사건)을 가리킨다.

2. 양명학이기에 봉기?

주자학에의 안티테제

오시오 헤이하치로는 '츄사이中斎'란 호를 가지고 있었다. 센신도는 자기 사숙의 이름이다. 그는 훌륭한 학자이자 선생이었다. 앞 절에서 '문인門人'이라 불렀던 것도 검술의 제자 말고도, 검술 제자 노릇만 한 것이 아니라, 여기서 그에게 고맙게도 '종교'를 받아 그 가르침에 따라 궁핍한 백성을 구제하는 의연금義捐金 활동을 했던 사람들이다. 그 '종교'의 이름은 양명학이라고 한다.

무엇보다도 오시오는 자신을 '양명학자'라고 말하지 않았다. 문인의 질문에 대답하며 "아니, 나의 학문은 공자孔子의 바른길을 전하는 것이지 '양명학'과 같이 한정된 것이 아니야"라고 말했다.

단지 그렇게 대답하는 것이 중국에서 탄생한 이래로 '양명학자'들의 통례였다. "자신들이야말로 본래의 올바른 가르침을 전하고 있다(=지금의 주류파는 가짜다)"라는 의식. 이것이야말로 양명학의 아이덴티티라고 말해도 될 것이다.

그들이 비판하는 가짜, 그중에서 으뜸가는 것이 주자학이었다. 중국에서도 조선에서도 그리고 일본에서도 서력 19세기의 사상계를 지배하고 있었던 것은 주자학이었다. 무엇보다도 일본의 경우는 불교나 국학(신도)의 세력이 꽤나 녹록지 않아서 주자학이 압도적인 힘을 가지고 있지 않았다. 그렇지만 '학문學問'(혹은 學文)이라고 하면 보통은 주자학에 의한 유교 교의를 배우는 것이었다. 특히 간세이의 개혁에서 마쓰다이라 사다노부(松平定信(1759~1829)가 교육열을 일본 전토에 전파하여 에도에서도 오사카에서도 주자학 계통의 학자나 선생들이 세력을 떨치고 있었다. 오시오의 스승이라고 여겨지는 사토 잇사이佐藤一齋(1772~1859)라는 인물은 쇼헤이자카 학문소昌平坂学問所35)(=막부의 대학)의 교관으로서 주자학을 강의하면서 내면에서는 양명학에 동정적이라 하는 자로부터의 비판도 있었고, 또한 '양주음왕陽朱陰王'이라고도 불려졌다.

오사카에는 막부에서도 자금 원조를 얻으면서 기본적으로는 사립 대학으로서 운영되었던 가이토쿠도懷德堂36)가 있었다. 그 경리經理를 지탱하고 있었던 것이 오사카 상인들이었다. 그 일부는 오시오가 백성의 적이라고 보았던 무리들과 겹친다. 여기도 설립 당초는 반드시 주자학 일변도가 아니었고 오히려 주자학 비판의 거점이라는 취지조차 있었지만, 덴포天保 연간에는 상인 계층을 대상으로 알기

---

35) 1790년 간다神田 유시마湯島에 설립된 에도 막부 직할의 교학 기관. 정식 명칭은 학문소이고 쇼헤이코昌平黌라고 칭해지기도 했다. 쇼헤이자카昌平坂란 공자가 태어난 마을 이름이 창평향昌平郷이기 때문에 그렇게 명명된 것이다.
36) 1724년에 오사카 상인들이 설립한 학문소. 메이지 2년(1869)에 폐교되었다가 다이쇼大正 시대에 재건되었다. 태평양전쟁 때 공습으로 서고 이외의 건물이 모두 소실되었다. 현재는 오사카대학 문학부가 계승하고 있다.

쉬운 주자학 윤리를 설하기 위한 시설이 되어 있었다. 오시오는 그들과 뜻이 맞지 않았던 것이다.

심즉리心卽理

무엇이 그를 양명학으로 끌어들여 결국 결기까지 이르게 하였는가. 극히 단순화하여 거칠게 말하자면 그것은 '그의 기질이 애당초 그랬기 때문에'라고 말할 수밖에 없다. 오시오의 생각이 양명학자가 되어서부터 변한 것이 아니라, 그런 생각을 하는 사람이었기 때문에 양명학에 끌렸던 것이다. 그리고 그것도 역시 양명학자 다수에게 해당하는 것이었다.

즉 "양명학자는 양명학을 스승에게서 전수받을 필요가 없다"는 것이 된다. 중국에서도 일본에서도(소수이지만 조선에서도) 고명한 양명학자는 주자학을 학습하다가 양명학자가 된다. 교조敎祖 왕수인 王守仁(양명)부터 그랬다. 그는 열심히 주자학을 배워 그 정신을 실천하려다가 좌절하고 고뇌하고 그리고 깨우쳤다. "리理를 마음 밖에서 찾아 구하는 주자학의 방식은 근본적으로 잘못되었다. 리理란 내 마음의 작용에 불과한 것이다."라고. '파랑새' 우화와도 비슷한 이 깨달음에 의해 양명학적 심성을 가진 후세의 사람들도, 공공연하게 양명학자가 되었다.

주자학의 교의에 의문을 느낀다 → 번민한다 → 자기 독자의
생각을 다듬어 간다 → 양명학에 대해 알게 된다 → "이거다!"
라고 생각한다

이 차트가 동아시아 각지에서 반복되어 간다. 우리가 경애하는
오시오 츄사이 씨도 이 길을 따라 타칭 '양명학자', 자칭 '성학聖學
의 무리'가 되었다.

그래서 양명학에는 당파의식이 그다지 없다. 학벌을 만들지 않는
다. 자신의 문인들 이외에는 무리 짓지 않는다. 즉 역으로 말해 옆
에서 보면 내부 분열이 격하다. 오시오 사건의 뒤 세간에는 양명학
이라고 여겨지는 선생들은 그를 변호하기보다 오시오를 격하게 비
난했다. 그것과 별도로 자신을 지키기 위함(=오시오의 동류로서 위험인
물이라고 생각되는 것을 원하지 않는다)만은 아니다. 실제로 그들은 오시
오의 행동에 찬동할 수 없었던 것이다. 그들에게 있어서 그들이 믿
는 양명학(=올바른 유교)은 오시오와 같이 행위로 치닫지는 않았다.
"엄청난 민폐로구면. 못 말려."라고 말하는 것이 그 실제 느낀 점이
었을 것이다. 그리고 그것은 오시오를 모범으로 우러러본 133년 후
의 비슷한 거사37)에 이른 어떤 문학가에 대한 많은 양명학 연구자·
신봉자들의 태도이기도 했다.

---

37) 1970년 미시마 유키오三島由紀夫의 자위대自衛隊 돌입 사건을 말한다.

경전을 읽는다는 것

오시오의 사상 내용 그 자체에 대해서 여기서는 굳이 자세히 소개하지는 않겠다. 그것은 이미 많은 선행 연구자들이 오시오에게의 공감을 담아 가며 열렬하게 언급해 왔다. 나는 한 사람의 연구자로서 그들의 연구에 대해서 새로운 뭔가를 덧붙일 것은 없다. 이미 공개적으로 간행되어 있는 그들의 연구(뒤에 참고 문헌에 소개한 미야기 기미코宮城公子 씨 등의 것) 요약에 본서의 한정된 페이지를 쓰는 것은 그들 연구자에 대해서도 독자들에 대해서도 실례라고 생각하기 때문이다. 본서는 '오시오를 읽는다'는 내용도 아니다. 이 앞으로도 아직 많은 양명학적 심성의 소유자들을 소개해 나가야 한다. 여기서는 그의 사상이 아닌, 그 사유의 특성을 압축하여 약간의 비평을 해보고 싶다.

우선 첫 번째로 경학經學에 대한 태도이다. '경학'이란 경서經書의 해석학이다. 유교에는 고대의 성인들에 의해 적히고 편집된 기록으로서 몇 종류의 경전이 있었다. 그것을 '경經'이라 부른다.

애당초 이렇게 설명하는 자체가 동어반복(토톨러지)으로, 그런 경經을 일반 명사화하여 '경전'이라 한다. 현재 일본어에서는 『반야심경般若心經』이나 『법화경法華經』 등의 불교 경전(불전) 쪽이 경으로 유명해져 있지만 애초에 유교 쪽의 경을 본떠서 불교의 수트라[38]도 경經이라고 한자 표기한 것에 불과하다. (슬프구나! 나의 워드 프로세서 소프트웨어에서도 상기 두 불교 경전은 바로 그대로 변환되지만, 유교 쪽은 반복하여 기억시키지 않으면 변환해 주지 않는다. 絵帰京,[39] 書協,[40] 示教.[41] 이게 뭔지나 알겠는가?)

여담은 그만하도록 하겠다.

오시오 츄사이의 센신도도 유학을 가르치는 사숙이었기 때문에, 사서오경의 강독 수업이 행해졌다. 애초에 세심洗心, 즉 '마음을 씻는다'는 것은 유교 경전의 하나인 『역경易經』 안에 보이는 말로 '마음의 더러움이나 잡념을 제거한다'라는 의미이다. 요컨대 스스로부터 본심으로 되돌아가 맑아진 맑은 정신을 외부 세계에 이르게 하여 평화로운 사회를 쌓아 올리는, 양명학적 이념을 표명한 명칭이었다.

사숙의 이름

이것을 오시오 츄사이보다 먼저 간사이에서 고명한 유학자들이 열었던 사숙의 이름과 비교해 보자.

우선 이토 진사이伊藤仁齋(1627~1705). 교토의 호리카와堀川 거리에 있었던 그의 사숙은 고기도古義堂42)라는 이름이 붙여졌다. 고의古義, 즉 '옛 시대 말의 뜻'이다. 그의 학문 특징은 『논어』나 『맹자』를 공자나 맹자가 썼던 당시의 말의 의미로 해석·수용해 가는 입장이었다. 그것을 바꾸어 말하면 주자학이나 양명학과 같은 후세의 학설에게

---

38) 베다Veda 문학에서 경전經典을 말한다.
39) えききょう. 역경易經, 즉 주역周易을 말한다.
40) しょきょう. 서경書經을 가리킨다.
41) しきょう. 시경詩經을 가리킨다.
42) 1662년 교토京都의 호리카와堀川 데미즈出水에서 이토 진사이伊藤仁齋가 자신의 생가에 열었던 유학을 가르치던 가숙家塾. 진사이의 맏아들인 이토 도가이伊藤東涯 이후 대대로 그 자손들이 이어 갔다.

오염되기 이전 옛 시대 유교의 올바른 모습을 부활시키자는 것이었다. 그의 학파는 이것과 연관하여 고의학古義學이라 불려, 야마가 소코山鹿素行(1622~1685), 오규 소라이荻生徂徠(1666~1728)의 유파와 합쳐져 '고학파古學派'로서 주자학·양명학과 별개로 분류되었다.

그리고 가이토쿠도. 오사카에서 가장 유명했던 이 사숙의 명칭은, 『』이나 『논어』에 보이는 "덕德을 생각한다"라는 말에서 유래한다. 진사이仁齋도 죠닌町人 출신이기 때문이었기도 했고, 주자학이 가진 장대한 우주론·세계관보다 시정市井에 살아가는 사람들의 윤리도덕을 중시하여, 『논어』를 '우주 제일의 책'이라고 평가하는 경향이 있었다. 가이토쿠도는 그에 한 걸음 더 나아가, 주자학의 도그마에서 해방된 형태로 자연과학적 식견을 받아들이면서 "인간은 어떻게 살아갈 것인가"라는 문제에 해답을 주는 듯한 교설을 넓혀갔다. 덕성의 함양을 모토로 하는 입장에서 그 사숙의 이름이 붙여졌다. 그러나 이 명칭에서 역시 '덕'은 '생각하는' 것으로, 자신을 그런 훌륭한 선배들의 수준까지 높여가는 노력을 하는 것이 요구되었다.

그런데 오시오의 '세심洗心'이란 타자나 외부 세계에 윤리도덕의 규범을 요구한 것이 아닌, 자신의 내면에서 그 마음의 자연스러운 작용에서 도덕성을 보려는 입장에서 이름 붙인 것이다. 양명학 용어에서 말하는 '양지良知'의 발동이다. 학문은 자신의 마음에 갖춰진 양지의 존재를 깨닫고, 그것을 완전히 발동되게 하는 것에 그 목적이 있는 것이지, 지식이나 도덕률 그 자체를 배우고 따름에 있는 것이 아니었다. 자질구레한trivial 지식을 현학적으로 자만하거나, 기성도덕에 순종함을 자랑하는 것은 학문을 하는 자가 하지 말아야 할 것이었다.

츄사이의 행동주의는 이렇게 그 사숙 이름에 들어 있었던 것이다.

호룡에 들어 있는 것

사숙 이름만이 아니다. '츄사이'라는 호에도 다른 유파의 유학자들과 약간 다른 기풍을 엿볼 수 있다. 교京(*교토)에 사숙(명칭은 불명)을 열었던 야마자키 '안사이(=어두운 서재)'[山崎闇斎(1618~1682)]는 주자라고 불리는 주희朱熹의 호 '회암晦庵'과 동의어이다. 안사이의 주자학에 얼마나 심취하고 있었는지를 보여 주고 있다. 그의 자字는 '게이기敬義'. 경敬도 의義도 주자학에서 중시하는 덕목이다.

이토 '진사이仁斎'는 처음에는 '게이사이敬斎'라고 칭했지만 주자학을 비판하게 되고부터 호칭을 바꾸었다. 공자와 맹자가 말한 것은 경敬이 아닌 인仁이다. 이 개칭改稱은 주자학에 대한 선전포고를 의미하였다.

오시오와 동시대에 가이토쿠도에서 활약한 학자로 나카이 리켄中井履軒(1732~1817)이 있다. '리履'는 이행履行·이력履歷 등의 숙어에서 알 수 있듯이 '밟아 가다'라는 것, 즉 실천의 의미이다. 중국의 옛 시대의 주석(주자학 이전부터 존재하던 것)에는 '예란 실천하는 것'이란 말이 있다. 예禮와 리履는 당시부터 동음이라 여겨져[43], 이런 동음의 다른 글자同音他字에 따라 말의 의미를 해설하는 방식이 존재했다.

---

43) 『이아주소爾雅注疏』 「석언釋言」에 "리履는 예禮이다(履禮也)"는 말이 나오고, "예禮는 실천해야 보기 쉽다(禮可以履行見易)"는 말이 나온다.

리켄履軒의 경우도 단순히 일반적인 실천을 의미하는 것이 아닌, 예禮의 실천, 즉 기성의 인륜도덕을 준수한다는 의미를 가진 호号였을 것이다.

이에 비해 '츄사이'의 '중中'은 중용中庸과 중화中和의 '중中', 즉 마음이 적정適正한 상태에 머물러 있는 것을 나타내고 있다. 대중소大中小나 상중하上中下의 한 가운데란 의미가 아니다. 이 적정한 상태의 마음을 그대로 존재하게 하는 것이 양지良知이다. 일이 발생하여 마음이 발동하는 순간에도 본체가 청정하고 맑게 있으면 잘못된 행동을 하지 않는다. 평상시 마음의 본연의 자세로서 '중中'은 주자학이나 양명학에서 중요시하는 말이다.

다만 그것이 주자의 무오류성에 대한 신앙(안사이闇齋)이나 공자가 말했던 도덕교설에 대한 경모敬慕(진사이仁齋), 혹은 기성도덕을 따르는 것(리켄履軒)이 아니다. 그 사유는 자신의 마음, 스스로에게의 신뢰를 바탕으로 하고 있다는 점에서 '양명학적'이다. 이제부터 우리들은 본서에서 그와 같은 사고방식을 가진 인물들을 잔뜩 만나게 될 것이다.

근대정신인가

자기 자신의 양심良心(=양지良知)에 대한 신뢰. 그것은 근대 서양사상의 틀로 해석하면 '개인의 주체성이 확립된, 어떤 것에도 구속되지 않는 자유롭고 비판적인 정신'으로 말할 수 있다. 메이지 이후 특히 쇼와昭和의 패전(*2차 대전의 패전)에 의한 민주주의 찬미 풍조

속에서 츄사이가 영웅·우상이 되어 간 이유가 여기에 있다. '봉건시대'의 굴레 속에서 이렇게 스스로의 신념을 관철한 굉장한 인물이었다는 점에서 말이다.

그러나 그것이 동시대 사람들 대다수로부터 냉담한 눈길로 보여졌다는 것은 이미 기술한 대로이다. 그것은 그렇지만, 어쨌든 기성도덕 그 자체에 가치를 인정하는 것이 아니라, 자신의 양지良知에 비춰 납득한 것에만 따랐으니까. 그 끝이 '난'이어서 너무욱 그렇다.

물론 그렇게 츄사이를 냉담한 눈길로 본 무리들이야말로 '봉건도덕'을 수호하는 수구파守舊派, 머리가 굳은 자들이었다. 근대적 의식에 빨리 눈떴기 때문에 츄사이는 고립되어 번민하였고 거병에 이르렀다고 말할 수 있다. 실제로 그렇게 해석되어져 왔다. "나쁜 것은 츄사이가 아니라 그를 그 상황까지 몰아넣은 주변, 당시의 사회 전체이다. 저주받은 '봉건체제'는 규탄받지 않으면 안 된다."라고.

'양명학자' 봉기의 본질

그러나 기다려 주길 바란다. 츄사이는 동시대 사람들에 비해 정말 '근대적'이었는가?

무엇을 가지고 '근대적'이라고 하는가에 따라 이 문제는 다양한 대답이 가능하다. 앞서 소개한 츄사이에 대한 이해도 그중 하나에 불과하다. '테러리즘의 박멸이야말로 근대'라는 입장에서 보면 분명 완전히 반대의 평가가 도출될 수 있을 것이다.

애당초 얼마나 서양 근대에 가까운가 하는 기준으로, 서양 근대의 사유 공간에 살지 않았던 역사상의 인물들을 판단하는 것 자체가, '근대인' 측에서 보면 오만한 행위일 것이다. '양명학자' 오시오 츄사이는 근대화를 위해서나, 민주주의를 위해서가 아니다. 자신이 믿는 양명학을 위해서였다. 아니, 앞에서 서술한 대로 '양명학'이 아닌 공자·맹자의 올바른 가르침을 실천하기 위해 무장봉기를 일으켰던 것이다.

이 사건은 일본 '양명학'의 역사 가운데 돌발적이었지만, 어떤 의미에서 본질적이기도 했다. 실제 무장봉기까지 이르지는 않았지만, 그 후 유사한 행위가 몇몇 행해졌기 때문이다. 그것은 오시오 츄사이가 길을 열었던(=전례를 만들었던) 것도 있었지만, 그런 경향은 이미 일본 양명학에 잉태되어 있었다.

나는 "중국의 양명학은 이렇지 않았다"라든가 "그래서 일본의 양명학 수용은 이상하다"라든가 혹은 반대로 "일본에야말로 왕양명王陽明의 정신이 뿌리내렸다"라는 단조로운 주장을 하기 위해 본서를 저술한 것이 아니다. 덴포 8년에 오사카에서 일어난 사건의 주모자가 양명학을 떠받들고 있었다는 것, 그것이 의미하는 바를 좀 더 깊은 차원에서 한번 더 검토해 보고 싶은 것이다. 프롤로그에서도 기술한, 지금 우리들이 품고 있는 문제를 해결할 실마리를 찾기 위해서이다.

3. 지기知己 라이 산요

대학자들의 추천문

'난'을 일으키기 2년 전, 덴포 6년(1835) 4월 오시오 츄사이는 한 권의 책을 간행한다. 앞서 서술한 사숙 이름을 따서 『세심동차기洗心洞箚記』라는 이름이 붙여졌다. 츄사이의 주요 저서로 주목되는 작품이다. 그 서문에 의하면 『고본대학괄목古本大學刮目』의 간행을 권한 지인의 의견을 물리치고, 잡기풍雜記風의 작품이라면 간행해도 세간을 떠들썩하게 하지 않을 것이라는 판단에서 이 책을 세상에 내게 되었다고 한다.

츄사이라는 남자, 최후의 결기와 반대로 실제로 꽤나 신중한 인물인 듯한데, 자신의 설이 세간에 어떻게 평가되는지를 의식하고 있었다. '위험사상'이라 보여지는 것을 두려워하고 있었던 것이다. 그 때문에 『세심동차기』에 부수적으로, 원고 단계에서 이를 읽은 명사名士들의 감상 서한 36통을 별도로 모아 한 책으로 하여 『세심동차기부록초洗心洞箚記附錄抄』로 제목을 붙여 동시에 출간했다. "저의 책은 대학자들도 호평한 것이라"는 선전 팸플릿이었다.

그런데『세심동차기부록초』에는 직접 이 책을 읽어 보지 않고 쓴 문장이 하나 섞여 있다. 그것은 덴포 원년(1830) 츄사이가 사직하고 오시오 종가宗家가 있는 오와리尾張44)에 여행 갔던 일을 기리는 내용으로「자기子起 오시오 군이 오와리로 간 것에 대해 서문을 써서 보내다(奉送大塩君子起適尾張序)」라는 제목이었다. 저자는 라이 산요.

'미토학적 주자학자'와의 우정

에도 사상사에 대해 잘 아는 독자라면 여기서 "뭐지?"라고 생각하지 않을까. 산요山陽의 아버지는 라이 슌스이頼春水(1746~1816)라 하는데, 히로시마 번広島藩의 유학자로, 순수 주자학자였으며 비토 지슈尾藤二洲(1745~1814) 등 이른바 '간세이의 3박사寛政の三博士45)'와도 친했고 마쓰다이라 사다노부의 간세이 이학異學 금지46)를 제안하고 지지했던 중심인물이었다. 산요 자신도 주자학을 신봉하였

---

44) 과거 일본의 지역행정구분이었던 율령제에 따른 영제국令制国의 하나. 전국시대 때 오다 노부나가織田信長의 근거지이기도 했다. 현재의 아이치 현愛知県 서부에 해당한다. 첫 글자의 음독을 따 비슈尾州라고 불리기도 했다.

45) 에도 시대 간세이寛政 시기에 쇼헤이코昌平黌 교관을 맡은 주자학자 세 사람을 가리킨다. 고가 세이리古賀精里, 비토 지슈尾藤二洲, 시바노 리쓰잔柴野栗山 세 사람을 가리킨다.

46) 간세이의 개혁寛政の改革 때 시바노 리쓰잔柴野栗山와 니시야마 셋사이西山拙斎 등의 건의로 주자학이 막부 공인의 학문으로 인정되어, 관립 학문소 쇼헤이자카 학문소昌平坂学問所에서 양명학과 고학 강의가 금지되었다. 이것은 학문소에 해당하는 것이었지만 여러 번의 번교藩校에서 이를 따라 했기 때문에, 당시 주자학을 정학正学으로 하고 다른 학문을 이학異学으로 하여 금지하는 경향이 일반화되었다.

고 특히 미토 번水戸藩에서 편찬되고 있던 『대일본사大日本史』를 열람(당시 아직 간행되지 않았기 때문에 사본을 읽었던 것이다)하고 감동하여, 대부분 이것과 매우 유사한 『일본정기日本政記』47)를 저술했던 것으로 알려져 있다. 그의 젊었을 적 편저 『일본외사』는 미토학 계통의 사람들을 포함하여 막말幕末 지사志士들의 필독서였다. 요컨대 츄사이와 학통을 달리하는 인물이었다.

주자학과 양명학, 양자는 분명 근세 동아시아 유교를 이등분하는 유파이지만, 그것을 기계적으로 에도 시대江戸時代의 일본에 끼워 맞춰서는 안 된다. '양명학자' 오시오 츄사이와 '미토학적 주자학자' 라이 산요는 사실 기질적인 면에서 공통되고, 공감하는 점을 가진 친구였다. 그 의미는 나중에 일반적인 형태로 미토학을 논의하는 다음 장에서 보면 되겠다.

아무튼 라이 산요는 오시오 츄사이가 마음을 허락한 몇 안 되는 벗이었다. 두 사람의 교제는 분세이文政 7년(1824) 시노자키 쇼치쿠篠崎小竹(1781~1851)란 학자의 소개로 산요가 오사카의 츄사이 집을 방문했을 때로부터 시작한다. 때는 츄사이 32세, 산요 45세.

산요는 그 10년 전부터 교토京都를 거점으로 활약했고 종종 오사카에 오기도 했다. 히로시마広島에 사는 어머니가 오사카 지역 관광을 하러 오면 오사카에서 맞이하기 위함이었다. 산요의 어머니는 이미 그 전해, 역시 쇼치쿠小竹의 소개로 츄사이를 만났다. 말하자면 모자母子와 모두 교류했던 것이 된다.

---

47) 에도 시대 후기에 라이 산요賴山陽가 지은 역사서. 16권. 산요山陽의 사후 1845년에 간행되었다. 진무神武 천황부터 요제이陽成 천황에까지 이르는 시기가 편년체로 되어 있다. 한문으로 되어 있고 역사에 대한 논설·논평이 중점이다.

번민하는 정신

실은 산요의 아버지 슌스이春水는 히로시마広島 번유藩儒[48]로 초 빙받기 전에는 오사카에 살았고, 산요도 오사카에서 태어났다. 다 만 슌스이는 이미 분카文化 13년(1816)에 사망했고, 츄사이는 그와 면식이 없었다. 더욱이 이 분카 13년은 여곤呂坤(1536~1618)[49]의 『신음어呻吟語』[50]를 거쳐 츄사이가 양명학을 알게 된 기념비적인 해였다.

슌스이는 간세이의 3박사나, 마쓰다이라 사다노부와의 동지관계 가 보여 주듯이 순수한 주자학적 심성을 가진 인물로, 츄사이와 같 이 번민하여 양명학으로 전향하지 않았다. 그러나 아들 산요는 부 친에게 후계자로 기대받고 있었음에도 불구하고, 그리고 나름의 자 질을 가지고 있었음에도, 순순히 히로시마 번유의 지위에 자리 잡 으려 하지 않았다. 역시나 번민하고 있었던 것이다. 그 결과 그는 뛰쳐나와 번藩을 벗어났고, 제도적으로 슌스이에게서 의절을 당하 게 되었다.

산요가 부친과 같은 주자학 정학파正學派가 되지 않고, 자신의 재 능을 발휘했던 것은 시문詩文과 사학史學 분야였다. 앞에서 기술한 『일본외사』는 20대에 거의 원고가 완성되어, 개별 사건에 대한 논

---

48) 번주藩主에게 소속되어 섬기는 유학자를 가리킨다.
49) 중국 명나라 말기의 유학자. 기일원氣一元의 철학을 가지고 스스로 납득하는 것을 중히 여겨 주자학·양명학, 그 어느 것에도 속하지 않고 독자적인 수양에만 노력했다.
50) 중국 명나라 유학자 여곤呂坤의 저서. 6권으로 이루어져 있으며 1~3권은 내편, 4~6권은 외편이다. 이 책에서 나타나는 주요 사상은 다음과 같다. ① 자득自得을 중심으로 한 학술 정신. ② 기일원론氣一元論의 우주관. ③ 중행重行의 인식 노선. ④ 백성을 중시하는 사회사상.

평도 아버지가 사망할 즈음에는 완성되고 있었다. 분세이文政 10년 (1827) 당시는 아직 살아 있었던 마쓰다이라 사다노부에게 헌정, 그에게서 머리말(=서문)을 받았다. 대의명분론을 기조로 한 이 역사서는 막번 체제幕藩體制 중추에 있었던 인물들의 구미에 맞는, 좋아할 만한 서적이었다.

그 분세이 10년, 슌스이春水의 막역한 벗으로 산요에 있어서도 여러 가지 의미로 은인이었던 간 쟈잔菅茶山(1748~1827)이 빈고備後51) 간나베神辺(현재의 후쿠야마)에서 사망했다. 산요는 교토에서 달려가 그의 유품으로 애용했던 지팡이를 물려받고 돌아온다. 그런데 이것을 도중에 분실, 그 수사를 구면의 '경찰관' 츄사이에게 의뢰한다. 츄사이도 나이 많은 벗을 위해 달려갔고, 분실된 유품을 찾아 무사히 산요에게 보내 주었다. 앞서 언급한 「자기子起 오시오 군이 오와리로 간 것에 대해 서문을 써서 보내다(奉送大塩君子起適尾張序)」는 그 3년 뒤에 쓴 것이지만, 그것에는 이와 같은 두 사람의 교유交遊가 복선으로 깔려 있었던 것이다.

유능한 관리와 도적은 종이 한 장 차이

산요는 덴포 3년(1832) 9월 교토에서 사망했다. 그해 4월 오사카의 츄사이의 집에서 『고본대학괄목古本大學刮目』의 원고를 본 산요는 "출판할 때 내가 서문을 써 주겠다"고 약속했다. 다음 해 『고본

---

51) 과거 일본의 지역행정구분이었던 율령제에 따른 영제국令制国의 하나. 현재의 히로시마 현広島県 동부에 해당한다.

대학괄목』이 아닌 『세심동차기洗心洞箚記』를 간행하기로 한 츄사이가 『세심동차기부록초洗心洞箚記附錄抄』에 산요의 문장을 넣은 것은 그런 연유가 있었다.

요컨대 명사 라이 산요가 지기인 것을 만천하에 보여 준 것이 된다. 그러나 그때 원래 문장 가운데 츄사이의 상사였던 오사카 마치부교町奉行를 산요가 비판한 부분은 삭제하고, 지장이 없게 개정하였다. 츄사이가 단순히 마음먹은 대로 행동하는 좋은 사람이 아니라 세상 물정을 잘 알고 있었던 사람임을 알 수 있다. 그 점에서 산요 쪽이 천진난만했다.

이 텐포 6년(1835)은 츄사이의 인생 전환기였다. 세는 나이로 43세. 이 『세심동차기』를 시작으로 이후 '난'을 일으킬 때까지 그는 저서를 잇따라 간행한다. 그것은 학자로서 그의 이름이 높아지고 세간의 수요가 증가했기 때문이기도 했지만, 동시에 그것은 실제 정무에 종사하는 기회를 얻을 수 없었던 것의 대안책이라는 성격을 갖는다.

이해에 그는 에도의 고가 도안古賀侗庵(1788~1847)의 요청으로 막부 정치에 대한 건의서를 올리고 있다. 때마침 미즈노 다다쿠니가 로쥬老中가 되었고 폐정개혁弊政改革52)의 움직임이 일어나고 있었다. 츄사이 자신도 에도 상경에 꽤나 의욕적이었고 만약 이것이 실현되었다면 텐포의 개혁을 담당하는 실무 행정관 가운데 유명한 도리이 요조鳥居耀蔵(1796~1873)와 도야마 긴시로遠山金四郎(1793~1855, 그 유명한 도야마의 긴 씨遠山の金さん)와 함께 오시오 헤이하치로의 이름이

---

52) 텐포의 개혁天保の改革.

오시오 츄사이의 묘

있었을지도 모른다. 도리이鳥居나 도야마遠山나 미즈노水野 정권에
발탁되어 가문에 어울리지 않는 이례적 승진을 이룬 능력 있는 관리
들이었다. 만약 오시오의 상경이 실현되었다면 '오시오 헤이하치로
의 난大塩平八郎の乱'은 물론 일어나지 않았을 것이다.

　이미 오사카의 요리키만으로도 그는 '분세이文政의 능리能吏'로서
후세에 이름을 남겼을 인재였다. 덴포로 연호가 바뀌는 동시에 마
치부교쇼를 그만둔 후 남은 인생을 어떻게 살았을까. 결국 막부로
부터 초빙이 실현되지 않았기 때문에, 그는 오사카에서 가까이 빈민
층의 궁핍한 실상을 보고 말았다. "의義를 보고도 실천하지 않으면
용기가 없는 것이다."(*見義不爲 無勇也,『논어』「위정」) 지행합일·사상
마련事上磨錬53)을 주장한 양명학을 신봉하는 이상, 그는 도망칠 수
없었다. 세상을 바로잡기 위해, 그는 테러의 계획·결행을 향해 돌진

---

53) 중국 명대明代의 학자 왕양명王陽明이 주장한 실천 강목. 실제의 일(사건)에 대처
　해 나가는 가운데서 인격을 닦지 않으면 안 된다는 사상이다.

해 나갔다.

그의 유체遺體는 사후에도 소금에 절여져 보존되었고, 본보기로 나무 기둥에 묶여 걸어졌다. 그것은 무사에 대한 처우로서 극히 가혹한 것이었다. 막부 말기를 통틀어 그는 악의가 담긴 '역적 오시오塩賊'라 불리며 기피당하게 되었다.

에 피 소 드 II

국체론國體論의 탄생 ― 미토水戶에서 조슈長州로

1. 후지타藤田 3대의 공과 죄

고몬黄門님의 저택으로

안세이安政 2년(1855) 10월 관동지방의 대지가 크게 흔들렸다. 사망자 수천 명 규모의 대지진이었다. 사람의 생명은 누구라도 평등하다(라고 근대민주주의 사회는 법률적·도덕적으로 선언한다). 뒷골목 주택의 벽에 깔려 죽은 사람도, 화재의 연기에 의해 질식사한 사람도, 수많은 목숨을 잃은 점에서 아무리 아쉬워해도 아쉬움이 남아 있다. 그러나 그 가운데 모친을 구하기 위해 일부러 위험한 건물 속으로 돌아가, 무너지는 대들보 아래에 깔려 죽은 한 인물이 있다. 일본 역사를 바꾼 '애석한 죽음'이었다.

그 인물의 이름은 후지타 다케키藤田彪이다. 통칭은 도코東湖.

지금은 자칭 '야구계의 맹주'(*요미우리 자이언츠54))의 홈그라운드가 있는 '빅 에그'(*도쿄 돔55))에 인접해 있는 곳에 고라쿠엔後楽園이

---

54) 일본 야구 센트럴리그에 소속된 프로야구팀. 1934년 창단하여 2019년 시즌까지 리그 우승 46회, 일본시리즈에서 총 22차례나 우승하는 등 일본프로야구 최고의 명문구단으로 꼽힌다.

라는 정원이 있다. 애당초 (이 구단의 팬의 몇 할이 알고 있는지는 알 수 없
지만) 이 정원을 기념하기 위해 이 일대를 고라쿠엔이라고 불렀다.
빅 에그, 즉 도쿄 돔은 물론 근처에 늘어서 있는 고층 호텔과 요즘
들어 화제가 되고 있는 도심의 온천도, 모두 150년 전에는 이 정원
과 인연이 있는 다이묘 저택의 부지였다.

이곳은 '구계의 맹주'와 같이 틀에 박힌 명칭으로 말하자면 TV에
서 익숙한 미토 고몬水戸黄門이 살았던 곳이다.

미토 도쿠가와水戸徳川 가는 고산케御三家56) 가운데 오와리尾張,
기이紀伊보다는 아래 격이었다. 다른 두 가문의 번주藩主는 다이나곤
大納言57)이었던 반면 미토 도쿠가와는 쥬나곤中納言58)이었다. 쥬나
곤은 과거 율령관제에 있어서 그 직무는(엄밀히 말해 쥬나곤은 '영외관'
이어서 율령에 나오지 않았다) 중국의 문하시랑門下侍郎59)직에 해당하며

---

55) 일본 프로야구 구단 요미우리 자이언츠의 홈구장으로 1988년 완공되었다. 도쿄에
   있으며 수용인원은 5만 명이다. 겉모습이 달걀과 비슷하여 빅 에그Big egg라고 불
   린다.
56) 도쿠가와德川 가문 가운데 특히 유력·유명하여 다이묘 가운데 특별 대우를 받았던
   세 가문으로, 미토 도쿠가와水戸徳川 가, 오와리 도쿠가와尾張徳川 가, 기슈 도쿠가
   와紀州徳川 가를 이르는 말이다.
57) 일본 고대 조정에서 태정관太政官에 속했던 관직이다. 태정관의 사등관四等官 중 2
   등급인 스케次官로 차관에 해당한다. 위계는 정삼위正三位. 당명唐名(중국풍의 별칭)
   은 아상亞相·아괴亞槐로, 상위직인 태정대신의 별칭인 승상丞相·괴문槐門에 버금가
   는 직위라는 의미이다. 주 역할은 천황의 명령을 하부에 전달하고 국정을 천황에게
   상주하며, 대신들과 정무를 의논하는 것이었다.
58) 일본 고대 조정의 최고 기관인 태정관에 속했던 영외관令外官의 관직이다. 태정관
   의 사등관 중 2등급인 스케次官로 차관급에 해당한다. 당명唐名(중국풍의 별칭)은
   황문시랑黃門侍郎·황문黃門·용작龍作 등이 있다. 다이나곤大納言의 인원수를 채우
   기 위해 설치되었다. 주 역할은 다이나곤과 같이 천황의 명령을 하부에 전달하고 국
   정을 천황에게 상주하며, 대신들과 정무를 의논하는 것이었다.
59) 중국 관직명의 하나. 황문시랑黃門侍郎이라고도 한다. 시대에 따라서는 급사황문
   시랑給事黃門侍郎이라 불리기도 했다. 줄여서 황문黃門이라고도 한다. 진秦나라에
   서 황제의 칙명을 전달하기 위해 창시되었고 한漢나라 이후 역대 왕조에서 이어졌

그 땅에서는 '황문黃門'이라고 불린 적이 있었다. 그래서 '미토의 쥬나곤 전하'는 '미토 고몬'이라고 불리게 되었다. 따라서 역대 미토 번주 가운데 쥬나곤에 임관한 자들은 전원 '미토 고몬'이 된다. 이것도 다른 TV방송에서 했지만, "에도 시대를 통틀어 미토 고몬은 7명이 있었다."

그건 제쳐두고 보통 미토 고몬이라고 하면 제2대 번주 도쿠가와 미쓰쿠니를 말하며, 그가 에도 고이시카와小石川 저택 부지에 지은 정원은 그가 보호했던 망명학자 주순수朱舜水(1600~1682)의 명명에 의해 '고라쿠엔'이라는 이름이 붙여졌다.

미담으로 그치지 않다

그 고라쿠엔 돔 근처 일각에 후지타 도코의 순난비가 있다. 번주 도쿠카와 나리아키德川斉昭(1800~1860, 이 사람도 '고몬'이었다)의 측근으로서 저택 내 관사에 살았던 도코는 지진 때 겨우 정원으로 도망쳐 나올 수 있었다. 그러나 연로한 모친은 도망치지 못하여 아직 다다미 위에 있었다. 노후화된 건물(후술할 『대일본사大日本史』 편찬사업 때문에 재정적으로 보수도 제대로 하지 못했다고 한다면 한층 더 안타깝기 그지없다)은 이미 위험한 상태였다. 도코는 과감히 돌아가서 모친의 몸을

다. 진나라와 한나라 때 금문禁門이 황색으로 칠해져 있었기 때문에 황문이라 불렸었다. 따라서 황제를 가까이서 모시는 관직을 황문시랑이라 칭하게 되었다. 이후 당나라 현종玄宗 때 문하시랑이라 개칭되었고, 금金나라 원元나라 때 폐지되었다. 일본에서는 쥬나곤中納言이 이 관직에 해당하는 것으로 여겨져 황문시랑·황문이라 불렸다.

정원을 향해 던져 내는 데 성공했다. 하지만 무너져 내리는 대들보에 몸이 끼어 그 본인은 사망하고 만다. 오늘날이라면 결국 이렇게 보도되었을 것이다.

"모친을 구하기 위해 뛰어든 다케키 씨는 내장 파열로 바로 사망하고 말았습니다."

물론 이것은 미담이다. 농담조로 말하면 안 된다. 그는 모친을 구했던 것이다.

그러나 이 압사로 인해 미토 번은 헤매다가 양이운동攘夷運動의 폭풍우가 몰아치기 시작하자 동란의 소용돌이 속에 침몰했다. 메이지 '유신'에 이르는 과정에서 수백 수천의 고귀한 목숨들이 희생되었다. "만약 도코가 살아 있었다면 그렇게 되지 않았을 것이다"라고 한다면……

그는 모친 한 사람을 살린다고 동료들을 죽인 것인지도 모른다.

'학문'으로 출세한 집안

이 지진이 일어나기 전전해, 가에이嘉永 6년(1853)은 역사를 잘 모르는 독자들도 본 기억이 있는 연호일 것이다. 바로 '흑선黑船 내항'의 해이다. 막부는 페리Perry로부터 1년의 유예 기간을 받고 원만한 후속책을 세웠다. 이전부터 이국선 배척론의 가장 선봉에 있었지만, 그를 위해 서양식 군비 증강을 추진하고 있었던 도쿠가와 나리아키는 이런 정세 가운데 불쑥 발언력을 늘려 갔다. 그의 두뇌 역이 도코였다.

실은 도코는 이국선과 인연이 있었다. 아직 청년이었을 시절에 그는 미토 부근에 표착한 영국배의 승무원에 대한 테러를 계획한 적이 있었다. 현장에 도착했을 때 그들은 이미 다른 곳으로 이동했기 때문에 미수로 끝나고 말았다. 그렇기는 하나 실행했다면 극형이라는 벌이 기다리고 있었을 테니 안세이 지진으로 모친에게 효도를 다하지 못하고 죽었을 것임이 틀림없다. 애당초 이 테러 결행을 권하여 "살아서 돌아오지 마라"고 훈계한 사람이 부친이었기 때문에 뭐라 말할 수 없다. 후지타 유코쿠藤田幽谷(1774~1826) 또한 미토번의 정치고문을 맡았던 유학자이다.

후지타 가家는 애당초 대단한 가문이 아니다. 히로시마의 라이賴가 등과 마찬가지로 유학자로서 학문을 닦아 가문의 지위에 상관없이 발탁·등용된 부류이다. 그 때문에 번사藩士 가운데 대립파로부터 "저 헌 옷 장수 놈이" 등의 험담을 들은 듯하다. 그렇게 증언한 사람은 모친의 집안이 또한 미토학자水戶學者였던 사회주의자 야마카와 기쿠에山川菊栄(1890~1980) 여사이다. 그녀 어머니의 본가는 후지타 부자의 동료로 활약했던 아오야마青山 일족이었다. 기쿠에의 증조부 노부유키延于(1776~1843)는 유코쿠幽谷와, 조부 노부히사延寿(1820~1906)는 도코와 각각 동세대이다. 노부유키의 『황조사략皇朝史略』60)이라는 사서는 분세이文政 9년(1826)에 발행되어 평판을 얻었고 역사서 장르에서는 라이 산요의 『일본외사』에 견줄 만한 막부 말기의 베스트셀러였다.

---

60) 아오야마 노부유키青山延于의 역사서. 총 12권. 1823년에 완성하여 1826년에 간행했다. 진무神武 천황부터 고코마쓰後小松 천황까지의 역사를 한문 편년체로 기록한 책이다.

에도 시대라는 폐쇄적 신분제 사회에서 우두머리 가신의 아들은 바보라도 우두머리 가신, 병졸의 아들은 천재라도 병졸이라 생각되기 일쑤였다. 이것은 메이지 시대가 되어 "얼마나 메이지 유신으로부터 세상이 좋아졌나"를 떠벌려 대기 위한 악의에 가득한 비방·중상에 지나지 않는다. 특히 간세이 개혁 이후로는 '학문'의 유무가 등용의 조건으로 부상하여 가문이 좋지 않아도 유능하면 발탁된 사례가 수없이 많았다. 그랬기 때문에 '학문'이 유행했다고 본다. 메이지 이후 입신출세주의 "끝은 박사인가 대신인가"는 메이지의 원훈들이 갑자기 준비해 만들어 낸 것이 아니라 그 앞에 역사가 있었던 것이다. 무엇보다도 그렇지 않았다면 메이지 시대가 되어서 바로 그 정도로 급속하게 서민 계급까지 이런 가치관이 침투했을 리 없다. 라이 가도 아오야마 가도 그리고, 후지타 가도 '학문'으로 신분을 상승했던 일족이었다. 오사카大阪의 오시오大塩 가도 '난亂'을 일으키지 않았다면 그렇게 되었을 것이다.

번藩을 일으켜 관념적 양이론攘夷論으로

여담은 그만하고 후지타 부자父子는 라이 부자와 같은 고집도 없었고 지극히 사이가 좋았던 듯하다. 도코는 아버지의 후계자로서 미토학의 정통을 짊어지었다. 미토 번에서 흑선 문제에 대한 견해를 마련할 때, 누구보다 도코의 의견이 크게 작용하고 있었다.

나리아키라는 인물, 지금도 일부에서는 명군이라고 찬사를 받지만 그 실상은 어떨까. 시부사와 에이이치渋沢栄一(1840~1931)는 일본

은행업의 기초를 세운 인물로 기억되고 있지만, 원래는 무사시 국武蔵国 후카야深谷(사이타마 현)의 호농豪農으로 미토학에 흠뻑 빠졌다. 그것이 인연이 되어 히토쓰바시 요시노부一橋慶喜(1837~1913, 나리아키의 아들)를 섬겼고, 평생 그에 대한 경의를 잃지 않았다고 한다. 『도쿠가와 요시노부 공전德川慶喜公伝』은 그 내용이 많고 정밀한 전기로 알려져 있다. 그 미토학 팬이었던 시부사와가 나리아키에 대해서는 완고하고 고루하다는 이미지를 가지고 있었다. 나리아키의 미토번 개혁은 그의 수족과 같았던 신하 후지타 도코가 있었기에 가능했을지도 모른다.

결국 도코의 죽음으로 인해 미토번은 관념적 양이론을 향해 폭주한다. 안세이 5년(1858)의 미·일 수호 통상 조약 체결에 대해 나리아키는 결단코 반대의 입장을 표명하여 개국파인 막부 수뇌부와 대립한다. 다이로大老61) 이이 나오스케井伊直弼(1815~1860)에 의한 안세이의 대옥62)이 그를 주요 표적으로 삼은 것은 잘 알려진 사실이다. 그 울분은 안세이 7년(1860) 3월 3일 사쿠라다 문桜田門밖의 다이로 암살사건63)으로 이어진다. 테러리스트 18명 중 사쓰마薩摩 번사 1명을 제외하고 모두 미토 번사였다. 그해 8월 나리아키가 사망한다.

---

61) 에도 막부의 직제職制로 쇼군將軍의 보좌역. 임시로 로쥬老中의 위에 위치하는 최고직이다. 넓은 의미로 다이묘 집안, 집정기관의 최고책임자를 가리킨다.

62) 에도 막부의 다이로大老 이이 나오스케井伊直弼가 안세이安政 5년(1858)에 자신의 반대파를 체포하기 시작해서 다음 해까지 100여명의 존왕양이파尊王攘夷派 및 히토쓰바시파一橋派 인사를 대량 숙청한 사건으로, 무오의 대옥戊午の大獄이라고도 불린다. 여기서 요시다 쇼인吉田松陰이 처형당했다.

63) 사쿠라다 문밖의 변桜田門外の変. 1860년 3월 24일 에도 성江戸城 사쿠라다 문밖에서 미토 번水戸藩의 낭인浪人 무사들, 사쓰마 번薩摩藩을 탈번脱藩 무사 한 명이 이이 나오스케井伊直弼의 행렬을 습격하여 암살한 사건이다.

뛰어난 군주 요시노부慶喜에 대한 기대와 실망

그 후 미토번 내부에서는 분열이 발생하여 '쇼세이도諸生党'이라고 하는 온건파와 '덴구도天狗党'라고 하는 과격파의 대립이 깊어진다. 도코의 아들 후지타 고시로藤田小四郎(1842~1865)는 덴구도 간부가 되었지만, 번 내부 투쟁에서 패배하여 겐지元治 원년(1864) 쓰쿠바 산筑波山에서 병사를 모은다. 미토번 정치의 실권을 쥔 쇼세이도와의 내전의 위기였다. 여기서 에도에 있었던 번주 요시아쓰慶篤(1832~1868, 나리아키의 아들)는 친척이자 지지번이었던 히타치常陸 시시도穴戸 번주 마쓰다이라 요리노리松平頼徳(1831~1864)를 미토로 파견하여 사태를 수습하게 한다. 그런데 그는 그의 미토 성 입성을 거부하는 쇼세이도와 한번 전투를 했기 때문에 막부가 내전에 개입하는 구실을 주고 말았다. (그것이 쇼세이도의 전술이었던 것 같다.) 그 후 귀순·출두한 자리에서 할복자살하게 된다.

요리노리頼徳가 연좌되어 그의 아버지 요리타카頼位(1810~1886)가 근신처분이 되는 등 여동생 다카코高子(高姫)도 6년간 연금되었다고 한다. 나중에 다카코는 막부의 신하 나가이永井 집안의 후처로 들어가 나쓰코夏子라는 딸을 얻었다. 나쓰코는 히라오카平岡 집안에 시집가서 이 소동에서 60년이 지난 다이쇼大正 14년(1925)에 첫 손자인 기미타케公威란 남자아이를 얻게 된다. 이 히라오카 기미타케平岡公威(1925~1970) 군은 이 책 에피소드 VI에서 재등장을 부탁해 보자.

한편 덴구도 가운데 후지타 고시로나 다케다 고운사이武田耕雲斎(1803~1865)의 쓰쿠바筑波 거병조는 '우리들의 뛰어난 군주'라고 우러러보는 요시노부에게 도움을 구하러 상경하였으나, 그렇게 이용만 당하다가 64) 에치젠越前에서 붙잡혀 처형되었다. 무언가 '폐하를 위해서' 거병했지만 천황의 마음에 닿지 못하고 체포·총살당한 2·26 사건65)의 청년장교들을 떠올리게 한다. 어느 시대에도 지사志士의 결기는 이렇게 비운과 함께했다. 이렇게 유코쿠 이래 3대에 걸쳐 미토학의 중핵이 된 후지타 가의 전통은 도중에 끊기고 만다. 대립파에게서 '덴구도의 난'이라고 불린 이 소동은 단순히 '쥐띠 해[子年]

---

64) 미·일 수호 통상 조약에서 막부의 이이 나오스케가 천황의 칙허를 받지 않고 조약 조인을 단행하자 고메이 천황孝明天皇은 막부에 불만을 드러냈다. 이때 미토 번 출신인 도쿠가와 요시노부는 이이 나오스케를 힐문하였고 요시노부에 대한 근신 처분이 내려졌다. 사쿠라다 문밖의 변桜田門外の変으로 이이 나오스케가 암살되자 요시노부는 근신이 해제되었고 쇼군의 후견인이 되었다. 요시노부는 신뢰할 수 있는 심복이 없었기 때문에 미토 번에서 인물들을 데려와 자신을 추종하게 했는데, 이때 후지타 고시로나 다케다 고운사이 등과 같은 덴구도 난의 중심인물이 있었다. 후지타 고시로는 교토에서 조슈 번의 가쓰라 고고로나 구사카 겐즈이와 같은 인물들과 교류하며 존왕양이의 뜻을 굳히며, 조슈 번과 도모하여 군사를 일으켜 막부에게 양이를 독촉하게 하려는 계획까지 세웠으나 고운사이의 반대로 실패했다. 한편 이때 도쿠가와 요시노부는 양이 정책은 불가능하다고 생각하였고 요코하마 쇄항을 늦추게 된다. 막부에서 양이 정책에 대한 아무런 계획이 없다고 생각한 과격파 후지타 고시로는 군사를 일으킬 뜻을 가지고 동지들을 모았다. 그리고 1864년 요코하마 쇄항이 무산되자 고시로는 쓰쿠바 산에 집결한 동지들과 봉기했다. 이에 막부는 덴구도를 토벌하라는 명령을 내렸고, 도쿠가와 요시노부는 사태의 수습을 위해 스스로 토벌을 조정에 신청하여 가가 번, 아이즈 번 등을 거느리고 갔다. 덴구도는 도쿠가와 요시노부가 자신들의 뜻을 들어주리라 기대했지만 그들이 요시노부에게 제출한 탄원서의 수령은 거절당했고, 요시노부가 자신들을 토벌하러 왔다는 것을 알아차리자 자신들의 뜻이 무너졌음을 알게 된다. 결국 1865년 가가 번의 나가하라 진시치로永原甚七郎 등의 권고에 의해 덴구도는 투항했다. 그러나 막부는 과격파에 의한 거병의 재발을 막기 위해 투항한 덴구도 전원을 처형하기로 결정하였고, 그들은 처형되었다.

65) 1936년 2월 26일 일본 육군의 황도파皇道派 청년장교들이 1483명의 병력을 이끌고 일으킨 반란 사건이다. 2월 27일에 계엄령이 선포되었고, 28일에는 천황에 의한 원대복귀 명령이 내려졌다. 반란군은 천황 친정을 쿠데타의 명분으로 삼고 있었는데, 천황이 복귀 명령을 내리자 반란의 근거를 잃어버렸다. 이들은 부사관과 병들을 원대복귀시키고 일부는 자결하고 일부는 투항하여 사건은 일단락되었다.

의 소동'이라고 불리기도 했다.

요시노부는 덴구도의 폭주를 제지하지도 않았을 뿐더러 손을 내밀어 구하려고 하지도 않았다. 이런 애매한 태도는 그가 쇼군 직을 이은 뒤 왕정복고에 처해서도 마찬가지였다. 아니 그럴 때가 아니다. 앞에서 기술한 야마카와 기쿠에의 다음과 같은 증언(정확히는 그녀 모친의 추억담)이 있다. 무진戊辰년 전쟁의 패전66) 때문에 미토에서 근신 중이었던 요시노부, 그의 처우를 둘러싸고 번의 의견이 양분되었다고 한다. 덴구도과 쇼세이도 사이에서 서로를 죽이는 폭풍우가 도시에 휘몰아쳤다. 그 가운데서도 그는 "나는 상관없다"는 태도를 가지고 있었다.

시부사와 에이이치에 의하면, 요시노부는 부친 나리아키와 다르게 영명한 소질을 가진 인물이라고 한다. 주변에서 내가 보기에는 이 부자는 비슷비슷하다.

이리하여 미토 번은 막말幕末 존왕양이尊王攘夷운동의 진원지가 되었음에도 불구하고 그 과실을 삿조薩長(*사쓰마 번, 조슈 번을 말함), 도이土肥라는 서남쪽의 번에게 빼앗기고 말았다.

---

66) 보신전쟁戊辰戰争을 말한다.

2.『대일본사』의 편집 방침

지역을 넘어 퍼져 가는 사상

그럼 대저 '미토학'이란 어떤 학파였던가?

이것은 꽤 어려운 질문이다. 지금부터 서술하듯이 애당초 어디까지 미토학이라고 불러야 하는지 꼭 명확한 것은 아니다. '미토'학이라는 이 호칭 때문에 미토라는 지역 한정이라는 생각이 암묵적으로 부과되어 미토 이외의 땅에는 미토학이 퍼지지 않았던 것 같은 이미지를 가져다주고 있다. 그러나 본래 사상과 학파라고 하는 것은 공간적 한정을 떠나 전개되는 것으로, 예를 들어 그것이 그곳 특유의 성질을 가지게 되어 '본가'에서 떨어지게 되어도 '일본 양명학日本陽明學'과 같이 어디까지나 분류로서 '본가'의 간판을 가지고 있는 것에 불과하다. 아니, 양명학뿐만이 아니다. '(인도 쪽에서 보면) 동아시아 불교', '(동방에서 보면) 서방 기독교' 어쨌든 그 종교가 태어난 땅 '본래의' 교의와는 이질적인 요소를 포함하고 있어도 그것은 어디까지나 불교·기독교라고 불리고 있다.

만약 이 책에서 미토학을 넓게 정의한다면 나는 앞 장의 라이 산요든 나중에 소개할 요시다 쇼인이든 '미토학자'라고 해도 상관없다고 생각한다. 그러나 그 이야기는 나중에 하도록 하자. 지금은 극히 상식적으로 '미토학'의 이름으로 불리는 것을 한정 짓고 이야기하고 싶다.

세기의 대사업, 흐지부지되기 직전

미토학의 개조라고 할 수 있는 인물은 이미 소개한 '고몬 님' 도쿠가와 미쓰쿠니이다. 그가 주재해서 시작한 『대일본사』의 편찬이야말로 미토학을 낳고 키워 왔다. 일설에는 번의 재정 1/3을 소비했다고도 전해진다. 그것 때문에 미토에는 매실 장아찌와 낫토(*삶은 콩을 발효시킨 일본 음식)밖에 남지 않았다고 사람들이 수군거리기도 했다. 이 세기의 대사업은, 미쓰쿠니가 전국에서 불러 모은 수많은 학자들에 의해 에도와 미토 두 군데서 나누어져 분담 편집되었다. 그 중심에는 미토 고몬 만유기水戶黃門漫遊記에서 익숙한 조수 스케 상助さん, 가쿠 상格さん의 모델이 된 실재 인물 삿사 무네키요佐々宗淳(1640~1698)와 아사카 가쿠安積覚(1656~1738)가 있었다.

그러나 『대일본사』가 완성된 것은 프롤로그에서도 서술했듯이 메이지 39년(1906)이었다. 어째서 그렇게나 시간이 걸린 것일까.

'중도에서 해이해진 것'이 원인이었다. 어떤 프로젝트에서도 그렇지만 그것을 적극적으로 추진하려는 중심인물, 뛰어난 리더가 없으면 앞으로 나아갈 수 없다. 보통은 어느샌가 흐지부지되어 완성

대일본사大日本史

되지 못한 채 내팽개쳐지곤 한다. 그리고 『대일본사』도 그렇게 될 위기였다.

미쓰쿠니는 『대일본사』의 조기 완성을 엄명하고 죽고 말았다. 그의 뒤를 이은 쓰나에다綱條(1656~1718)는 양자였지만 효도를 하기 위해 어떻게든 이 사업을 계속하려고 노력했다. 그러나 그의 아들, 그의 손자의 대가 되자 선조 유훈의 효력은 점차 사라져 갔다. 편찬사업은 지지부진해서 점점 용두사미가 되었다.

가문의 핏줄을 형의 아들에게

여기부터 점점 여담이 되기는 하나, 『대일본사』 편찬의 동기로 미쓰쿠니 습봉襲封의 경위가 여러 차례 언급된다. 아버지인 초대 번주 요리후사賴房(1603~1661)에 의해 병약한 형 요리시게賴重(1622~1695)를 제치고 미쓰쿠니가 선택된 것은 뒤가 켕기는 이야기일 것이다.

미쓰쿠니는 이윽고 사마천司馬遷의 그 유명한 『사기史記』를 읽고 그 가운데 「백이열전伯夷列傳」에 감동했다. 어째서인가. 백이伯夷와 숙제叔齊라는 형제는 아버지의 후계를 양보하다 나라에서 도망쳐, 끝내 사이좋게 야인 생활을 했기 때문이다. (오히려 그 나라는 '어부지리

漁父之利'로 가운데 형제가 상속했다고 한다. 아, '어부지리'라고 하는 것은 싸움의 당사자가 아닌 제3자가 얻었다는 의미이기 때문에 이 미담에는 적절하지 않구나. 이것 참 실례.) 청년 미쓰쿠니는 자신도 이런 감동적인 옛사람의 기록을 후세에 남기기 위해 일본의 역사에서 소재를 가지고 그것을 제대로 된 한문(현재의 문맥으로 고치자면 국제 공용어, 즉 '영어')으로 써서 역사서를 지었다고 한다.

사정은 그렇게 단순하지 않았지만 그런 부담감에서 그는 미토 번을 자신의 아들이 아닌 형의 아들 쓰나에다에게 후사를 잇게 했다. TV 드라마에서 예절을 갖추며 '쓰나에다 공'이라고 경칭을 붙여 부르는 것도 그런 이유 때문이다.

그럼 그의 아들은 어디로 갔을까? 이쪽은 형의 양자가 되어 사누키 다카마쓰讚岐高松[67]번의 뒤를 이었다. 다카마쓰 번高松藩은 12만 석으로, 미토 번 24만 석의 절반이며 게다가 도쿠가와德川 성씨를 허락받지 못하고 '마쓰다이라松平' 성을 쓴다. 미쓰쿠니는 이렇게 격이 낮은 번에 자신의 아들을 보내고 본가는 형의 핏줄에게 돌려주었다. 과연 고몬 님이다.

장점만 골라 취하기

그렇기는 하나, 시코쿠 사누키四国讚岐는 세토우치瀬戸内 지역의

---

67) 일본 에도 시대 사누키 국讚岐国에 있던 번藩으로, 지금의 가가와 현香川県 다카마쓰 시高松市에 위치했다. 초기에는 사누키 국 전역을 지배했으나, 미토 마쓰다이라 가水戸松平家의 대에 와서 그 절반 정도에 해당하는 동부 사누키讚岐 지방을 지배하였다. 번청藩庁은 다카마쓰 성高松城이다.

요지, 해산물과 농산물의 보고, 그리고 무엇보다 염전을 가지고 있다. 12만 석은 이른바 '공식 녹봉'이고, 경제 실세는 이것의 수 배에 달하는 풍요로운 토지이다. 고산케와 같은 격식을 가지지 못하는 대신, 격식 때문에 내야 하는 쓸데없는 비용을 내지 않아도 된다. 이에 비해 미토가 있는 히타치 国常陸国은 간토関東 지방 내에서 가장 추운 지역, 일기예보를 보고 눈치챘을지도 모르지만, 지금도 보소우房總나 쇼난湘南에 비해 마치 다른 지방이다. 24만 석이라는 공식 녹봉도 그해의 기후에 따라 불안정한 수확밖에 보증해 주지 않는다. 막말에는 실제 녹봉은 5만 석이라고까지 했다. 덤으로 『대일본사』 편찬이라는 세기의 대사업 때문에 번의 재정은 항구적으로 핍박받아야 했다.

쓰나에다 공, 저는 당신에게 확실히 미토 번을 돌려드렸으니 『대일본사』는 확실하게 완성시켜 주시게. 하하하!

노란색 민소매 웃옷을 입고 하얀 턱수염을 늘어트린 사람 좋아 보이는 노인은(마침 지금 우연히도 눈앞의 TV에서 도노 에이지로東野英治郎 (1907~1994) 시대의 재방송이 화면에 비치고 있어서 흠칫 놀랐다) 의외로 멀리 생각하는 깊은 꾀를 가진, 속이 새카만 녀석이었을지도 모른다. 보통 "명분을 버리고 실리를 취한다"는 말이 있지만, 그의 경우는 '명분'(아들을 지방 번으로 보내 미토를 본가 핏줄에게 되돌려주었다)을 취한 데다 '실리'(그의 DNA를 이어받은 자손들은 온난한 기후, 생산물이 풍부한 땅에 유복하게 살았다)도 얻은 것이다. 이런 경우를 '장점만 골라 취하기'라고 할 수 있을 것이다.

아니, 그렇지 않다. 그는 멀리 생각하는 깊은 꾀가 있었던 것은 아닐 것이다. 오히려 그것을 악의 없이 선의로 하는 점이 실로 무섭다. 그는 형의 자손에 대해 좋은 일을 했다고 마음속 깊이 생각하고 있을 것이다. 주변에 폐를 끼치는 것은 때때로 이런 착한 사람이다.

용두사미龍頭蛇尾

이야기가 빗나갔지만, 미토학의 본질은 의외로 이런 점에 있을지도 모른다. 고몬 님의 유훈에 의해서 '명분을 얻고 실리를 잃은' 미토 번은 이 성가신 세기의 대사업을 마지못해 견디기 힘든 상황 가운데서 이어 나가지 않을 수 없게 되었다.

'용두사미'는 당연한 현상이었다. 여기서 영단을 내릴 번주가 나와서 "이런 바보 같은 사업은 중단한다"고 선언했다면 좋았을 것이다. 건전한 정신이었다면 그랬어야만 했다. 그러나 사태는 거꾸로 움직였다. '용두사미'는 '용두사미'가 아닌 '중도에서 흐지부지'된 것으로 평가된다.

거기서 활약한 중심인물은 다치하라 스이켄立原翠軒(1744~1823)으로, 후지타 유코쿠나 아오야마 노부유키青山延于의 스승이자 상사이다. 그들은 다시 『대일본사』 편찬에 의욕을 가지게 된 번주를 옹호하면서, 사업을 본격적으로 재개시킨다. 때마침 간세이 개혁의 시대, 즉 마쓰다이라 사다노부 정권에 의한 '학문' 장려책의 시기와 닿아 있다. 양자의 싱크로나이즈Synchronize(동시에 겹침)가 단순한 우연이 아닌 것은 말할 필요가 없다.

일본 최초의 여제는 누구인가

『대일본사』에는 '3대 특필特筆'이 있다. 이것은 미쓰쿠니가 정한 편집의 대방침으로 당시 일반에 유포되고 있던 역사 인식을 고치기 위한 '새로운 역사 교과서' 만들기의 지침이라 할 만한 것이었다.

하나는 진구 황후神功皇后(170?~269?)를 황후로 하는 것이다. 무슨 말인가 하고 생각하겠지만, 그때까지 『일본서기日本書紀』[68] 이래 오키나가타라시히메気長足姫, 즉 진구 황후는 단순히 황후가 아닌 쥬아이仲哀 천황(?~200)이 급서한 후 자식인 오진応神 천황(201?~310?)이 성인이 될 때까지 중계하여 천황으로 즉위했다는 이해가 일반적이었다. 미쓰쿠니는 이를 부정했다.

그것에는 아마 당唐나라 측천무후則天武后에 대한 대우가 얽혀 있다. 『일본서기』가 편찬된 8세기 첫머리는 마침 그녀가 중국사상 공전절후의 '여제'로서 군림하고 있었던 시기였다. 평범한 남편이 죽은 뒤, 자식을 대신하여 제국에 군림한 그녀의 모습은 '왜국倭國'의 사관史官들에게는 특히 눈부셔 보였을 것이다. 진구 황후에 대한 기술이 그 이전부터 전해져 온 전승을 근거로 정형화되어 '여제'로서 정리되었던 것은 신기한 일이 아니다.

그런데 측천무후에 대한 태도가 '본가' 중국에서 돌변한다. 당 왕

---

68) 일본에 존재하는 가장 오래된 정사正史이다. 『고사기古事記』까지 포함하면 현존하는 두 번째로 오래된 일본 역사서이다. 덴무天武 천황의 명으로 도네리 친왕舍人親王이 중심이 되어 편찬, 680년경에 시작하여 720년에 완성했다. 내용은 일본의 신화시대부터 지토持統 천황의 시대까지를 취급한다. 왕실을 중심으로 하여 순한문의 편년체로 구성되어 있으며, 전 30권과 계도系圖 1권으로 이루어져 있지만 계도는 현재 전해지지 않는다.

조가 이어지는 동안 불완전하게나마 그녀의 DNA를 몸속에 가지고 있었던 황제들이 군주였기 때문에 시끄럽게 신하가 이러쿵저러쿵 말하는 것이 꺼려졌지만, 송宋 왕조가 되어서는 말하고 싶은 것을 마음껏 말할 수 있는 상황이 된다. 송대에 편찬된『신당서新唐書』는 당대의 기록을 편집만 해 놓은『구당서舊唐書』를 다시 써 확실히 '새로운 교과서'로서 지어진 서적이었다. 그곳에는 그녀에 대해서 철저하게 비판하고 있다. 그리고 주자학으로 결실을 맺은 유교의 새로운 흐름의 연원 중 하나가 이『신당서』였다. 이른바 '대의명분론'이 역사적 사건에 입각하여 전개된다.

미쓰쿠니의 사서 편찬은 이 주자학의 대의명분론을 일본의 역사에서 검증하고 현창하기 위해 이루어졌다. 3대 특필은 그 가장 상징적인 사례이다. 진구 황후는 어디까지나 황후였지, 천황은 아니었다는 것이다. 이리하여 '사상 최초의 여제' 자리는 진구 황후로부터 스이코推古 천황(554~628)으로 넘어갔다.

이것은 '가정'이기는 하나, "진구 황후는 황후다"라고 부연하면 "스이코도 고교쿠皇極(=사이메이齊明, 594~661)도 지토持統(645~703)도 겐메이元明(661~721)도 겐쇼元正(680~748)도 모두 황후다"라고 말할 수 있다. 그리고 "순수하게 아버지의 혈통에서 천황이 된 여성은 고켄孝謙 천황(718~770, 다시 즉위하여 쇼토쿠稱德 천황)이 처음이다"고 간주할 수도 있었을 것이다. 그러나 미토학에는 스이코를 천황으로 하고 싶은 다른 더 중요한 이유가 있었다. 만약 스이코를 단순히 비다쓰敏達 천황(538?~585)의 황후로 할 경우 어떻게 될 것인가? 황태자로서 마땅히 섭정이어야 할 우마야도 황태자, 즉 쇼토쿠聖德 태자(574~622)의 즉위를 인정하는 셈이 되는 것이다. 이것은 진구 황후와 오진 천황과의 관계와 같은 것이다.

쇼토쿠 태자로 말할 것 같으면 일본에 불교를 널리 퍼트린 공로
자로, 역대 불교인들이 우상시하여 온 인물이다. 천황이었다고 해도
이상하지 않다. 승려 신란親鸞(1173~1262)도 시텐노지四天王寺에서
쇼토쿠 태자가 계시하는 꿈을 꾸고 정토신앙淨土信仰에 눈뜬 것[69]
으로 전해진다. 그러나 주자학 가운데 과격파인 미토학은 단호히
불교를 배척한다. 『대일본사』는 그때까지의 태자 신앙에 비해 극히
냉담한 태도로 그를 취급했다. 우마야도 황태자는 스이코 여제의
신하에 불과하다는 것이다. 미토학의 불교 혐오는 다음에 하도록
하겠다.

'오토모大友' 천황과 부계상속

3대 특필의 두 번째는 오토모 황태자(648~672)의 즉위를 인정하
는 것이다. 메이지 시대가 되어서 '고분弘文 천황'이라고 추서된 인
물이다. 그 유명한 임신壬申의 난에 대해 그때까지는 "덴지天智 천황
(626~672)의 정당한 후계자 오아마大海人 황태자(=덴무天武 천황, 631~

---

69) 롯카쿠의 선몽. 1201년 봄, 신란은 에이잔에서 내려와 쇼토쿠 태자聖德太子가 지
었다고 전하는 시텐노지四天王寺의 롯카쿠도六角堂에서 백일참롱百日參籠을 행하
였다. 95일째 되던 날 새벽꿈에 쇼토쿠 태자가 나타나 "수행자가 전세의 과보로 여
성을 범해야 한다면 내가 그 여성이 되어 그와 함께해 주리라. 그리고 한평생 공덕
장엄을 보전하고 목숨 다하는 날에 극락으로 이끌리라(行者宿報設女犯 我成玉女身
被犯 一生之間能莊嚴 臨終引導生極楽)"는 게偈를 읊고, "이는 곧 나의 서원이니 그
대는 이 서원의 취지를 베풀어 설법해 일체 군생群生에게 전해야 할 것이다"고 했다
한다.

686)를 제쳐 두고 덴지의 아들 오토모가 오쓰쿄大津京에서 멋대로 천황을 칭한 것에 불과하다"고 간주되어 왔다. 그런데 과연 대의명분론이다. 황위는 부친에게서 아들로 계승되어야 하는 것이다. 그리고 동생인 오아마야말로 찬탈자였다는 식의 논리이다. 천벌이 바로 내려 덴무 천황과 지토 천황(그녀는 덴지의 딸, 즉 덴무의 조카였다!) 부부의 혈통에서는 허약한 황자밖에 태어나지 않는다. 겨우 성인이 된 것이 쇼무聖武 천황(701~756)이었지만 그의 황자들도 요절하여 부득이 황녀가 즉위하게 되었다. 고켄 천황(여제)이 여제가 되었지만 이리하여 이 황통은 단절된다. (거기서 괴승 유게 도쿄弓削道鏡와의 염문에 얽히지만) 그 뒤의 고닌光仁 천황(709~782), 간무桓武 천황(737~806) 부자에 의해 시작되는 계보는 덴지 계의 부활이었다. (최초 고닌은 쇼무의 황녀 이노우에井上 내친왕과의 아들을 후계자로 삼을 예정이었지만, 백제계의 피를 이은 간무가 권좌를 빼앗았다.) 『대일본사』는 '오토모 천황'의 존재를 강조함으로써 "천황은 신이시기 때문에"라는 말과 덴무 천황을 신격화해 온 종래의 역사관과 단절하고 새롭게 천황가 상속의 부계성을 중시하는 대의명분론을 수립했다고도 말할 수 있을 것이다.

『태평기太平記』를 읽고 남조정통사관南朝正統史觀

3대 특필의 세 번째가 '남북조南北朝 정통·비정통 문제'이다. 남북조 시대의 원인은 황실 내부의 분열이었다. 그 한편 당사자였던 다이카쿠지大覚寺 계통70)의 고다이고後醍醐 천황(1288~1339)에 의해

---

70) 가마쿠라 시대鎌倉時代 후기부터 남북조 시대 사이 황위에 즉위한 황실 계통으로

서 가마쿠라 막부鎌倉幕府를 대신할 체제가 시작되자, 당초 여기에 귀순했던 아시카가 다카우지足利尊氏(1305~1358)가 반역을 일으켜 대항하며 지묘인持明院 계통71)의 천황을 옹립한 무로마치 막부室町 幕府를 창건했다.

요시노吉野로 도망친 남조南朝와 쿄京에 눌러앉은 북조北朝. 그 후 다카우지尊氏의 손자인 요시미쓰義滿(1358~1408)는 '남북조합일南北 朝合一'의 미명 아래 남조를 병합하여 북조의 DNA를 가진 자를 천 황으로 하여 지금에까지 이르렀다. 바꾸어 말하면 에도 막부江戸幕 府에서도 이어진 무가 정권은 북조계北朝系를 정통으로 해 왔던 것 이다.

그런데 미쓰쿠니는 대의명분론에서 남조를 정통으로 삼았다. 이 것에 관해 미쓰쿠니 본인의 견해는 반드시 꼭 그런 것은 아니라는 연구도 있다. 그러나 그가 남조의 충신 구스노키 마사시게에 심취 하여 있었던 것 등에서 판단해 보건대 남조 쪽에 공감하고 있었다 는 것은 틀림없을 것이다.

그런 경향이 에도 시대의 무사들 사이에서 널리 퍼졌던 것은 남 조에 호의적이었던 군사 기록 이야기 『태평기』72) 때문이다. 당시

지묘인 계통持明院統과 대립했다. 이름의 유래는 90대 가메야마亀山 천황의 아들 91대 고우다後宇多 천황이 교토 외각 사가노嵯峨野의 다이카쿠지의 재흥에 진력했 고 출가 후 다이카쿠지大覚寺에서 살며 정치를 했던 것에서 유래한다.

71) 가마쿠라 시대 후기부터 남북조 시대 사이에 황위에 즉위한 일본 황실 계통으로 제88대 고사가後嵯峨 천황의 황자인 제89대 고후카쿠사後深草 천황의 자손들로 흔 히 북조北朝라고 한다. 이름의 유래는 고후카쿠사 천황의 어소御所인 지묘인持明院 에서 유래한다.

72) 일본의 고전문학 중 하나. 총 40권으로, 남북조 시대를 배경으로 고다이고後醍醐 천황의 즉위부터 가마쿠라 막부鎌倉幕府의 멸망, 겐무 신정建武新政과 그 붕괴 후 의 남북조 분열, 간노観応의 소란과 무로마치 막부室町幕府 2대 쇼군 아시카가 요

'태평기 읽기太平記読み'라고 불리는 전문가들의 활약은 남조정통사관의 역사인식을 침투시킨 효과를 가져다주었다. 미쓰쿠니는 이런 풍조에 영향을 받으면서 그것을 대규모적인 사서 편찬이라는 형태로 후세에 남기게 된다.

국체론으로

미쓰쿠니 사후에 이 '3대 특필'을 중핵으로 배치했다고는 하나 『대일본사』의 편찬은 겨우 이어 나가는 것에 불과했다. 그것을 다시 일으킨 움직임은 앞에서 서술했듯이 18세기 후반 덴메이天明·간세이寬政 연간에 생겨났다. 이윽고 거의 완성한 본기本紀·열전列傳의 부분은 발췌하고 베껴져 미토 번 이외에서도 읽혀졌다. 그것을 라이 슌스이가 주문하고, 아들인 산요가 읽고 감동하여 『일본외사』, 『일본정기日本政記』로 결실을 맺은 것은 앞 장에서 말한 대로이다. 그 『일본외사』에 마쓰다이라 사다노부가 서문을 쓴 것은 그들이 사상적으로도 이어졌다는 것을 보여 주고 있다. 산요가 미토학의 선전맨으로 활약했기에, 그를 미토학의 범주에 넣어도 되지 않을까?

애당초 전문가 사이에서는 미쓰쿠니 시대의 '전기 미토학前期水戶学'과 후지타 부자父子 3대와 아이자와 야스시会沢安(세이시사이正志齋)

시아키라足利義詮의 사망 및 호소카와 요리유키細川賴之의 간레이管領 취임까지의 일들을 소재로 한 군담소설이다. 이마가와 가본今川家本, 고활자본古活字本, 세이겐인 본西源院本 등의 여러 종류가 있다. 제목인 '태평太平'이란 '평화'를 기원하는 의미로 붙여졌다고 생각되며, 진혼적인 의미가 있다고도 한다.

로 대표되는 '후기 미토학後期水戸学'을 구별하여 후자야말로 진정한
의미의 '미토학'이라고 불러야 한다는 견해도 있다.

확실히 '스이후학水府学'이라던가 '덴포학天保学'등의 다른 명칭으
로 미토학을 학파로 부르는 것은, 이 '덴포天保'라는 연호를 봐도 알
수 있듯이 도코 등이 활약하게 된 뒤의 일이다. 그들의 국체론·양
이론은 일반 상식인의 눈에는 극히 기이한 당파성을 띤 것으로 비
쳐졌다. 거기서 『대일본사』는 2차적인 의미밖에 가지지 못하게 되
었다. 오히려 후기 미토학에서 현실의 정치문제인 '국체國體'를 어
떻게 할 것인가에 대해 뜨겁게 논했다. 아이자와会沢의 주저主著라
는 『신론新論』은 국체론을 본격적으로 다룬 최초의 작품이라고 평가
된다.

반불교反佛敎와 전통의 창출

'국체'. 본서에서 이후에도 몇 번인가 등장하는 이 키워드는 어원
적으로는 2000년 전의 중국으로 거슬러 올라간다. 앞에서 서술한
『신당서』의 편집자인 구양수歐陽脩의 문장73) 등에서도 이 말은 여
기저기 등장한다. 단지 그곳에서는 극히 일반적인 의미로 '국가의
체제' 정도의 내용밖에 가지지 못했다. 이것이 특수한, 구체적인 의
미나 내용으로 사용된 것은 3대 특필을 받은 미토 번에서였다. '만

---

73) 구양수의 글 가운데 국체國體란 말이 「尚書兵部員外郎知制誥謝公墓誌銘」, 「問進
士策三首」, 「賞以春夏賦」, 「皇第十女封慶壽公主制」, 「辭召試知制誥狀」 등에서 23
차례 등장한다. 『구양수 전집歐陽修全集』, 중화서국中华书局, 2001 참조.

세일계萬世一系의 천황을 받들어 왕조교체(=혁명)가 존재하지 않는 국가 체제'라는 술어로 사용된 것이다. 특히 후기 미토학에서는 『신론』에서 나타나듯이 유교의 본가 중국과 비교하여도 뒤지지 않을 만큼 우수한 나라로서의 일본의 국체를 자랑하고 있다.

이런 움직임은 당시 융성해 가던 국학國學과도 연동되어 있었다.

에도 시대 유교사는 불교와의 결별로부터 시작한다. 그때까지 일본에서 주자학을 가르쳐 온 것은 고잔五山74)을 중심으로 한 임제종臨濟宗 사원의 승려들이었다. 하야시 라잔林羅山(1583~1657)이나 야마자키 안사이75)는 고잔에서 분리 독립하여 주자학의 본격적인 수용에 뜻을 두었다. 그때 그들이 공동 전선을 펼치기 위해 다가간 것이 신도神道였다. 그렇지만 이들에 의해 신도는 유교적(주자학적)으로 이론화되었다. 즉 '신유일치神儒一致'였다. 이 슬로건 아래, "일본 고래의 전통(아이자와 세이시사이가 '국체'라고 부르는 것이 된 것)은 원래 유교적이었다"는 담론이 형성되었다.

에도 시대 일본은 불교국이었다. 사단寺檀 제도76)에 의해 모든 국민의 장송 의례가 불교의 어느 종파에 따르도록 강제되어 있었기

74) 가마쿠라鎌倉와 교토京都에 각각 다섯 개씩 있었던 커다란 선종禪宗 임제종臨濟宗의 사원. 원래는 남송南宋 영종寧宗이 인도 5정사精舍 10탑塔의 고사를 모방하여 경산사徑山寺·영은사靈隱寺·천동사天童寺·정자사淨慈寺·육왕사育王寺 다섯 절을 5산이라고 보호했던 것에서 유래한다고 한다. 고잔은 난젠지南禪寺를 필두로 교토의 덴류지天龍寺·쇼코쿠지相国寺·겐닌지建仁寺·도후쿠지東福寺·만쥬지万寿寺·가마쿠라의 겐쵸지建長寺·엔가쿠지円覚寺·쥬후쿠지寿福寺·죠치지浄智寺·죠묘지浄妙寺를 가리킨다.

75) 야마자키 안사이는 어렸을 때 임제종臨濟宗 사원이었던 묘진지妙心寺에서 출가해 승려가 되었지만, 나중에 주자학에 경도되어 25세 때 환속하여 유학자가 되었다.

76) 사원이 절에 시주하는 사람의 집인 단가檀家의 장례·제사·공양을 독점적으로 집행하는 것을 조건으로 한 절과 단가의 관계를 말한다. 에도 막부의 종교 통제 정책에서 생겨난 제도이다. 단가제도檀家制度·사청제도寺請制度라고도 불린다.

때문이었다. 그런데 미토 번은 예외였다. 여기서는 불교가 오히려 탄압되어 유교와 신도가 혼합된 형식이 사용되었다. 그런 본연의 자세야말로 고래 일본의 전통이 깃든 것이고, 우마야도 황태자가 이교異教를 퍼트리기 이전의 훌륭한 관례라는 것이다.

이러한 담론이 말하고자 하는 바는 '처음부터 일본에 있었던 것'이 공맹孔孟의 것과 일치했다는 것이다. 그러나 내실은 역사적으로 그들이 말하는 '처음부터 일본에 있었던 것'은 상상·창조된 것에 불과하다. 원초적으로 이런 모양이었다 하고 '신도'가 개조되어 간다. 그 흐름에 국학이 합류한다.

국학의 신장

애당초 가도歌道77) 가운데 탄생한 국학이지만 그 양상을 정치적인 것으로 변질시켜 간 것은 역시 덴메이·간세이 시기이다. 가장 중요한 인물은 모토오리 노리나가이다. 그는 주자학이나 소라이학徂徠學78)에도 정통해 있었다. 그런 그였기에 감히 유교를 배제하고 순수 일본풍의 '야마토 고코로(*大和心=일본 민족의 고유한 정신)', '모노

---

77) 일본시를 짓거나 연구하는 일
78) 에도 시대 중기 유학자 오규 소라이荻生徂徠가 주창한 유학사상. 그 내용은 그의 주요 저서 『학칙学則』, 『변도弁道』, 『변명弁名』, 『소라이 선생 문답집徂徠先生答問書』 등에 기술되어 있다. 소라이徂徠는 처음에 주자학을 배웠지만 주자학에 대해 크게 두 가지 의문점을 가졌다. 첫 번째는 도덕을 지키기만 하면 당대 현실의 정치적 위기에 대처할 수 있을까 하는 것이고, 두 번째는 너무나도 엄격하게 도덕을 주장하는 주자학이 오히려 자연스러운 인정을 억압하는 것이 아닐까 하는 것이었다. 결국 소라이는 주자학에 입각한 고전 해석을 비판하게 되었다.

노 아와레(*物の哀れ=서글프고 무상한 정취)'를 드러내는 사상 체계를 수립할 수 있었다. 애초에 노리나가宣長의 설에 따르면 그렇게 과장 되게 말을 하는 것 자체가 일본 고래의 전통에 위반하는 것으로, 그 것이야말로 당시 최대의 '가라 고코로(*唐心=중국의 고유한 정신)'적인 선동demagogue이었다.

그에 의한 『고사기古事記』[79] 현창운동은 성립 이래로 그때까지 1000년 이상 상식이었던 "『일본서기』야말로 정사正史이며, 『고사기』 는 한 단계 아래"라는 평가를 뒤집기 위한 것이었다. 마침 그의 스승 가모노 마부치賀茂真淵(1697~1768)가 "『고금집古今集』[80]보다 『만엽집 万葉集』[81] 쪽이 뛰어나다"라고 말한 것과 병행되는 현상이다.

이것은 다른 한 차원에서 국학인 유교에서의 분리 독립을 보여 주었다. 한시집漢詩集 『회풍조懷風藻』[82], 헤이안 시대平安時代의 한

---

79) 일본에서 가장 오래된 신화와 전설을 기록한 역사서로 알려져 『일본서기日本書紀』 와 함께 고전으로 중시되나, 일반적으로 일본에서 가장 오래된 역사서는 더 후대를 기술한 책인 『일본서기』로 간주된다. 성립 경위를 기록한 서문에는 덴무天武 천황 의 명으로 히다노 아레稗田阿礼가 외우고 있던 천황의 계보와 오래된 전승을 오노 야스마로太安万侶가 글로 적어서 편찬한 것으로 되어 있다. 상·중·하의 세 권으로 나뉘는데, 천황가의 계보와 신화·전설 등을 중심으로 한 이야기로 구성되어 있으며, 상권은 신들의 이야기, 중·하권은 각 대代의 계보와 천황·황자들을 중심으로 엮어 져 있다(중권은 초대부터 15대 천황까지, 하권은 16대부터 33대 천황까지). 내용은 크게 「제기帝紀」(천황 기록) 부분과 「구사舊辭」(전승) 부분으로 나눌 수 있다.

80) 고킨와카슈古今和歌集. 905년 다이고醍醐 천황의 명으로 기노 쓰라유키紀貫之 등 4명에 의해 편집된 일본 최초의 칙찬 와카和歌집이다. 20권으로 구성되어 있으며 단카短歌를 중심으로 5수의 쵸카長歌와 3수의 세도카旋頭歌를 포함하여 120여 명 의 작자에 의해 지어진 약 1,100수의 와카를 수록하고 있다.

81) 일본에서 가장 오래된 가집歌集. 총 4536수이며, 그중에서 쵸카長歌 265수, 단카 短歌 4207수, 기타 64수로 되어 있다. 이 가집은 일관된 방침 아래 한 사람 또는 몇 사람에 의하여 만들어진 것이 아니라 역대 선인先人들의 뒤를 이어 보충·정리된 것 으로 이름 미상의 작자도 수십 명에 이른다.

82) 일본 나라 시대奈良時代에 편찬된 일본에서 현존하는 가장 오래된 한시집漢詩集 으로, 751년 오미노 미후네淡海三船 등이 편찬한 것으로 알려져 있다. 제38대 덴지

시보다도, 일본 시집 『만엽집』과 가나仮名로 된 이야기를 존중한 것이다. 『대일본사』는 한문으로 쓰여져 있고 『신론』 등 미토학자들의 저작 대부분도 한문이다. 라이 산요도 한문으로 된 시문이나 사서史書를 썼고 그 훈독(=한문을 일본어로 읽는 것)에 의한 낭독이 독자층의 마음을 사로잡았다. 그런 '가라 고코로'의 유행에 대해, 국학 측은 순수 일본풍의 만들어진 전통을 대치시킨다. 그들은 미토학 등의 유교에서 양분을 얻으면서 그것과 다른 모양의 '국체'론을 제시해 간다. 노리나가의 제자를 자칭하는 히라타 아쓰타네平田篤胤(1776~1843, 그는 노리나가의 생전에 입문하지 않았다)의 유파, 이른바 히라타 국학平田国学이 되자마자 정치성이 한층 더 강해진다. 존왕양이의 풍조가 그들을 뒤에서 밀어주었다. 노리나가와 같이 '야마토 고코로'를 중시하는 요시다 쇼인의 등장은 이런 앞선 역사를 거친 것이었다.

天智 천황 때부터 나라 시대까지 64명이 지은 116수의 한시가 수록되어 있다. 작품은 거의 대부분 5언시여서 7언시가 대부분인 헤이안 시대平安時代 초기 한시집의 경향과는 차이를 보인다.

3. 자아도취한 요시다 쇼인

오시오大塩처럼 '양명학자陽明學者'가 되다

요시다 쇼인은 양명학자였다고 되어 있다. 그러나 오시오 츄사이와 같이 그는 스스로 그렇게 자칭하고 다닌 것은 아니다.

이런 평가는 메이지 시대가 되어서 나타난 것으로 뒷장에서 나오듯이 '체제파體制派=주자학, 반체제개혁파反體制改革派=양명학'이란 공식에 끼워 맞춘 것에 불과하다. 스승에 해당하는 사쿠마 쇼잔佐久間象山(1811~1864)이 그 사토 잇사이(전장에서 소개한 '양주음왕'이라고 평가되는 인물)에게 배운 적이 있었다고 하는 '계보'나, 옥중에서 양명좌파陽明左派의 이탁오李卓吾(1527~1602)의 저작을 읽고 심취했던 일이 그를 양명학자라고 할 수 있는 이유로 거론되기도 그러나 어느 쪽도 결정적인 것은 아니다.

왜냐하면 잇사이一齋는 어디까지나 주자학자로서 문인을 교육하고 있었기 때문이다. 쇼잔象山도 주자학을 배워서 그 사고법을 터득하고 있었지만, 특별히 양명학적 언행을 남기고는 있지 않다. 쇼인松陰이 이탁오와 만난 것은 그가 사상적으로 자아를 확립한 뒤의 일이다. 그로 인해 그가 오늘날 알려진 요시다 쇼인이 되었던 것도 아니다. 오시오 츄사이의 경우와 같이 처음부터 양명학적 심성을 가졌기 때문에 이탁오에게 공감했다고 해석하는 쪽이 자연스러울 것이다.

즉 쇼인은 누군가로부터 배워서 양명학자가 된 것이 아니라, 주자학적 환경에서 배우며 그것에 위화감을 느껴 '양명학적'이 되었고, 이윽고 본가 양명학의 교설을 만난 것뿐이다.

행동주의

학통적으로 말해 보면 그는 쇼잔의 제자로 주자학자·양학자洋學者·군학자軍學者 이외에 가학家學으로 에도 시대 초기의 '고학파古學派' 야마가 소코의 계보에 속해 있었다.

그는 애당초 조슈 번사長州藩士 스기杉 가의 차남으로, 6살 때 요시다吉田 가의 양자로 내보내졌다. 요시다 가는 대대로 야마가류山鹿流 병학兵學 사범이었다. 따라서 이렇게 양자로 간 것은 그에게 야마가류 병학을 배울 것을 강제하는 것이었다. 그는 그 기대에 잘 부응하여 젊어서 번주에게 병학·유학을 강의했다.

당시 아편전쟁의 풍문은 이미 일본에도 전해져 연안에는 이국선이 출몰할 수 있게 되었다. 그는 해안 방비 조사의 특명을 받고 양학 쪽에서 이름 높은 사쿠마 쇼잔에게 입문했다. 단지 여기서부터 그의 '양명학적' 자질의 연유인지, 단순히 서재에서의 학문에 만족하지 않고 국방을 위한 연구를 하기 위해 번에서 무단으로 미토로 여행을 떠났고, 한층 더해 발을 오슈奥州 방면으로 뻗쳤다. 그래서 탈번용의脫藩容疑로 신분을 박탈당했다.

미토에서 그는 아이자와 세이시사이를 만났다. (사실은 후지타 도코를 만나기 위해서였지만 도코는 칩거 중인 몸이었기에 만남을 거절했었다.)『신론』의 저자와 직접 만나 이야기를 한 이 경험은 그에게 커다란 영향을 주었다. 존왕양이파 논객으로서 요시다 쇼인이 탄생한 것이었다. 당시 미토학은 아직 극단적인 관념론에 빠지지 않았었다. 쇼인을 감동시킨 것도 실제 군비 증강책 안에 들어 있었던 국체 수호의 입장이었다.

페리가 오고 나서는 적의 정황을 시찰하기 위한 밀항을 기획하여 그 군함에 승선을 시도한다. 이것이 실패로 끝나 고향의 감옥(노야마 감옥)에 유폐된 몸이 된다. 옥중에서 교육 활동에 눈을 떠 이윽고 신병을 생가인 스기 집안에서 맡게 되자 친척과 가까운 벗을 모아 연속으로 강의를 개최하였다. 그에 더해 자유도를 늘려 쇼카손주쿠 松下村塾에서 수업을 허락받게 되자 번내藩內의 유능한 젊은이들을 지도했다.

지사들에게 흘러든 미토학

그곳에서 연결되는 문인들의 면면이란 것이 실로 쟁쟁하다. 다카스기 신사쿠高杉晋作(1839~1867), 구사카 겐즈이久坂玄瑞(1840~1864), 가쓰라 고고로桂小五郎(1833~1877, 기도 다카요시木戸孝允), 이토 히로부

미伊藤博文(1841~1909), 야마가타 아리토모山縣有朋(1838~1922) 그리고
노기 마레스케乃木希典(1849~1912). 막말의 지사, 메이지 시대 원훈
元勳들이 한곳에 모인 것이었다.

그것은 조슈 번長州藩[83])이 타도 막부운동의 최선봉이 되었고 이
것에 성공하여 메이지 번벌藩閥 정부의 중핵을 담당했기 때문이나,
그렇게 된 것도 쇼인에 의한 교육의 성과가 있어서였다. 미토와 같
이 조슈 번에서도 내분이 있었지만 다카스기 신사쿠가 이끄는 기병
대의 승리로 급진파가 정권 탈취에 성공하여 미토번과 다르게 번
전체가 단번에 타도막부운동에 매진할 수 있게 되었다. 그런 의미에
서도 미토학의 흐름은 쇼인을 통해서 조슈 번에 전해졌다고 말할
수 있을 것이다.

쇼인의 국체론은 아이자와 세이시사이의 것과 비교하여 더욱더
순수히 천황 중심주의가 되어 있다. 후기 미토학이나 마쓰다이라
사다노부가 지향했던 '이 나라의 형태'란 것은 만세일계의 천황을
위로 받들고 무가武家가 실제 정권을 장악하여 보좌한다고 하는 '대
정위임론大政委任論'이었다. 애당초 도쿠가와 이에야스는 생각지도
못했을 이 논리에 의해, 미토 혈통 출신 최후의 쇼군 요시노부의
'대정봉환'이 가능하게 된다. 위임받은 것이기에 돌려줄 수 있었던
것이다. 단지 되돌려준 뒤에도 천황은 상징적 권위로서 "잘 처리하
도록 하여라"고 밖에 말하지 않으며 실제 정치는 요시노부를 중심
으로 한 정부가 담당하려는 계획이었다.

---

83) 에도 시대의 번藩이다. 지금의 야마구치 현山口県에 해당하는 스오 국周防国과 나
가토 국長門国의 2개국을 지배했다. 번주는 도자마 다이묘外様大名 모리 씨毛利氏
로, 가격家格은 국주격国主格에 해당되었다.

부유한 비 엘리트가 만든 '국체'

그러나 쇼인이 품었던 국체의 이상은 천황 친정이었다. 진무神武 천황이 창업한 그 옛날, 또는 좌절한 고다이고 천황의 겐무建武 신정84)의 '중흥'이 이상화된 것이다. 무사란 이런 천황 친정을 받쳐 주기 위한 국가의 집 지키는 개에 불과하다는 것이 쇼인의 견해였다. 그리고 그것은 단순히 미토학의 영향에서 그가 발전시킨 사상이 아니라, 국학의 배경을 가진 신도神道 측의 이론에서도 유래하고 있었다. 아편전쟁에서 꼴사나운 패배를 당한 중국을 이상국가로 보는 유학자들의 담론은 설득력을 잃어 가고 있었을지도 모른다. 쇼인에서 국체론은 신국론神國論과 결합한다. 즉 "일본은 다른 나라와 비교할 수 없을 정도로 우수한 선택된 국가다"라는 자아도취이다.

그는 그 담당자로서, 상류계급은 아닌 신분적 아랫사람·하급무사나 부농층에게 기대했다. 이른바 '초망굴기'론草莽崛起論85)이다. 신국사상神國思想이 이런 계층을 끌어들여 갔다기보다 이런 계층이 '학문'을 하게 됨으로써 눈을 떠, 자신들도 국체를 떠받드는 역할을 완수하는 방향을 바라게 되었다. 특히 조슈나 사쓰마와 같은 곳은 경제적으로 풍부하여, 중류 신분인 자들이 정치에 눈을 돌릴 수 있는 여유가 있었다. 그래서 그런 쟁쟁한 후속 세대가 길러질 수 있었을

---

84) 1333년 일본의 고다이고後醍醐 천황이 가마쿠라 막부鎌倉幕府를 타도하고 천황 친정親政 체제를 추진한 정치 개혁이다.
85) 초망草莽이란 일반 시민이나 재야의 민중이란 뜻이고, 굴기崛起란 일어나라는 의미이다. 일본에서 초망굴기草莽崛起는 일본에서 뜻을 가진 재야의 사람들이야말로 일본 변혁의 원동력이 된다는 말로 쓰여졌다. 요시다 쇼인吉田松陰이 유신에 대한 궐기를 재촉한 말로 썼다.

것이다. 미토번은 가난
했기 때문에 본고장인
미토학은 마지막까지
엘리트주의에서 벗어
날 수 없었다.

다카스기 신사쿠나
이토 히로부미나 그런
의미에서 틀림없이 쇼

쇼인신사 松陰神社

인 사상의 부산물이었다. 그들은 실력으로 번의 정치를 좌지우지했
고 일본 전체의 구체제 전복을 꾀하기에 이른다. 쇼카손 주쿠가 메
이지 시대를 낳았다고 여겨져도 지당하다고 할 수 있다.

그러나 쇼인은 그런 날을 보기도 전에 '순교殉敎'했다. 안세이의
대옥에 의해 에도로 이송되어 형장의 이슬로 사라졌다. 안세이 6년
(1859) 10월이었다. 다음은 쇼인의 유명한 시가이다.

　　이렇게 하면 이렇게 될 것을 알면서
　　억누를 길 없는 야마토 다마시大和魂

안세이의 대옥을 처리한 이이 나오스케가 사쿠라다 문밖의 변 때
암살된 것은 그 반년 후의 일이었다. 이이 가井伊家 역대 당주는 영
지인 히코네彦根에 묘소를 갖고 있다. 그러나 에도에서 순직한 나오
스케直弼의 유체는 이이 가 역대 당주에 시집갔던 부인들의 보다이
지菩提寺, 즉 에도 교외의 고토쿠지豪德寺86)에 묻혔다.

그 후로 10년 쇼인 문하생들에 의한 신정부가 에도 아니 도쿄에

만들어졌다. 그들은 고즈카하라小塚原의 형장 근처에 있었던 쇼인의 묘를 좀 더 어울리는 장소에 이전시키기로 했다. 국체를 위해 죽은 쇼인은 신으로 모셔지게 되어 그를 위한 신사가 세워진다. 쇼인 신사松陰神社이다. 그 장소는 무려 고토쿠지에서 걸어서 20분 정도의 세타가야世田谷의 땅에 세워져 지금에 이르고 있다. 지금은 오히려 쇼인의 인기로 북적이는 그 일대와 비교하여 고토쿠지 일대는 실로 한산하고 조용하다.

---

86) 일본 도쿄도東京都 세타가야世田谷에 있는 조동종曹洞宗 사원. 이이 나오스케井伊直弼의 묘가 있다.

에 피 소 드 III

메이지 유신 이후 — 패자敗者들의 양명학

1. 양명학을 궁중에 들인 남자

귀를 막고 도망간 도쿠가와 요시노부

게이오慶応 3년(1827) 10월, 도쿠가와 요시노부는 대정봉환을 했다. 그러나 산죠 사네토미三条実美(1837~1891)와 이와쿠라 도모미岩倉具視(1825~1883)가 좌지우지하는 조정은 무력에 의한 요시노부 추방을 결정했고, 이듬해 1월에는 도바 후시미 전투鳥羽伏見の戦い[87]에서 타도 막부군(서군西軍)과 막부군(동군東軍)이 전면으로 충돌했다. 그야말로 자웅을 결정하는 일전이었다.

메이지 유신 긍정사관肯定史觀에 의해 군비軍備의 근대화를 달성한 삿조薩長의 강대한 번藩 쪽이 압도적인 우세로, 승부는 처음부터 정해져 있었던 것처럼 기술된 경우가 많다. 총구의 대열을 향해 일본

[87) 일본 메이지 유신 당시 1868년 1월 3일 막부幕府 타도파와 막부 지지파 간에 교토京都 부근의 도바鳥羽 후시미伏見에서 벌인 전쟁. 1867년 10월 쇼군将軍 도쿠가와 요시노부德川慶喜는 통치권을 조정에 반납, 막부 정치는 끝이 나고 천황을 중심으로 하는 신정부가 수립되었다. 신정부는 이에 만족하지 않고 막부 타도파의 주도 아래 요시노부의 관위사퇴와 영지몰수를 결정했다. 그러자 이에 반발한 요시노부는 교토에서 오사카大坂 성으로 철수하여 주도권 회복을 노렸다. 막부 군은 병력이 많고 사기도 높았지만 졸렬한 전술로 큰 피해를 입게 된다.

191

도를 휘두르는 신센구미의 모습이 그런 이미지를 증폭시키고 있다. 그러나 막부 측도 프랑스식 훈련에 의해 그 나름대로 근대화를 이루고 있었으며 결코 승기가 없지 않았다. 오사카 성으로의 퇴각도 전면 철퇴라기보다 여기서 체제를 정비하고 해군의 원조를 받아 반격을 꾀한 효과적인 전술이었다.

그런데 대장[御大將]이 싸워 보지도 않고 도망치고 말았다.

요시노부는 어둠을 틈타 군함을 타고 에도로 도망쳤다. 이리하여 우세에 있었던 막부군은 통제를 할 수 없어 자연 괴멸하였고, 어쩔 수 없이 에도로 철퇴하게 되었다. 요시노부는 그 뒤에도 오로지 공손한 자세로 일관하였고, 피 한 방울 흘리지 않은 채, 에도성을 내어 주게 되었다. 그가 친정이 있었던 미토에 대해서조차, 그 내전에 자신은 관여하지 않는다는 태도를 취했던 것은 이미 소개한 바 있다. 존왕양이의 진원지 미토, 그 학문(*미토학)의 직계로서 막부가 희망을 걸었던 인물, 도쿠가와 요시노부는 도쿠가와 300년을 끝내는 역할을 멋지게 완수해 냈다.

가와이 쓰구노스케河井継之助의 의지

안타까운 것은 그를 지지하여 그때까지 타도 막부파와 싸워 온 친번親藩·대대로 그들을 섬겨 온 자들이었다. 아이즈 번会津藩88)은

---

88) 일본 에도 시대 무쓰 국陸奥国의 아이즈会津에 존재했던 번藩으로, 지금의 후쿠시마 현福島県 서부 지역을 지배하였다. 번청은 아이즈와카마쓰 시会津若松市에 있는 와카마쓰若松 성이다.

교토 수호직을 맡았고, 또한 신센구미를 거느리고 있어서 조슈 번으로부터 불구대천의 적으로 간주되고 있었다. 요시노부가 미토에서 근신하고 있을 사이에 타도 막부군과 아이즈会津를 중심으로 하는 오우에쓰 열번동맹奧羽越列藩同盟[89]의 전쟁이 전개되었다.

에치고越後 나가오카 번長岡藩[90]의 집정執政 가와이 쓰구노스케(1827~1868)는 당초 중립적인 입장에서 양자를 조정하려 시도했지만 삿조 측의 거절에 의해 교섭이 결렬되자 태도를 바꾸어 오우에쓰 열번동맹의 최전선에서 싸우게 된다. 열세인 가운데 수개월 일진일퇴 상황이 계속되었지만, 결과는 나가오카長岡 성의 함락이었다. 그 자신은 아이즈로 도망가는 도중에 전사했다. 그 후 나가오카 부흥 과정에서 교육의 중시를 보여 주는 유명한 일화가 바로 '쌀 100짝[米百俵]의 일화'[91]이다.

그러나 어찌 됐든 나가오카 주민 입장에서 보면 민폐가 될 이야기였다. 에도와 같이 무혈입성했다면 아무 일도 없었을 텐데 굳이 서군西軍(＊메이지 신정부군)에 대항하였기 때문에 전화戰火를 입었을

---

89) 일본 막부 말기 당시, 에도 막부를 지지하고 아이즈 번会津藩, 쇼나이 번庄内藩을 원조하고자 메이지 유신 정부에 대항하던 일본 도호쿠東北 지방의 번藩들의 연합체이다.

90) 일본 에도 시대 에치고 국越後国 고시 군古志郡에 존재했던 번藩으로, 지금의 니가타 현新潟県 북부 주에쓰中越 지방에 걸쳐 서부 가에쓰下越 지방에 이르는 지역을 지배하였다. 그 지배 영역에는 지금의 니가타 현 나가오카 시長岡市, 니가타 시新潟市에 해당하는 지역도 포함되어 있었다. 번청은 나가오카 성長岡城이다.

91) 막부 말기부터 메이지 시대 초기에 활약한 나가오카 번長岡藩 번사藩士 고바야시 도라사부로小林虎三郎의 교육에 얽힌 고사. 전쟁에 패한 나가오카 번은 재정이 궁핍해져 쌀이 부족해졌다. 이때 미네야마 번三根山藩에서 쌀 100짝을 보냈다. 여기서 도라사부로는 쌀을 번사들에게 나누어 주지 않고 팔아서 학교설립 비용으로 쓰게 했다. 번사들이 반발하자 도라사부로는 "100짝의 쌀도 먹으면 금새 없어지지만 교육은 훗날 1만, 100만 짝이 된다"고 말했다.

뿐만 아니라 메이지 초기에는 메이지 유신 정부로부터 냉대를 받아 '니가타 현新潟県'의 현청県庁은 나가오카가 아닌 '니가타 시新潟市'에 설치되었다[비슷한 예는 각지의 막부를 도왔던 무리들에게서 볼 수 있다. 사가 현의 히코네 시(이이 가井伊家의 조카마치城下町 성 아래 형성된 마을), 후쿠시마 현의 아이즈 와카마쓰 시(아이즈 마쓰다이라 가의 조카마치城下町), 야마가타 현의 요네자와 시(우에스기 가의 조카마치城下町) 등]. 나가오카 사람들이 품었던 이 원념이 이권 정치의 괴물 다나카 가쿠에이田中角栄(1918~1993)를 낳았다고 한다면 지나친 비약일까. 그에 의해 나가오카 주변에는 일본 어디에도 지지 않을 훌륭한 도로가 깔린 것이다.

미시마 쥬슈三島中洲의 패전처리

보통 조정이 잘 끝나지 않으면 가만히 형세가 유리한 쪽에 붙는 것이 아닐까. 그것이 정치라는 것이다. 그런 점에서 가와이 쓰구노스케는 완전히 위정자 실격이었다. 질 것을 알면서 그가 굳이 번藩과 주민 및 그의 자손들의 운명까지 말려들게 하여 아이즈에 가담한 것은, 무사의 의지 '그만두려 해도 그만둘 수 없는 야마토 다마시大和魂' 때문이었다. 오시오 츄사이나 요시다 쇼인과 닮은 이 심성은 그가 야마다 호코쿠山田方谷(1805~1877) 문하의 양명학자였기 때문이었다고 한다면 납득할 수 있을까.

메이지 23년(1890) 교육칙어教育勅語[92]가 발포된 해에 나가오카

---

92) 1890년 일본의 메이지 천황이 천황제에 기반을 둔 교육 방침을 공표한 칙어. 천황의 신격화와 유교적 가족 도덕을 강조하며 군신·부자 등의 상하 관계를 중시한 일본 국민의 정신적 규범으로, 전시戰時 중에는 유효했지만 1947년에 국회에서 무효 결

에서 가와이를 애도하는 비문이 건립된 다. 그 말미에는 이렇게 끝맺고 있다고 한다(「고 나가오카 번 총독 가와이 군 비故長岡 藩總督河井君碑」원 한문).

미시마 쥬슈

유학을 배워 싸움을 잘한 것은 문 성공文成公과 닮았다. 때마침 불행 히 이 난리를 만났다. 오직 백성을 지킬 뿐 몸에 어떤 위험이 닥쳐도 피하지 않았다. 오직 도적을 막을 뿐 어찌해도 임금의 군대를 범하지 않았다. 바위와 같은 마음 하늘이 알고 땅이 안다.

'문성文成'은 왕양명의 시호이다. '백성을 지키기' 위해서라면 싸 움을 할 것이 아니었고, '도적'은 서군西軍을 말하는 것이니 훌륭하 게 '임금의 군대를 범하는(=관군에게 맞서다)' 행위이지만, 그런 논리 모순을 초월하여 이 비문은 가와이의 공적을 찬양하고 있다. 지은 이는 미시마 쓰요시三島毅(1831~1919, 호는 쥬슈中洲)[93]. 역시 호코쿠 方谷 문하의 양명학자로 알려진 인물로서 태어난 해는 덴포 원년 (1830)이다. 요시다 쇼인과 동갑이다.

쥬슈中洲는 지금의 오카야마 현岡山県 구라시키倉敷 쇼군 직할지 의 촌장 집 출신으로 빗츄 마쓰야마 번備中松山藩[94](현재의 다카하시高

정이 되었다.

93) 일본어 원문에서는 '毅'가 '키쿠'로 나와 있지만, 실제로 쓰요시라고 읽힌다. 작가 나 출판사의 오류로 보인다.

94) 빗츄 국備中国의 일부를 지배하고 있었던 번藩. 번청藩廳은 마쓰야마 성松山城에

梁 시)을 섬겼다. 그 번주藩主가 막부 최후의 로쥬老中 이타쿠라 가쓰
키요板倉勝静(1823~1889)였다.

가쓰키요勝静는 역시 로쥬슈자老中首座로서 간세이의 개혁을 추진
했던 시라카와 번주白河藩主 마쓰다이라 사다노부의 손자로 이타쿠
라 가板倉家의 양자로 들어갔다. 대정위임론을 주창하여 막부 권력
의 유교적 정당성을 주장했던 사다노부定信의 손자가 그 논리의 결
말로서 대정봉환 때 막부의 수뇌였다는 것은 역사적 아이러니일까.
게다가 그가 섬겼던 것은 근황勤皇 사상 발상의 땅, 미토 출신인 요
시노부慶喜였다. 도바 후시미 전투 후에 오로지 공손한 자세를 보였
던 요시노부와 관계를 끊고, 가쓰키요는 아이즈·하코다테로 옮겨가
며 싸운 뒤 자수·귀순했다.

번주가 없는 상황에서 빗츄 마쓰야마備中松山를 책임지고 관리했
던 것이 쥬슈였다. 그 후 지사知事(종래의 번주)의 가레이家令95)를 하
기도 했지만, 메이지 5년(1872)이 되어 중앙정부에 발탁되어 사법
관료로서 벼슬하여 대심원 판사까지 하게 된다. 그리고 메이지 10
년(1877)에는 퇴직하여 한학漢學 교육을 위해 사숙을 도쿄 구단九段
에 설립했다. 지금도 이어지고 있는 니쇼가쿠샤二松学舎96)이다. '도
쿄대학東京大学'('제국대학帝国大学'으로의 개칭은 훨씬 뒤이다) 설립과 같은
해였다.

있었다. 메이지 유신 후에는 다카하시 번高梁藩이라 개명되었다.

95) 헤이안 시대平安時代에 친왕 가親王家 등의 가무家務·회계를 관리하던 사람. 메이
   지 시대明治時代 이후에는 황족이나 귀족 집안의 관리인도 이 호칭으로 불렸다.

96) 1877년 미시마 쥬슈三島中洲가 도쿄의 사저私邸 안에 창설한 한학숙漢學塾. 이름
   의 유래는 변하지 않는 절조, 꿋꿋하고 올바름(堅貞)을 상징하는 소나무가 정원에
   두 그루 있었던 것에 유래한다. 이후 대학으로 발전하여 현재에 이른다. 현재는 니
   쇼가쿠샤대학二松学舎大学이라 불린다.

니쇼가쿠샤의 가르침

니쇼가쿠샤는 쥬슈의 신조信條에 의거하여 양명학에 의한 교육을 표방했다. 그의 스승인 야마다 호코쿠도 빗츄 마쓰야마 번유藩儒로서 양명학을 신봉했지만, 번교藩校에서 공적 교육은 주자학으로 하였고 우수한 제자들에게만 사적으로 양명학을 전수했다. 평범한 자가 주자학적 소양도 없이 갑자기 양명학을 배우는 것은 위험하다고 그가 판단했기 때문이라고 일컬어진다. 호코쿠에 의하면 에도江戸 쇼헤이코昌平黌(*쇼헤이자카 학문소)의 사토 잇사이에 대한 평가인 '양주음왕'도 실은 그것(*호코쿠의 행동)과 똑같은 것이었다.

그들의 생각 방식에 의하면 주자학과 양명학을 비교할 경우 우수한 것은 양명학 쪽이지만 그것은 진리의 가르침이기 때문에 초학자들에게는 다가가기 어려워 오해를 낳기 쉽다. 거기서 우선은 주자학에 의한 온당하고 착실한 학습경험을 거친 후 비로소 더욱 높은 단계의 교설로서 양명학을 접해야 한다는 것이다. 여기서는 주자학과 양명학이 인격수양의 방도로서 동등하게 파악되어 양자가 중국에서 탄생한 역사적 경위나 사회적 배경은 일절 고려되지 않았다. 우리들이 일본의 양명학 연구를 추적할 경우, 우선 이런 점을 주의해 둘 필요가 있을 것이다.

쥬슈가 도쿄에 열었던 니쇼가쿠샤도 양명학을 교시教示로 하면서, 좁은 의미의 양명학 ─ 주자학·고증학과 서로 대립하는 유파로서의 의미로 ─ 교재에 머무르지 않고 동아시아에 걸쳐 있는 고금의 유교 교설에서 넓게 학습교재를 채용하고 있었다. 쥬슈 자신의 주장하는 바에 의하면 그의 교설의 핵심에 있는 것은 양명학의 이기

합일설理氣合一說을 발전시킨 의리합일설義利合一說이었다.

니쇼가쿠샤는 한때 후쿠자와 유키치福沢諭吉(1835~1901)의 게이오기주쿠慶應義塾, 나카무라 마사나오中村正直(1832~1891, 게이우敬宇)의 도진샤同人社와 정립鼎立할 정도로 평판이 있었던 사학私學으로 인기가 있었던 듯하다. 나카에 조민中江兆民(1847~1901), 나쓰메 소세키夏目漱石(1867~1916), 이누카이 쓰요시犬養毅(1855~1932), 마키노 노부아키牧野伸顕(1861~1949) 등이 여기서 배웠다. 여성운동가로서 잘 알려진 히라쓰카 라이초平塚らいてう(1886~1971)도 강의를 들으러 왔다고 한다. (이 부분의 기술은 미시마 마사아키三島正明, 『최후의 유학자 — 미시마 쥬슈』, 메이토쿠明德 출판사, 1998에 의한다.)

다이쇼大正 천황의 좌우명

쥬슈는 나카무라 마사나오 등과 함께 도쿄대학 교수(1881~1886), 제국대학 강사(1895~1896)로 일한 뒤 동궁시강東宮侍講[97])에 취임했다. 다이쇼 천황이 즉위하고부터는 궁내성宮内省 어용괘御用掛[98])로 직명을 변경하였으나, 실질적으로는 다이쇼大正 4년(1915)에 이르는 20년간 항상 다이쇼 천황(1879~1926)의 곁에 있으면서 그 교육의 임무를 맡았다. 그가 다이쇼 천황에게 가르친 것은 양명학이었다.

메이지 33년(1900) 당시 아직 황태자였던 다이쇼 천황은 왕양명의

---

97) 황태자를 섬기며 그를 가르치는 관직이다. 동궁東宮이란 일본에서 춘궁春宮이라 하여 황태자의 거소를 말하며 황태자 그 자체를 의미하기도 한다.
98) 궁내성이나 그 밖의 관청의 명을 받아 용무를 담당하는 관직.

사구교四句教(사구결四句訣·사언교四言教라고도 한다)가 마음에 들어 쥬슈에게 쓰게 하여 좌우명으로 했다. 사구교란

無善無惡是心之體　선도 없고 악도 없는 것이 마음의 본체이고
有善有惡是意之動　선도 있고 악도 있는 것이 뜻의 움직임이다
知善知惡是良知　　선을 알고 악을 아는 것이 양지良知이고
爲善去惡是格物　　선을 행하고 악을 행하지 않는 것이 격물格物
　　　　　　　　　이다

으로 주자학·양명학에서 초학자 입문의 경전으로 중시되는 『대학大學』에 나오는 8조목의 앞의 네 개 격물格物·치지致知·성의誠意·정심正心을 근거로 하여 그 의미와 연관된 것을 단적으로 표현한 것이다.

　이 '좌우명'이 다이쇼 천황이란 사람을 생각할 경우에 실제로 어디까지 중요한가는 신중한 검토를 필요로 하는 과제이지만, 적어도 메이지 천황(모토다 나가자네元田永孚(1818~1891)이나 쇼와 천황(스기우라 쥬고杉浦重剛(1855~1924)의 경우와 다른 미시마 쥬슈만의 교육 효과였을 것이다. 실제 정치에는 일절 관여하지 않고 병약하고 평범한 암군暗君이란 이미지가 떠돌고 있는 다이쇼 천황이지만 후술할 쇼와昭和 천황(1901~1989)에 비하면 제국헌법이 상정하는 군주로서 오히려 직무를 완수한 느낌도 있어 이후 재평가가 기대된다. '다이쇼 데모크라시democracy'라는 시대 풍조에 현혹되어, 그 문맥에서 근대 서양적 군주상을 전형으로 하여 다이쇼 천황을 평가하는 연구만으로는 그 실상을 해명할 수 없다.

아무튼 쥬슈가 이 시강侍講99)직에 만년의 심혈을 기울였던 것은 확실하여 스스로를 고다이고 천황 때의 기타바타케 지카후사北畠親房(1293~1354)에 비기며, "지카후사親房의 공적은 주자학을 궁중에 소개한 것이고, 나의 공적은 양명학을 궁중에 들인 것이다"라고 자화자찬했다. 보신전쟁의 패자는 여기서 훌륭히 부활을 이루어 냈다. 그에 대해서는 다음 장의 양명학회陽明學會에 대한 기술 안에도 다시 다루게 될 것이다.

---

99) 군주를 섬기며 학문을 강의하는 사람. 메이지 시대明治時代에는 천황과 황태자에게 책을 강의하는 관직이었다. 나라 시대奈良時代부터 천황·황태자·친왕親王에게 시강侍講이 붙어 있었다고 한다. 사서오경 등 동양철학·제왕학 등의 책이 교재로 쓰이는 경우가 많았다. 시강이 된 사람은 그 분야에서 일인자라고 할 수 있다.

2. 양명학을 보편화시킨 남자

미야케 세쓰레이三宅雪嶺와 세이교샤政教社

번벌정부藩閥政府에 대한 울분은 막부 지지파[佐幕派]로서 소외된, 막부를 섬겨 온 번藩 출신의 무사들에게만 국한되지 않는다. 타도 막부운동을 함께하며 싸웠음에도 불구하고, 그 결과물인 권력을 삿조薩長가 독점해 버렸다고 느낀 사람들까지 확산되었다. 공식 녹봉으로 말하면 사쓰마薩摩를 상회했고 에도 시대 최대였던 가가 번加賀藩100) 출신의 미야케 세쓰레이(1860~1945)에게도 그런 생각이 있었던 것은 아닐까.

그의 부친은 번藩의 가로家老101) 전속 의사로 모친은 고명한 난학자蘭學者의 여동생이었다. 이런 핏줄이 작용했던 탓일까. 한학숙漢學塾에서도 사서오경보다 화학책에 흥미를 가졌던 소년이었다. 도

---

100) 에도 시대 가가加賀(현 이시카와 현 남부), 엣츄越中(현 도야마 현), 노토能登(현 이시카와 현 북부) 3국國의 대부분을 영지로 삼았던 번藩. 도자마 번外様藩, 가나자와 번金沢藩이라고도 불렸다.

101) 다이묘大名의 중신重臣으로 가무家務를 총괄한 직책으로 가신家臣 중의 우두머리.

쿄대학 문학부 졸업 후에는 편집소(현재의 사료편찬소의 전신)에서 일하며 불교사의 연구에 잠시 종사했지만 퇴직하였다. 이후에는 신문언론인으로 일생을 관철하며 관계나 정계 진출할 뜻을 두지 않았다.

메이지 21년(1888) 시가 시게타카志賀重昂(1863~1927)와 스기우라 쥬고(앞에서 기술했듯이 후에 쇼와 천황의 교육을 맡는다) 등과 함께 『일본인日本人』102)을 창간한다. 그들의 그룹은 세이쿄샤103)라 불리며, 도쿠토미 소호德富蘇峰(1863~1957)의 민유샤民友社104)와 쌍벽을 이루는, 메이지 20년대를 대표하는 민간 저널리즘의 사상 유파이다. 민유샤의 평민주의平民主義에 비해 세이쿄샤는 국수주의를 말했다는 점에서 그 특징이 있다.

세이쿄샤의 특징은 다음과 같이 정리된다. 긴 인용문을 용서해 주기 바란다.

세이쿄샤에 집결했던 사람들은 비번벌계非藩閥系의 작은 번藩의 사족士族 출신이었다, 세대적으로는 1860년 전후에 태어나, 유년기에 한학漢學을 배운 후 공진생貢進生105) 제도 등에 의해

---

102) 1888년 4월부터 1906년 12월까지 발행된 세이쿄샤政教社의 정치평론 잡지. 1902년부터 『일본과 일본인日本及日本人』이 되었다.

103) 1888년 일본 도쿄에서 생긴 정치 평론 단체. 기관지 『일본인日本人』, 『아세아亜細亜』, 이어서 『일본과 일본인日本及日本人』을 발행하고 단행본도 출판했다. 결성 시기에는 서구화로 맹진盲進하지 않고 서구문화를 소화한 국수주의를 주장했으며, 1945년까지 존속했다.

104) 도쿠토미 소호德富蘇峰가 유아사 지로湯浅治郎의 협력을 받아 설립한 일본의 언론단체·출판사. 1887년 설립되고 1933년에 해산했다. 국수주의를 주장한 세이쿄샤政教社와 대치하며 당시 언론계를 양분하던 세력이었다. 자유민권운동 온건파에 가까운 입장을 취했으며 진보적 언론이나 유럽·미국의 사회 문제를 소개했다.

105) 1870년 각 번藩에서 추천을 받아 다이가쿠난코大学南校에 입학했던 학생들을 가리킨다.

메이지 정부에 징집되었다. 신설된 제국대학帝國大學 등에서 서양의 최신 전문적 학문을 배웠다. 이들은 공통적으로 제국대학·삿포로 농학교札幌農学校106) 등의 관립 고등교육기관의 최초 또는 극히 초기의 졸업생이었다. 그들은 이른바 메이지 정부의 유럽화[歐化] 정책의 부산물이었다고 할 존재들이었다. 그러나 동시에 그들은 백지의 상태에서 서양의 학문을 수용한 것은 아니다. 유소년기의 공통적 교양으로서 한학을 몸에 지니고 있었다. 이 서양 최첨단의 학문과 전통적 한학과의 독특한 조합이야말로 그들의 공통된 교양 목록이었다. (오카 도시로岡利郞, 『산로애산山路愛山—역사 평론가과 정치 평론가의 사이』, 「문명비평가」 미야케 세쓰레이」, 겐분 출판研文出版, 1998, 234~5쪽)

야랑자대夜郎自大가 아니다

미야케 세쓰레이는 일본에서 가장 큰 번藩 출신이었기 때문에 '작은 번藩의 사족은 아니다. 그 점 이외에는 그를 포함한 세이쿄샤 멤버 모두가 공통된 배경을 갖고 있었다. 덧붙여 다음 절에서 다룰 우치무라 간조內村鑑三(1861~1930)는 그보다 1살 아래로, 삿포로 농학교에서는 시가 시게타카의 선배이다. 앞의 인용문은 그대로 우치무라內村에게도 적용되기 때문에 '국수주의'로 갈 것인가 '비교회주의 기독교'가 될 것인가는 자질이나 환경이라기보다 그의 인생 경

---

106) 1871년 메이지 시대 초기에 설립된 홋카이도北海道의 삿포로 시札幌市에 위치한 기관이며, 일본 최초의 학사학위를 받을 수 있는 교육기관이었다. 현재는 홋카이도 대학北海道大学이 되었다.

험의 우연이 만들어 낼 수 있는 작품이었다. 이에 대해서는 뒤에 기술하기로 한다.

세쓰레이雪嶺로 말하자면 메이지 24년(1891)의 『진선미일본인真善美日本人』107)이 유명해져서, 그는 논단에서 확고한 지위를 점하게 된다. 그러나 그것은 보편주의의 그림 아래 일본인에 대한 기대를 말한 내용이다. 즉, 오카 도시로가 말한 대로 "야랑자대108)적인 일본중심주의는 세쓰레이의 입장에서 멀어졌다." 이 또한 젊은 시절부터 닦은 한학적 소양이 만들어 준 것이다. 히라타 국학에서 보이는 것처럼 광신적 국수주의는 세이쿄샤의 '국수주의'와는 전혀 다른 것이었다. 아니, 요시다 쇼인에게 나타나는 것과 같은 미토학적 국체론의 발전된 형태(타락한 형태?)와도 달랐다. 이것은 삿조 번벌에 대한 비판 정신과 어딘가에서 통하고 있다.

따라서 세쓰레이의 『왕양명』(*세이쿄샤에서 1893년 발간)에서 묘사하는 왕양명의 상도 또한 보편주의적인 국수주의의 이상을 보여 주고 있다. 객관적으로는 외국인의 전기가 되겠지만 그의 논술에는 조금도 그런 것에 구애되는 낌새가 보이지 않는다. 왕양명은 인류 공통의 스승이자, 또한 일본인인 '우리들'만의 스승으로서도 이야기된다.

---

107) 미야케 세쓰레이三宅雪嶺의 저서. 1891년 3월 발간되었다. 젊은 세쓰레이가 역사적 통찰과 철학적 고찰에 근거하여 이상적인 일본인이 현실에 존재할 가능성과 세계 속에서 일본의 사명 실현의 가능성을 논한 것이다.

108) 자신의 분수를 모르고 우쭐대는 모습을 가리킨 사자성어이다. 『사기史記』「서남이열전西南夷列傳」을 보면 야랑夜郎이란 국가가 나온다. 이 야랑은 한漢나라 때 현재 귀주성貴州省 서부 일대의 소국으로, 스스로를 한나라에 맞먹는 강대국으로 여겼다고 한다.

메이지 사람에게 '양지'를 다시 말하다

메이지 26년(1893)에 쓰여진 『왕양명』에는 친구인 구가 가쓰난 陸羯南(1857~1907)이 쓴 발문跋文이 붙어 있다. 일본인이 저술한 최초의 본격적인 왕양명 평전이었다. 전체는 「전傳」·「교학敎學」·「사장 詞章」의 3부로 구성되어 있다. 「전傳」은 '족보'로서 그의 가계에 대해 서술한 뒤(여담이지만 그가 왕희지王羲之(307~365)를 낳은 명문 낭야 왕 씨琅耶王氏109)의 혈통을 이어받았다고 하는 가계도를 세쓰레이는 실증적으로 의심하고 있다) 세 시기로 나누어서 그의 생애를 서술하고 있다.

第3부 「사장詞章」은 세쓰레이의 해설 다음에, 왕양명의 시문을 모아 놓은 것이다. 그런데 놀라운 것은 그곳에는 쉼표나 마침표도 없고, 더욱이 차례를 매기는 가에리텐(*반점), 오쿠리가나(*음토)가 전혀 붙어 있지 않다. 이른바 백문白文(*구두점과 주석이 없는 한문 문장을 말한다.)이 게재되어 있을 뿐이다. 생각해 보자, (왕양명의 동시대인) 에라스무스Erasmus(1466?~1536) 평전의 부록에 그의 저작이 원문(라틴어!)으로 그대로 기록되어 있지 않은가. 아마도(이대로는 역시 엄격하다고 해도) 메이지 시대의 독서자에게 한문은 한문 그대로 맛보는 것이었다.

그리고 그 사이에 끼어 가장 많은 페이지를 차지하고 있는 것이 「교학敎學」이다. 우선 「유교」라는 제목으로 그 일반적인 특질이 소개되어 있고, 이어서 「양명 이전의 유교」라는 제목으로 그 역사가

---

109) 중국 왕조시대 귀족 가계家系. 낭야琅耶를 출신지로 한다. 왕도王導는 진晉의 재상으로 활약했으며, 왕도의 종제 왕광王曠의 아들 왕희지王羲之는 서가書家로서 명성을 떨쳤다. 왕희지의 막내아들인 왕헌지王獻之도 재능이 뛰어나 세상 사람들이 두 부자를 이왕二王이라 불렀다.

서술된 다음, 「양명의 학설」이 뒤따른다. 다만 여기까지는 그 전반적인 특질을 해설한 것이다. 그 결말 부분은 다음과 같다.

> 요컨대 양명의 학설에서 중요한 한 가지 점은 먼저 마음을 깨닫고, 진실로 한마음을 바로잡으면, 세상의 일들이 모두 여기에 의거하여 해석되는 것이다. 그리하여 사람들이 모두 양지良知를 이룰 수 있으면, 천하의 사업이 이미 끝났다고 할 수 있다. 양명은 실로 양지를 이루는 것을 자신의 지침으로 삼았던 것이다.

왕양명이 마음을 중시했기 때문에 양지에 대해 설했던 점을 미야케 세쓰레이는 양명학설의 진수라고 본 것이다. 이런 견해는 독창적이지는 않지만, 그렇게 다시 설명하는 것 때문에 양명학은 그런 교설로서 메이지 시대 일본에 유포되어 간다.

서양사상가와 대치되는 왕양명

세쓰레이의 『왕양명』 책에는 그다음 교설 내용이 개별적으로 「심즉리心卽理」·「지행합일知行合一」·「양지良知」의 절로 나뉘어 기술된다. 그리고 「양명의 바라는 바陽明の志望」라고 그 뜻하는 바가 해설된다. 해설이라고 그러나 이것도(쉼표·마침표가 붙어 있지만) 양명의 유명한 문장 두 편을 수록하여 그 앞뒤에 간단한 평가를 붙인 것에 불과하다. 이른바 저자의 원문을 가지고 말하는 기법이다. 나도 그것을 흉내 내어 세쓰레이의 글을 인용하도록 하겠다.

> 다만 그 자신이 아는 바와 같이, 뜻을 지극히 크게 하여 힘을
> 여기에 보태지 않아도 된다. 헛되이 노력하다 끝난다 할지라도
> 마음을 쓰는 것은 거의 성인聖人에 가깝다고 할 것이다.

양명의 원문 가운데 "호걸 같은 동지同志 선비를 천하에서 찾고
있다"110)에 관한 기술이다. 세쓰레이에게 있어서 세이쿄샤에 모인
동료들이야말로 '호걸 같은 동지 선비'였다.

『왕양명』의 시대성, 메이지 20년대가 아니면 될 수 없었던 신선
함은, '심즉리'의 설명에 헤겔Hegel(1770~1831)이나 쇼펜하우어Scho-
penhauer(1788~1860)의 이름을 인용하였고, '양지'의 해설에는 칸트
Kant(1724~1804)의 학설을 참조하는 등, 앞서 기술한 오카岡 씨의
문장에 있었던 것과 같이 '서양 최첨단의 학문과 전통적 한학과의
독특한 조합'에서 쉽게 알아차릴 수 있다. 세쓰레이가 대학에서 공
부할 즈음에는 영국이나 프랑스에게 조금 뒤처져 독일 철학의 일본
내에서 지위가 급부상한 시기와 맞닿아 있었다. 그가 상정한 독자
들이란 양명학의 해설문을 '독일의 누군가가 말한 것과 같이'라고
듣고 이해하는 사람들이었다.

이것은 '덴포 시기에 태어난' 미시마 쥬슈 세대와의 명백한 차이
이다. 쥬슈도 한학자로서의 일반적 인상과 다르게 사법성司法省111)

---

110) 『傳習錄』卷中,「答聶文蔚」: 今誠欲求豪傑同志之士於天下.
111) 1871년부터 1948년까지 있었던 일본의 행정관청. 주로 형무소의 관리나 사법행
   정 등을 수행했다.

에 근무했을 때 서양의 법체계에 대해 꽤나 공부한 듯하다. 즉, 그도 모를 리가 없었겠지만 그가 유교에 대하여 말하는 경우 서양의 사상가를 인용하지는 않았다. 그것에 비해 세쓰레이는 왕양명의 교설을 보편적인 것으로 설명하기 위해 독일 사상가의 것과 비교하여 논해 간다. 나중에 서술하듯이 우치무라 간조가 "양명학은 기독교와 닮아 있다"[112]고 한 것과 같은 정신구조이다. 양명학은 동아시아에 고립된 분맥에서 벗어나 보편적인 인류문명의 유산으로 이야기되기 시작한다.

---

112) 우치무라 간조는 자신의 저작 『대표적 일본인』 가운데 사이고 다카모리西鄕隆盛를 설명한 부분에서 "그는 젊었을 적 왕양명의 저서에 마음이 이끌렸다. 수많은 중국 철학자 가운데, 왕양명은 양심에 관한 고원한 학설과, 상냥한 가운데 엄격한 천天의 법칙을 말했던 점에서, 같은 아시아에서 일어났던 그 극히 존엄한 신앙인 기독교에 가까운 사람이다(彼<＝西鄕>は若くして王陽明の著書に心を引かれた。数あるシナの哲学者の中でも、王陽明は、良心に関する高遠な学説と、やさしい中にもきびしい天の法則を説いた点で、同じくアジアに起こった、かの尊厳きわまりない信仰であるキリスト教に最も近づいたものである。)"고 말하며 왕양명의 사상과 기독교가 닮은 것이라 기술하고 있다.

3. 양명학을 기독교화한 남자

『대표적 일본인』 사이고 다카모리

우치무라 간조는 메이지 27년(1894) 11월, 즉 '청일전쟁' 가운데 『Japan and the Japanese(일본과 일본인)』이란 제목의 영어책을 출판했다. 후에 이 책은 서양 각국어로 번역되어 1908년에는 그 주요 부분이 『대표적 일본인Representative Men of Japan』[113]으로 제목이 바뀌어 재출판되었다.

우치무라가 말하는 '대표적 일본인'은 다음 다섯 명이다. 괄호 안은 우치무라 자신이 붙인 부제이다. 사이고 다카모리(새로운 일본의 창설자), 우에스기 요잔上杉鷹山(1751~1822, 봉건영주), 니노미야 손토쿠 二宮尊徳(1787~1856, 농민성자), 나카에 토쥬中江藤樹(1608~1648, 마을의 선생), 니치렌日蓮(1222~1282, 불승)이다. 이 가운데 여기서 자세히 소개하고 싶은 것은 사이고 다카모리에 대한 기술이다.

---

113) 우치무라 간조가 지은 영어저작이다. 사이고 다카모리西郷隆盛, 우에스기 요잔上 杉鷹山, 니노미야 손토쿠二宮尊徳, 나카에 토쥬中江藤樹, 니치렌日蓮의 생애가 소개되어 있다.

사이고西郷 장章의 종결부에서 그는 비교 대상으로 서양의 저명한 역사적 인물 세 사람을 들고 있다. 독일의 마르틴 루터Martin Luther, 미국의 조지 워싱턴George Washington, 그리고 영국의 올리버 크롬웰Oliver Cromwell이었다. 서양 열강 가운데 세 나라 — 이들 모두 개신교 국가임을 기억해 주기 바란다 — 를 근대국가로 확립시킨 세 사람을 사이고와 비교하고 있는 것으로, 우치무라는 일본을 이들 열강과 같은 문명국으로서 현창(자랑스럽게 드러냄)했다. 그는 "사이고의 일본은 이교도로서 받는 치욕을 감수하지 않았다" 말한다. 더구나 이 부분은 『Japan and the Japanese(일본과 일본인)』에서만 있고 『Representative Men of Japan(대표적 일본인)』에는 삭제되어 있다.

여기서 이 책이 영어로 쓰여 있다는 것을 생각해 주기 바란다. 이 책은 동포인 일본인을 향한 것이 아닌 서양인 독자들을 상정하여 쓴 것이다. 영어는 우치무라가 잘하는 언어였다. 그는 12세에 영어숙英語塾에 입학한 이래 28세에 미국 유학에서 귀국하기까지 그의 학업의 대부분을 영어로 수득修得했다. 이것은 그뿐만이 아니라 당시 지식인의 공통적인 현상이었다. 일본어는 아직 학술 언어로서 확립되지 않았던 것이다.

그가 『일본과 일본인Japan and the Japanese』을 집필했던 것은 일본이 서양인(주로 미국인)에 비해 그들이 생각하고 있는 정도로 야만적인 국가가 아니라는 점, 기독교 국가가 아님에도 불구하고 훌륭한 인물을 배출하고 있다는 것을 보여 주려는 점에 있었다. 따라서 그 선택 기준은 서양인의 눈에서 볼 때 훌륭한 인물로 보이는 인물이어야 했다. 우치무라에게 사이고는 그 최적임자였다.

우치무라 간조의 양명학 현창顯彰

그럼 루터나 워싱턴이나 크롬웰과 같이 기독교도가 아님에도 불구하고, 사이고가 정의를 위해 근대국가 수립운동에 매진할 수 있었던 이유는 무엇일까? 사이고에게 기독교를 대신할 정신적 지주가 있었기 때문이다. 그렇게 우치무라는 해석한다. 그리고 그 정신적 지주야말로 양명학이었다. 우치무라는 말한다. "수많은 중국의 철학자 가운데 왕양명은 양심과 관련된 고원高遠한 학설과 상냥한 가운데서도 엄격한 하늘[天]의 법칙을 말한 점에서, 같은 아시아에서 일어난(*기독교의 발원지 또한 아시아에 위치한 이스라엘 땅임) 그 지극히 준엄한 신앙인 기독교에 가장 가까운 사람이었다"고.

사이고는 기독교 신자가 아니었다. 그러나 양명학을 신봉하고 있었기 때문에 기독교도와 같은 위대한 정신의 소유주가 될 수 있었던 것이다. 더욱이 현재 일반적으로 일본 양명학의 개조開祖라 불리는 나카에 토쥬를 다룬 장에서도 우치무라는 양명학을 매우 치켜세우고 있다.

사이고는 우치무라의 생전부터, 또한 조정의 적이 되어 자살한 직후에도 대다수 일본인으로부터 존경받고 있었다. 그러나 그것은 우치무라가 말한 대로 "기독교도에게 뒤쳐지지 않는다"는 이유에서가 아니다. 일본인에게 있어 사이고는 무사도武士道를 체득하여 실현한 사람이었다. 그는 자신이 이룬 메이지 유신과 함께 사라진 '최후의 무사'였다. 결코 기독교도와 닮았다는 이유로 평가되고 있었던 것은 아니다. 그렇다면 서양인 독자를 염두에 두고 있었다고는 하나, 우치무라는 왜 일부러 이렇게 말한 것일까?

유교와 기독교의 친화성

그것은 우치무라 자신이 열렬한 기독교도였기 때문일 것이다. 잘 알고 있듯이 그는 소년 시절에 삿포로 농학교(현재의 홋카이도대학北海道大学)에서 공부했다. 거기서 미국인 교사에게 감화를 입어, 많은 학생들이 기독교를 믿게 되었다. 우치무라도 동급생인 오타 이나조太田稻造(니토베 이나조新渡戸稻造, 1862~1933) 등과 함께 여기서 기독교 세례를 받았다. 우치무라의 세례명은 '조나단', 니토베新渡戸는 '폴' 이었다. 그 경위와 그 후의 미국 유학생활의 체험은, 그가 역시 영문으로 쓴 『나는 어떻게 기독교 신도가 되었는가(How I Became a Cristian)』114)에 잘 나타나 있다. 이는 『일본과 일본인(Japan and the Japanese)』 집필 전후에 쓴 저작이다. 그 책에서 서술되고 있는 유년 시대에 받았던 교육이라는 것은 그와 동세대의 일본인에게 공통적인 것이었다. 즉 유교식 교육이다. 우치무라의 아버지는 사이고와 같은 세대의 사람, 즉 '덴포 노인天保老人'(후쿠자와 유키치의 표현)으로 무사로서 유학의 소양을 가지고 아들에게 몸소 경서의 기초를 가르쳤다. 그러나, 소년 우치무라는 그에 반항하여 기독교로 전향한 것은 아니다. 그는 이렇게 말한다. "이들 유교의 교훈은 많은 자칭 기독교도들에게 주어지고, 또 품고 있는 교훈에 비해 조금도 떨어지지 않는다고 나는 확신하고 있다." 그가 기독교 신앙을 갖고

---

114) 余は如何にして基督信徒となりし乎. 우치무라 간조内村鑑三가 영문으로 쓴 자신의 인생 전반기를 기록한 자전문학 작품. 1892년 말에 완성되어 1895년 5월 게이세이샤警醒社에서 간행되었다. 같은 해 11월에는 미국의 플레밍.H.레벨フレミング・H・レベル사에서 'Diary of a Japanese Convert'란 제목으로 간행되었다. 후에 독일어·스웨덴어·덴마크어·프랑스어 등으로 번역되었다.

나서도, 이 유년기의 가정 교육은 귀중한 경험으로 존중·실천되고 있었다.

그럴 때가 아니다. 웬걸, 우치무라 간조는 자신에게 유교를 가르쳐준 아버지 우치무라 요시유키內村宜之를 기독교도로 하는 데 성공했다. 그 도구로서 그가 고른 것은 독일인 선교사가 중국에서 집필·간행한 「마르코 복음서」의 주해 『마가강의馬可講義』였다. 물론 이 책은 중국어로 쓰여져 있다. 그러나 우치무라의 아버지에게 있어서 (많은 동세대의 일본인과 같이) 한문투의 중국어로 쓰여진 서적을 읽는 것은 그렇게 어려운 일이 아니었다. 우치무라 간조는 아버지 요시유키가 술을 끊은 것을 가지고, 유교도가 기독교도로 변신한 것의 상징으로 보고 있다. 하지만 이러한 기독교 입신入信은 요시유키의 인생과 사상을 전면으로 부정하는 사건은 아닐 것이다. 이 독실한 유학자에게 있어서 『논어』를 대신하는 성전聖典으로서 『성서』가 등장한 것일 뿐이었다. 그리고 그것은 우치무라 간조 자신에게 있어서도 해당한다. 어떤 연구자는 이렇게 말한다. "나는 신도도 아닌데 부당한 모독 발언을 하는 것일지도 모른다. 그런데, 그가 이렇게 마음을 돌린 것은 이교도가 기독교로의 근본적인 개종을 한 것은 아니다. 그것은 타고난, 이른바 무사도적 유교주의에서 커 온 소년이, 이 교의敎義를 부정하는 것이 아니라 그 연장선상에서 그보다 더욱 완벽한 체계로 '의義'라는 것이 존재함을 알게 되었다는 기쁨인 것이다." (가와카미 데쓰타로河上徹太郎, 『메이지 문학 전집』 39권, 「우치무라 간조 해제」, 지쿠마쇼보筑摩書房, 1967, 382쪽)

니토베 이나조 또한

자기 자신이 기독교도인 연구자의 경우, 그런 점을 발견하기 힘들지도 모른다. 그들에게 유교란 '봉건도덕'으로 타도해야 할 목표가 되어 있다. 따라서 그들은 자신들의 선배인 우치무라가 유교 정신에서 벗어나 있다는 것을 자명한 전제로 하고

니토베 이나조

있다. 그러나 그런 사람들을 포함해 일본 기독교도의 심성에는 공통적으로 유교적 색채가 농후하다. 그렇게 말하기보다, 우치무라 부자는 진지한 유교도일수록 열렬한 기독교도가 되어 가는 전형적인 경우라고 해야 할 것이다.

간조의 동창생이었던 니토베 이나조도 그런 사람이다. 그는 우치무라의 앞선 두 책보다 약간 늦게 메이지 32년(1899)에 영문으로 『무사도武士道(Bushido: The Soul of Japan)』115)를 지어, 역시 일본인의 전통정신을 미국인을 향해 선전했다. 그는 무사도를 지탱하고 있는 것으로 신도神道·불교(특히 선禪)·유교를 들었다. 이 세 가지 선택 자체는 옛날부터 있어 온 삼교三敎로서, 조금도 새로운 것이 아니다. 그러나 그가 유교 가운데 공자의 정통 후계자로 지명하고 있는 것이 주자가 아닌 왕양명이었다는 것은 특필해야 할 사건이다.

유교를 배운 인물이 왜 기독교 신자가 되었는가. 그 의문을 풀 열

---

115) 니토베 이나조新渡戸稲造의 저서. 원문은 영어로 되어 있다. 일본의 무사도를 미국·유럽과 같은 서방세계에 소개하기 위한 목적으로 간행되었다. 일본의 도덕관의 핵심을 이루고 있는 무사도에 대해 서구의 철학과 비교해 가며 일본인의 마음의 근거를 해설한 책이다. 메이지 시기 일본인이 영어로 지은 저서 가운데 중요한 것이다.

쇠는 그들이 생각하는 유교와 기독교의 모습에 있다. 우치무라는 기독교 신자가 되고부터는 다수의 사당에 일일이 신들에게 기도할 필요가 없어졌다는 것에 해방감을 느꼈다고 기술하고 있다. 그에게 있어서 일찍이 그들 사당은 영험함에 대한 의심을 느끼고 있었어도, 관습의 압력에 의해 기도하지 않을 수 없는 대상이었다. 그러나 더 큰 정통 교의를 얻는 것에 의해 그것들은 그에게 있어서 사교邪敎의 사당이 되었다. 우치무라는 기독교도가 됨으로써 이들 미신적인 신들에게 기도하는 번거로움에서 해방되었다.

개신교

우치무라는 메이지 37년(1904) 12월에 한 강연의 초고 「기독교란 무엇인가」에서 우선 기독교란 무엇인가에 대해 다음 네 가지 점을 들고 있다.

1. 기독교는 의식이 아니다.
2. 기독교는 교회조직이 아니다.
3. 기독교는 이론이나 교의敎義가 아니다.
4. 기독교는 도덕이 아니다.

이 네 가지 부정문은 우치무라의 기독교관을 여실히 보여 주고 있다. 일반적인 비신자들에게서 기독교란 이런 것이라고 간주된 사항을 모두 부정하는 형태로, 우치무라는 자신이 인식하고 있는 기독교의 모습을 묘사하고 있다. 그리고 그것이야말로 진정한 기독교의 모습이라고 우치무라는 생각했던 것이다.

기독교란 종교 결사로 교의를 자세히 이해하고 있는 성직자들이 책임지고 관리하는 종교 의례에 의거하여 신자의 내면생활을 법률과 같이 외부에서 규정하는 가르침이 아니다. 개개인의 신자가 내면의 양심의 명령대로 『성서』에 나타난 신의 가르침을 실천해 가는 신앙이다. 우치무라는 그렇게 생각하고 있었다. 이것은 '무교회주의無教會主義'라고 불리는 사고방식이다.

그 원류에 있는 것은 16세기의 이른바 종교개혁에 의해 탄생한 기독교의 새로운 유파, 개신교였다. 우치무라가 삿포로札幌에서 기독교 신앙으로 들어선 것도, 미국 유학 때 신학학교에서 배운 것도, 개신교였다. 위의 네 가지 부정문을 긍정문으로 했을 때 나타나는 기독교의 모습으로써, 개신교 신자들이 비판한 것이 바로 로마 가톨릭 교회이다. 그리고 우치무라를 시작으로 19세기 후반의 일본 지식인들 사이에서 확산된 기독교란 가톨릭이 아닌 개신교 쪽이었다. 그것은 그들이 원래 가지고 있었던 유학적 소양이 개신교에 친화적이었기 때문이었다.

'회심回心'에 대한 금지

가톨릭교 금지가 해제되어 일본 본토에의 포교가 공공연히 인정되었을 때, 우치무라와 같은 청소년들의 마음을 붙잡은 것은 16세기 프란시스코 사비에르116)Francisco de Xavier(1506~1552) 시대와 같은 가톨릭이 아닌, 개개인의 양심에 바탕을 두고, 직접 신을 향하여 추구하는 개신교 쪽이었다. 로마 교황을 정점으로 한 공고한 교회 조직, 정밀한 교의의 신학, 엄격한 계율을 가진 가톨릭이 아니었다.

물론 가톨릭교회도 메이지 시대에 일본 포교에 힘을 들여 몇 개의 학교(그 대다수는 지금도 존재하고 있다)를 창설하여 일정의 성과를 올렸지만, 우치무라 등의 마음을 매료시킨 것은 그런 장엄한 교회 조직이 아니었다.

특히 우치무라의 경우에는 교회조직에 대한 혐오감이 컸다. 말할 것도 없이 개신교 측도 교회를 가지고 있었지만, 우치무라는 이미 미국 유학 시대부터 자신의 유학留學을 금전 면에서 원조해 주고 있는 현지의 교회조직에 대해 불만을 품고 있었다. 왜냐하면 그는, 루터의 종교개혁 정신이 교회 조직과의 결별에 있다고 생각했기 때문이다. 그는 스스로가 청년기에 새롭게 기독교 신앙의 길에 들어선 것을, 기독교 국가에 태어나 자연스럽게 기독교 신자가 된 사람들의 신앙 방식과 명확하게 구별하려 했다. 단순히 주변의 환경이나 습관에 끌려 기독교도로 생활하고 있는 것이 아니라 강한 확신을 가지고 '회심回心'한 것을 자랑으로 여기고 있었다. 그것이 신을 향한 그의 사랑이고, 그를 향한 신의 사랑임을 동시에 확증하는 것이었기 때문이다.

---

116) 한국 천주교에서는 공식적으로 하비에르라고 하나, 여기서는 사비에르가 태어난 바스크 현지 발음에 따르기로 한다.

양명학-기독교-혁명

우치무라는 '두 가지의 J'를 향한 사랑을 말했다. 예수Jesus와 일본Japan이었다. 신과 조국이라는 것이다. 음을 맞추기 위해서라고는 하나, 아버지가 되는 신이 아닌 인간성이 나타나는 예수 쪽을 선택하고 있는 것이 주목된다. 그가 그려 낸 기독교는 천지창조나 형이상학에 근거한 것이 아니라 "인간으로서 어떻게 살 것인가?"라는 윤리적 차원의 것이었다. 앞서 기술한 "기독교는 도덕이 아니다"는 것은 도덕을 외적 규제의 기준으로 할 경우의 부정문으로, 내면에서 샘솟는 행위를 의미하는 기독교를 윤리적 차원에서 인식하려고 하는 주장이었다. 그는 그 문맥에서 "유교의 더욱 큰 것으로 기독교를 보려는 사람은, 기독교의 정신을 완전히 오해하고 있다"고 말했다. 여기서 말하는 유교란 사람들에게 삼강오상三綱五常[117]이나 조상 숭배를 강요하는 외적인 규제·관습을 말하는 것이었다. 그의 심성은 원래 그런 외적 규제에 친숙하지 않았다. 그러므로 '회심'이 생겨났던 것이다. 일본에 대한 사랑을 버리고 전면적으로 서양 문명에 귀의한 것이 아니라는 점도 그 증거이다.

그리고 그것이야말로 그가 『대표적 일본인』에서 서양인을 향해 양명학의 훌륭함을 역설했던 이유인 것이다. 사이고西鄕와 같이 우수한 인물을 길렀던 것은 일본 토착의 기독교적 정신, 즉 양명학이었다. 그의 문장을 여기서 길게 인용해 두도록 하겠다.

---

117) 삼강三綱은 군위신강君爲臣綱·부위자강父爲子綱·부위부강夫爲婦綱을 말하고, 오상五常은 인仁·의義·예禮·지智·신信을 말한다.

양명학은 도쿠가와 막부德川幕府가 자기 보전을 위해 장려한 주자학과는 달리 진보적·전진적으로 장래성에 가득 찬 것이다. 그것이 기독교와 닮아 있는 것은 여러 번 지적되었고, 이런저런 이유에서 우리나라에서는 사실상 금지와 같은 상태가 되었다. "기독교는 양명학과 닮아 있다. 일본 제국 붕괴의 원인이 되는 것은 반드시 이것일 것이다."라고 메이지 유신의 역사에서 중요한 역할을 수행한 전략가 다카스기 신사쿠는 나가사키長崎에서 처음으로 『성서』를 조사했을 때 외쳤다. 기독교와 닮은 어떤 것이 일본의 재건에 크게 공헌했다는 사실은 일본의 메이지 유신 역사상 놀랄 만한 것이다. (앞서 적은 『메이지 문학 전집』에 실린 우치무라 미요코內村美代子·아라키新木(우치무라內村) 게이코桂子의 번역)

다카스기高杉의 발언은 당시 널리 알려진 것으로 그가 양이파攘夷派의 논객이었기 때문에 이 발언은 일반에는 기독교의 위험성을 그가 간파했다는 것으로 이용되었다. 우치무라는 그 주어와 술어를 바꾸어 "양명학은 기독교와 닮아 있다"는 것의 증거로 삼는다. 동시에 예전부터 있었던 양명학이 메이지 유신의 혁명운동을 지탱하는 정신이 되었음을 역설하고 있다. 메이지 유신에 참가한 다카스기가 경고했던 기독교보다 먼저 말이다. 즉 다카스기가 기독교의 위험성을 말하기 위해 양명학을 인용한 것에 대해 우치무라는 양명학의 우수함을 주장하는 증거로 다카스기의 발언을 이용하고 있다.

교육칙어의 길

덧붙여 앞 장에서 이미 기술했듯이 다카스기의 스승인 요시다 쇼인은 우치무라가 이 책을 썼을 즈음에는 양명학자로 간주되었다. 다카스기는 메이지 유신이 성취되기 직전에 병사했지만, 초대 내각 총리대신 이토 히로부미를 시작으로 메이지 정부의 중요 인사 가운데 조슈 출신자는 그 대부분이 쇼인의 문하생이었다. 우치무라가 사쓰마 출신임에도 불구하고 조정의 적으로 죽었던 사이고 다카모리에 대해서만 찬사를 보내고, 조슈 출신의 유신 공로자들을 언급하지 않은 것은 그가 실제로 메이지 정부 때문에 겪었던, 수년 전의 괴로운 일 탓일지도 모른다. 그는 이토 히로부미를 '양명학을 신봉하는 위대한 정치가'로서 예찬할 생각이 들지 않았던 것이다.

그 사건은 메이지 24년(1891) 1월 9일에 일어났다. 전해 9월부터 우치무라는 제일고등중학교第一高等中学校118)의 촉탁교수囑託教授가 되었다. 그해 10월 이른바 '교육칙어'가 선포된다. 칙어이기 때문에 명목상의 저자는 메이지 천황이었지만, 실제 작성단계에서 진두지휘를 했던 것은 이토 히로부미였다.

최초에 집필을 요청한 것은 나카무라 마사나오로 기독교 신자가 되어서도 자신을 유학자라고 공언했던 인물이다. 그런데 그 문면文面이 너무나도 도덕적 훈사訓辭의 색채가 짙어 입헌군주의 문장으로는 적절하지 않았다. 그래서 이노우에 고와시井上毅(1844~1895)에

---

118) 메이지 시대 도쿄에 설립된 교육기관. 1886년 일본의 근대국가건설을 위한 인재 육성을 위해 창설되었다. 1894년 제일고등학교로 개칭되었고 3년제가 되어 제국대학의 예비교육과정이 되었다. 이후 1950년 폐교되었다.

게 원안 작성을 새로이 명령하였다. 여기에 메이지 천황의 시강인 모토다 나가자네가 개정의견을 몇 번이나 내고, 나카무라 마사나오와 미시마 쥬슈를 포함한 고명한 학자들의 개정을 거쳐 최종적인 문장이 확정되었다.

칙어는 천황의 서명이 들어간 형태로 여러 학교에 하달되었다. 중등교육기관으로 최고의 위치를 점하고 있었던 제일고등중학교에도 당연히 칙어가 하달되었다. 그 강당에서 칙어의 봉대식奉戴式이 거행되었다. 물론 전국에서도 최초로 거행되는 의식이었기에, 식순은 존재하지 않았다. 교장의 판단으로 교원·학생이 각각 칙어에 배례한다. 칙어에 천황의 서명이 있었기 때문이다. 사전에 아무런 협의도 없었던 듯하다. 거의 대부분의 사람들은 신사나 불당에서 신이나 부처님에게 하는 것과 같이, 극히 자연스럽게 평소대로 깍듯한 경례를 했다. 그런데 그런 관습에서 이탈한지 오래된 기독교 신자 우치무라 간조는 교장으로부터 세 번째 배례자였기 때문에 어떻게 배례할 것인지를 제대로 생각할 시간적 여유도 없이 망설이다 가볍게 목례를 할 수밖에 없었다. 결과적으로는 1000명이 넘는 참석자 가운데 그렇게 했던 것은 그 한 사람이었다. 전부터 우치무라를 좋지 않게 생각했던 일부 교사·학생이 이를 구실로 삼아 소동을 일으켰다. 이렇게 '우치무라 간조 불경사건不敬事件'이 조작되었다.

'불경사건'의 진상과 이노우에 데쓰지로井上哲次郎

누차 "우치무라는 경례를 거부했다"고 여겨졌고, 그것이 당시에는 우치무라 비판의 논거로 활용되었다. 그 후에는 (천황제 군국주의 국가에 저항하는 자로서) 우치무라에 대한 찬양으로도 언급되었지만, 사실 우치무라는 경례를 했다. 그럼에도 불구하고 이때의 가벼운 경례는 소동을 빚어냈다. 후일 교장의 설명을 들어 보면, 이 의례는 종교적인 의미를 가지지 않았으며, 우치무라 또한 깍듯이 경례를 했다는 점에 동의하고 있다.

또한 우치무라는 교육칙어의 내용 그 자체에는 이의를 주장하지 않았다. 그것이 천황의 명령이었기 때문이라던가 내용이 비민주적이라는 이유로 그는 '불경사건'을 일으킨 것이 아니다. 그것은 단순히 전례가 전혀 없었던 의식에 대해 앞의 두 사람이 과장되게 큰 경례를 하는 것을 보고 망설였던 인물이, 벌써 10년 이상이나 하지 않았던 큰 경례라는 신체 동작을 갑자기 할 수 없었다는 일에 불과하다. 우치무라는 확신범이 아니었다.

그러나 정치적으로 이 사건은 이용되었다. 처음에는 우치무라에 대한 개인 공격에 지나지 않았던 것이 이윽고 기독교 그 자체의 위험성으로 바뀌어 간다. 다카스기가 예견했던 것과 같이 "대일본제국을 붕괴시킨다"라고 두려움을 느낀 당시의 사람들이, 전도유망한 청년들의 교육을 기독교 신자에게 맡기는 것은 위험하다고 생각하게 되었다. 그 논객으로 등장하는 것이 이노우에 데쓰지로(1855~1944)였다.

이노우에井上는 우치무라보다 6살 연상이었다. 도쿄대학을 졸업한 후 독일에 유학하여 철학을 배웠다. '불경사건'은 그가 귀국한 직후의 일이었다. 그는 「교육과 종교의 충돌敎育と宗敎の衝突」이라는 논문을 발표하여 이 사건이 가지는 사상적 의의에 대해 말하고 우

치무라를 공격했다. 우치무라가 미국의 친구 앞으로 보낸 편지에 있는 표현을 쓰자면, 그 공격은 "세상의 구원을 말한 기독교는 하나의 독립체로서 국가의 존립을 위험하게 한다"는 취지였다. 우치무라 자신은 이 사이 몸 상태가 안 좋아져 병상에 누워 있었지만 결국 교직을 그만두지 않을 수 없게 되었다. 그의 부인은 그로 인한 스트레스로 세상을 떠나게 된다. 이「교육과 종교의 충돌」논쟁은 이노우에 진영에 불교 성직자를, 우치무라 진영에 기독교 신도를 끌어들여 수년간 계속되었다.

몽상 속의 양명학에는 '이웃 사랑'이 있다

이노우에 및 그 후대 양명학 연구자들의 이야기는 다음 장으로 미루도록 하고, 이번에는 우선 우치무라의 이야기에 한정하도록 하겠다. 우치무라에게 있어서 요점은 역시 '의식儀式과 교회'에 있었다. 양명학은 의식을 중시하지 않고 교회조직을 가지지 않았기 때문이다. 우치무라를 시작으로 당시의 일본인이 생각하던 양명학이란 그런 것이었다.

유교 주류파인 주자학이 도쿠가와 막부 체제와 협력함에 따라 의식적 권위나 조직적 기반을 갖춘 것에 비해, 양명학은 자유로운 비판 정신의 소유자로 간주되었다. 우치무라가 소년 시절에 따랐던 유교는 주자학이었기 때문에 그런 자유로운 기풍과 달랐다. 바꿔 말하면 양명학의 교설은, 기독교 도덕에 대해 우치무라가 말했던 '안에서 밖을 향해 작동하는 것'이었다. 그래서 그가 평소에 '유교'라는 말에서 생각하는 주자학적 질곡과는 다른 것으로 보였다. 그의 '회심'이란 유교에서 기독교로가 아닌, 주자학에서 양명학으로였다고 말해도 좋다. 물론 그럴 경우 양명학이란 중국 명대明代의 양명학이 아닌 우치무라와 같은 사람들이 몽상하는 양명학이지만 말이다.

우치무라의 기독교 신앙의 중요한 특징으로 이웃 사랑의 중시가 있다. 그는 그 개인 혼魂의 구제를 사회 전체의 구제와 일체로 받아들였다. '이웃 사랑'이라는 말은 『성서』의 「마르코 복음서」에 있는 "자신을 사랑하듯이 너의 이웃을 사랑하라"에 근거가 있다. 그곳에서는 온갖 제사나 희생보다도 더 근원적인 것으로, 이 훈계가 이야기되고 있다. 그리고 그가 부친을 '회심'시키기 위해 골랐던 것이 「마르코 복음서」의 중국어 주석이었다는 것을 상기해 주길 바란다. '이웃 사랑'은 유학자였던 우치무라 요시유키·간조 부자父子에게 우선 양명학이 강조하는 '만물일체의 인仁'으로 받아들여진 것이 아니었을까.

양명학적 기독교도

그리고 아마도 그들뿐만이 아닐 것이다. 메이지 시대에 기독교에 입신入信했던 지식인 대다수에게 있어서 기독교에서 말하는 이웃 사랑은 특별히 신기한 교설이 아니었다. 자칫하면 위선적으로 보일 체제유교(주자학)의 방식에 반발하는 사람들에게 「마르코 복음서」는 큰 의미로 다가왔다. 자기 일신의 영달보다 이웃과 함께 살아가는 것을 강하게 주장한다는 점에서 그랬다. 기독교에 대한 반감과

편견만 불식시킨다면, 지극히 당연한 가르침으로 받아들일 수 있었다.

문명개화를 해야만 한다는 강박관념에 몰리고 있었던 그들에게, 삼강오상이나 조상 제사의 속박에서 자유로울 수 있는 만큼, 기존의 유교보다도 문명적으로 우수한 교설이라고 생각되었던 것이다. 유교로의 원리적 귀의가 기독교, 그것도 개신교에의 신앙을 가져오게 된 것이다. 그들은 양명학적 기독교도였다.

게다가 그것이 의례나 조직에의 혐오에 기반하고 있었다는 점에서 16세기의 가톨릭교 신자들과는 크게 달랐다. 예수회의 장엄한 가톨릭 의식과 달리 개신교 교의 안에서 우치무라와 같은 사람들이 추구했던 것은, 예수를 한 사람의 인간이자 완벽한 인격자로서 자신의 모범으로 삼고 살아가겠다는 생각이었다. 하늘[天]이 부여한 타고난 양심의 명령대로 사회적 존재로서 이웃 사람들과 함께하고 전 인류를 위해 살아가는 것을 고전 중국어로 표현하면 양명학의 교설이 될 것이다. 현재 일본어에서는 '양심良心'이라는 말 쪽이 보급되어 일반화되어 있지만, 우치무라와 같은 사람들에게는 '양지良知'라는 유교 용어 쪽이 매우 익숙했을 것이다.

천리天理를 외적 규범에서 구하는 것을 그만두고, 내면에 있는 양지良知를 따르며 살아가라고 가르친 왕양명은, 우치무라에게는 동아시아의 예수 제자로 보였다. 아니, 반대일 것이다. 왕양명을 투영한 것으로서 예수가 있고, 그렇기 때문에 서양인을 향해 그들이 모르고 있는 양명학의 훌륭함을 선전하려고 했다. 그래서 그는 양명학의 정신이 길러 낸 사이고 다카모리를 이야기하고 있는 것이다. 미국인은 우치무라나 니토베의 공적에 의해 '양명학의 훌륭함'을 처음으로 알게 되었다.

'제국'으로

이상 본장에서는 미시마 쥬슈·미야케 세쓰레이·우치무라 간조 세 사람을 통해 메이지 시대 전반에 양명학이 어떻게 이야기되었는지를 개관했다. 이야기는 일부 메이지 시대 후반에도 미치지만 그들의 발상의 기본은 이미 메이지 시대 전반에 형태가 만들어졌고 그 연장에 지나지 않는다.

그러나 일본 사회 전체는 청일전쟁을 거쳐 크게 변하고 있었다. 로쿠메이칸 시대鹿鳴館時代[119)가 끝나고 제국헌법·교육칙어 체제 아래에서 새로운 국가 질서가 확립되었다. 그 체제를 사상 학술 면에서 지탱한 인물이 제국대학 교수 이노우에 데쓰지로였다. 그는 독일 관념론 철학의 소개와 교육칙어의 보급·해설을 국가적 임무로서 부여받아 일본유학사 연구의 틀을 만들어 냈다. 이들 제각각으로 보이는 사업은 메이지 시대 후반의 시대적 요청에 의해 하나로 이어진다.

목가적 시대가 끝나고 이미 '제국'이 성립하고 있었던 것이다.

---

119) 로쿠메이칸이 지어진 1883년에서 1890년까지 7년 남짓을 가리키며, 일본이 서양화西洋化를 서두르던 시대를 말한다. 로쿠메이칸鹿鳴館은 일본의 메이지 행정부가 외빈이나 외교관을 접대하고 숙박하게 하고자 1883년 도쿄에 건축한 사교장이다. 당시 목표인 유럽화 정책을 상징하는 존재이기도 하다.

에 피 소 드 IV

제국을 지탱하는 것 — 칸트·무사도·양명학

1. 메이지 시대의 칸트 열풍

'제국'의 양명학

메이지 28년(1895), 시모노세키 강화 조약에 의한 청일전쟁의 종식은 대일본제국의 국제적 지위를 크게 바꾸어 놓았다. 청나라도 서양의 여러 나라들도 그전까지는 일본을 동아시아의 소국으로 간주했다. 일본 자신들도 동아시아의 테두리 안에 머무르는 한 서양 열강으로부터 동등한 동료로서 인정받을 수 없다고 판단하여, 로쿠메이칸鹿鳴館120)으로 상징되는 서양화 노선에 계속 돌진하고 있었다.

그러나 동아시아 강대국이었던 청나라에 승리함으로써 이 판단은 미묘하게 변화하기 시작한다. '실은 일본이야말로 우수한 동아시아 전통의 계승자였다. 그렇기 때문에 구태의연한 전통을 고집하던 중국이나 조선과는 달리, 국제사회의 일원이 되는 데에 성공했다'라는 언설이 등장했다. 지금까지 '개화'인가 '국수'인가 하던 이

---

120) 1883년 메이지 정부가 영국인 건축가 조시아 콘도르Josiah Conder에게 의뢰하여 건축한 사교장. 메이지 정부의 구화정책을 상징적으로 보여 주는 장소로, 당시 일본의 많은 상류층이 서양식 무도회와 문화를 접하는 창구 역할을 하였다.

항 대립의 노선 문제가, '전통 정신을 보존하면서 문명화한다'라는 하나의 흐름으로 통합되어 갔다.

물론 실제로 이 모든 것이 단번에 정리된 것은 아니다. 그러나 사상적 측면에서 '문명개화와 국수 보존이 모순되는 것은 아니다'라는 언설이 등장한 것을 두고, 그전까지 없었던 관점이 생겼다고 평가할 수 있을 것이다. 그에 따라 양명학의 표상도 변화한다. II에서 논한 것처럼 '요시다 쇼인이나 사이고 다카모리는 양명학'이라고 하는 분류가, 그런 흐름에 따라 확립되는 것이다. 그 주역은 이노우에 데쓰지로였다.

그 화제에 들어가기에 앞서, 먼저 메이지 32년(1899)에 간행된 두 권의 책을 소개하고자 한다. 그 두 권은 가니에 요시마루蟹江義丸(1872~1904)의 『서양철학사西洋哲学史』와 미카미 레이지三神礼次의 『일본무사도日本武士道』이다.

가니에 요시마루 『서양철학사』

가니에 요시마루는 이노우에 데쓰지로 문하의 철학자다. 이노우에는 일찍 『철학자휘哲学字彙』를 간행해 서양 철학의 여러 개념을 일본어로 번역하는 안을 제시했다. science에 대응하는 '과학', society에 대응하는 '사회' 등도 이 책에서 찾아볼 수 있다. 이노우에는 거기에 그치지 않고, 아루가 나가오有賀長雄(1860~921)와 공동으로 『서양철학강의西洋哲学講義』를 간행하며 철학 개설 작업을 해낸다. 가니에 요시마루는 그런 흐름을 이어받아, 자력으로 한 권의 서양 철학사 요약을 완성했다. 그것이 『서양철학사』이다. 그 첫머리, '예언(例言)'(＊일러두기에 해당함)에는 4개 조가 다음과 같이 쓰여져 있다.

1. 이 책은 19세기 후반 독일에서 출간된 몇 권의 철학사를 참조하고 있음. 또, 플라톤·아리스토텔레스·칸트 등 수십 명의 주요한 철학자의 저작 이외에 대해서는, 반드시 원전을 읽지는 않았음.
2. 서양철학 3000년의 역사를 불과 300페이지로 서술하는 것은 매우 어려웠고, 그 때문에 일류 철학자에 대한 소개에만 머물 수밖에 없었음.
3. 헤겔 이후의 철학에 대해서는 별도로 한 권을 기획하고 있기 때문에 생략하였음(다만, 이 기획은 가니에가 젊은 나이에 요절하며 실현되지 못했다).
4. 본서에서 철학에 관련한 번역어를 사용한 것은 사적인 견해에 따른 것일 뿐임. 헤겔 철학의 번역에 대해서는 '나의 스승인 문학박사 이노우에 교수'의 가르침을 따랐음.

실제로 이 책의 구성은 이 '예언(例言)'이 말해 주듯 당시 독일 철학사의 흐름을 답습하고 있다. 애초부터 철학사라는 범주의 창설자가 헤겔이었던 것을 생각한다면, 이러한 형태로 종래의 철학자를 계보화해, 그 최종 도달점으로서의 현재를 위치시키는 사고방식 자체가, 독일 관념론이라는 틀에서의 사상 영위(營爲)인 것이다.

철학사의 전제

이어지는 서론에서 가니에는 철학과 철학사의 정의를 시도한다. '철학'이 영어 Philosophy의 역어이고, 희랍어로는 '애지식愛知識'의 의미라는 것을 소개한 후, 임시 정의로 "세계의 원리를 탐구[攻究]하는 학學"을 제시한다. "다만 그러한 철학은 예로부터 발달과 진보를 이루어 왔으며, 외면과 내면의 양면에 걸친 그 원인을 서술하는 것이 다른 철학사의 역할이다. 철학에는 유물론·유심론·절충론의 삼류파가 있고, 그 흥망성쇠를 고대·중세·근세의 세 시기 구분에 따라 서술하는 것이 철학사의 방법이다. 과학은 세계 속의 어떤 특정한 현상을 탐구[攻究]하는 데에 지나지 않는 반면, 철학은 일체의 사물을 대상으로 한다. 또 종교가 '감정적'인 반면, 철학은 '지력知力적'이다." 가니에는 이렇게 철학과 철학사의 대상을 규정하고 본편으로 나아간다.

이상의 서술은 물론 가니에의 창의적인 생각이 아니라 오히려 당시 일본철학계의 공통된 이해를 최대공약수적으로 정리한 것이라 하겠다. 가니에의 서술은 당시 일본의 철학 연구자들이 어떤 경향에 물들어 있고, 어떤 문제의식을 가지고 있었는지를 잘 보여 주고 있다. 철학사가 유물론과 유심론의 항쟁 또는 그 절충이라는 것과, 그 발전이 (후에 다시 보여 주는 것처럼) 기독교와의 관계를 지표로 세 시대로 구분할 수 있는 것, 철학이 과학이나 종교와 어떻게 같고, 어떻게 다른가 하는 것. 그것들은 철학사를 말하기 전에 독자에게 제시해 줄 필요가 있는 중요한 사항들이었다.

오니시 하지메大西祝의 '계몽', '진보'

이미 가니에에 앞서 몇몇 철학 연구자가 철학사의 본질을 둘러싸고 글을 썼다. 여기에서는 오니시 하지메(1864~1900)의 것을 소개하겠다. 메이지 26년(1893), 『육합잡지六合雜誌』 154호에 게재된 '철학사란 무엇인가'라고 제목을 붙인 문장의 한 구절이다. 또한, 이해는 정확히 이노우에 데쓰지로가 쓴 『교육과 종교의 충돌』에 대한 반론을, 오니시가 기독교도의 입장에서 저술한 해이기도 하다. 오니시는 부모 대부터 기독교인이었다. 덧붙여 말하자면, 이노우에 데쓰지로의 『철학자휘』에서는 '문화文華'라고 번역되어 있는 enlightenment(Aufklärung)을 유교 경전인 『역易』의 문언을 이용해 '계몽'이라 최초로 번역한 것이 바로 오니시였다. 유교에서 이 말의 의미는 '어리석음을 깨우친다', 즉 '어리석은 자를 가르쳐 인도한다'는 뜻이다. 구미의 사상가들에게는 신이 주신 각자의 '이성reason (Vernunft)'을 자신의 노력으로 빛내게 한다는 의미였다. enlightenment(동사는 enlighten)가, '계몽'이라고 하는 한어로 번역됨으로써 동아시아에서 마치 '선각자가 일반 대중을 교도한다'는 의미로 오용되게 된 책임은 오니시가 지지 않으면 안 될 것이다. 과연 어떨까? 어리석음은 깨우쳐졌을까?

오니시는 말한다. "철학사를 연구하기 위해서는, 철학의 변천에 (넓게 말하면 사회의 변천에) 원인과 결과라는 관계, 거기다 더해 진보라는 관계, 즉 한마디로 세상에 진보하는 것이 있음을 가정하지 않을 수가 없다." 단순한 변천이 아니다. 철학이 진보한다는 전제가 있어야 철학사 서술에 의미가 생긴다. 메이지 시대의 철학사는 진보의 역사로 철학을 그리려고 했다. 가니에도 예외는 아니다. 그 진보의 세 구분이 고대·중세·근세였다. 물론 이것도 서양인이 Ancient, Medieval, Modern으로 해 온 것을 한어로 대체했을 뿐이다.

자명한 틀

가니에의 『서양철학사』에서는 그리스 로마철학, 즉 기독교 이전의 시대가 고대, 교부철학과 스콜라철학(가니에는 '번쇄煩瑣철학'이라고 번역한다) 즉 기독교신학의 시대가 중세, 그리고 과도기를 사이에 두고 기독교로부터 철학이 독립되는 르네상스 이후, 사상가로 치면 베이컨 이후의 시대가 근세이다. 게다가 그는 근세철학을 두 시기로 구분한다. 그 지표는 한 사람의 위대한 철학자였다. 바로 임마누엘 칸트이다. 근세의 제1기는 칸트 이전, 제2기는 칸트 이후로 표제가 붙어 있다. 게다가 칸트 이후로 소개되는 것은 칸트 자신을 포함해 피히테·헤르바르트·셸링·헤겔과 독일 관념론의 계보일 뿐이다. 헤겔이 마지막에 나오는 것은, '예언例言'에서 말해졌듯이, 그 이후에 대해서는 다른 책을 계획하고 있었기 때문이기도 하겠지만, 이 책의 구성 그 자체가 헤겔이 구상하는 철학사 그대로임은 일목요연하다. 본서 전체의 핵심에 위치하는 것은 칸트인데, 가니에는 플라톤과 아리스토텔레스에게는 17쪽이라는 많은 분량을, 헤겔에게는 13쪽이라는 분량을 배당하고 있지만, 칸트에 대해서는 그 둘을 합친 것과 비슷한 42쪽을 할애하고 있다는 점에서 그렇다.

가니에는 본서 이전에 칸트 — 당시의 일본에서는 칸트를 '韓圖

(칸토)'라고 한자 표기하고 있었다 — 에 대한 논문을 쓴다. 「칸트의 『도덕순리학道德純利学』 경개梗概」가 메이지 30년(1897), 「칸트의 철학」이 31년(1898). 또한 34년에는 『칸트 씨 윤리학』이라는 단행본도 출판한다. 『서양철학사』의 칸트 기술이, 이러한 가니에 자신의 칸트 연구에 근거하고 있음은 말할 필요도 없다. 다만 그것은 그의 개인적 사업이 아니라, 당시 일본 철학계 전체의 추세이기도 했다. 19세기 말 일본에서 '역사상 최고의 철학자'라고 하면 '칸트'였다. 나카지마 리키조中島力造(1858~1918), 기요노 쓰토무清野勉(1853~1897), 하타노 세이이치波多野精一(1877~1950), 구와키 겐요쿠桑木厳翼(1874~1946), 앞서 말한 오니시 하지메 등이 모두 칸트 철학을 중심으로 한 철학·철학사 구상을 세우고 있었다. 이노우에 데쓰지로에 대해서는 다시 말할 필요도 없다.

여기서 주목해야 할 것은 그들이 철학·종교·과학이라는 사고 영위營為의 구분을 자명한 전제로 하여 이야기를 진행한다는 점이다. 그것들을 구분하는 것 자체가 서양사상에 의한 역사적 산물, 근대에 이르러 형성된 특수한 것에 지나지 않는다는 점에 대한 자각과 반성은 이들에게서 찾아볼 수 없다. 오히려 이 자명한 틀을 가지고, 틀이 성립되기도 이전의 철학사를 회고하는 방식, 즉 칸트가 비역사적인 형태로 철학 전체를 비판적으로 총괄한 방법, 혹은 헤겔이 시계열時系列의 순서를 따른 역사 서술의 형태를 취합하여, 그런 방법들을 기정 진리로 수용한 후에 서양 철학의 역사를 기술하려는 태도였다. 비꼬아 말하자면 그들에게는 칸트가 갖고 있던 비판 정신이 결여되어 있었던 것이다.

거기에는 그들이 처한 상황과 환경에 따른 불가피한 사정이 작용하고 있었다. 그들에게 시급한 과제는 일본을 어떻게 빨리 서양 열강처럼 문명개화시키는가 하는 것으로, 진정한 의미에서의 철학적 반성이 아니었다. 가니에의 『서양철학사』는 그런 의미에서 당시 일본에서 유통되던 '철학'에 대한 사고방식을 전형적·상징적으로 보여 주는 교과서였다.

독일에 배우고 칸트를 숭상하다

메이지 30년(1897) 이노우에 데쓰지로는 도쿄제국대학 문과대학 학장에 취임하여, 조직 구성에 착수했다. 이때 철·사·문哲史文이라는 세 영역에 대한 큰 구분이 이루어진다. 먼저, 넓은 의미의 철학으로는, 좁은 의미의 철학(당시 '순정 철학'이라고 흔히 불려졌다) 외에도 윤리학·종교학·미학을 각 부문으로 세우고, 그 밖에 서양 이외의 철학을 연구하는 부문으로 지나 철학과 인도 철학을 설정하였다. 놀랍게도 내가 봉직하는 도쿄대학에서는 백 년이 훨씬 지난 지금도 기본적으로 이 틀이 지켜지고 있다. 순정 철학, 윤리학, 종교학, 미학을 병렬시키는 방법은 이노우에를 시작으로 당시의 강단 철학을 지배하고 있던 독일파의 방식이었다. 그 전 분야에서 교조로 추앙받고 있던 이가 바로 칸트였다.

당시 왜 일본은 '칸트'였는가. 하나는 국가적으로 독일을 배우려는 풍조가 존재했기 때문이었다. 메이지 초기에는 전반에 걸쳐서 영어가 중시되어 영국의 경험론이나 공리주의가 먼저 소개되었다. 후쿠자와 유키치가 그 전형이라고 말할 수 있을 것이다. 머지않아,

나카에 조민 등의 노력으로 프랑스의 계
몽주의와 혁명사상이 유입된다. 이처럼
당초에는 어느 한 유파가 압도적 영향력
을 갖는 일이 없었다.

　독일학이 중심이 되는 것은 이토 히로
부미가 헌법을 독일에 따라 정하기로 결
정하면서부터다. 헌법 작성의 중심인물인
이노우에 고와시는 원래 프랑스학 전공

이노우에 데쓰지로

이었고, 가네코 겐타로金子堅太郎(1853~19

42)는 앵글로 색슨 계통의 학문(다만, 영국보다는 미국 계통의)을 배우고
있었다. 그럼에도 불구하고 그들 또한 이후 전향하여 독일풍 국가
학의 권위자가 된다.

학문의 서열도 독일을 따르다

　당시 일본에서 — 당시뿐만 아니라 현재에도 — 도쿄대의 인문학
은 인문학 그 자체의 존재 가치에 의해서라기보다는 유능한 관료·
기업관리자·기술자를 양성하기 위한 기초학문으로 자리매김했다.
학부의 호칭 순서는 당시나 지금이나 '법학·의학·공학·문과·이과'
순이다. 정치도 경제도, 과학 기술도 모두 독일을 본떠 후계자를 양
성하기로 결정한 이상, 그 기초가 되는 인문학이 독자 노선을 걷는
일은 있을 수 없다. 학계의 미래 지도자가 되는 것을 전제로 하여
30세의 도쿄대학교 조교수 이노우에 데쓰지로가 국비 유학처로 독

일을 정한 것은, 말하자면 당연했다. 그는 처음부터 프랑스나 영국·미국의 철학이 아니라 독일 철학을 일본에 이식하는 사명을 띠고 있었던 것이다.

당시 독일에서도 관념론의 전성기는 이미 지나간 뒤였지만, 이노우에는 그것을 가지고 돌아온다. 오니시 하지메도 신설 예정인 교토제국대학 문과대학의 학장이 되기 위한 수업으로 메이지 31년(1898) 독일 유학을 떠났다. 귀국하자마자 오니시는 요절했고, 오니시의 후임이자 이노우에의 제자였던 구와키 겐요쿠가 교토 제국대학 교수로서 독일 유학을 명받고 다시 본격적으로 신칸트학파의 교설을 가져오게 되는데, 그 노선은 이미 이노우에가 깔아 놓은 것이었다. 제국대학의 교단은 너나 할 것 없이 독일로 돌아가는 분위기였다. 그리고, 그 누구라도 일본에서 칸트 철학의 선교사가 되었다.

엄밀히 말하면 일본에서는 칸트에 앞서 오히려 헤겔이 수용되고 있었다. 이유는 단순한데, 이노우에 이전의 '외국 초빙 학자' 페놀로사가 헤겔주의자였기 때문이다. 구와키, 가니에와 같은 세대의 기히라 다다요시紀平正美(1874~1949)는 헤겔학의 권위자가 되어 갔다. 그러나 그는 제국대학의 교수가 되지 못했다. 문학부의 강단 아카데미즘 철학은 역시 칸트를 위대한 스승으로 추앙했던 것이다.

단지, 방금까지 언급한 부분은 가니에 요시마루『서양철학사』의 표현을 빌리자면, '외면적인 이유'에 지나지 않는다. 일본에서 칸트 철학이 주로 수용된 그 내면적 이유는 또 다른 곳에서 찾아야 한다.

2. 무사도의 현창

미카미 레이지의 『일본무사도』

여기서 가니에 요시마루의 『서양철학사』와 같은 해에 간행된 미카미 레이지의 『일본무사도』 쪽으로 이야기를 옮겨 보자. 미카미는 가니에와 다르게 강단의 연구자가 아니었다. 야마오카 데쓰슈山岡鉄舟(1836~1888)의 흐름을 이어받아 고부칸弘武館이라는 무술도장 조직을 총괄하였던 인물이다. 그런 의미에서 『일본무사도』는 학술서가 아니다. 그러나 이 책의 서문을 한문으로 쓴 사람이 제국대학의 사학 분야의 창설 공로자인 사쓰마 출신의 시게노 야스쓰구重野安繹(1827~1910)이고, 본 편 전체의 교열을 맡아 저자 미카미보다 더 앞에 이름이 표기된 사람이 미토 출신의 한학자 나이토 지소内藤耻叟(1827~1903)인 것만 봐도 속서라며 매장되기엔 아까운 책이다. 본서는 다음과 같은 구성으로 되어 있다. 내용은 이 목차를 보면 아마 짐작이 갈 것이다.

무사도의 우월을 말하는 '차별 발언'

　메이지 유신으로부터 30년, 이미 사회적 신분으로서의 무사는 자취를 감추었고, 이로부터도 한 세대가 지나고 있었다. 과거의 것이 되어 가는 무사도. 그 의의를 새롭게 '문명시대'에 천명하자는 것이 본서의 주목적이다. 여기에서도 당시 일본의 풍조가 작용하고 있다.

　메이로쿠샤明六社로 대표되는 문명개화 노선은, 에도 시대의 구태한 것을 묻어 버리려는 경향이 있었다. 그러나 앞 장에서 설명한 바와 같이 여러 국면에서 이에 대한 반동이 발생한다. 무엇보다 청나라에 승리한 것은 많은 일본인들이 '동양의 맹주로서의 일본'이라는 의식을 갖게 되는 계기가 되었다.

　일본은 왜 성공했을까. 꼭 서양문명이 뛰어났기 때문만은 아니다. 같은 서양의 군함을 구입한 청나라의 북양 함대는 일본 해군 앞에서 쉽게 궤멸되었고, 당초 수적으로 열세였던 일본 육군은 순식간에 청나라의 군대를 한반도에서 쫓아내 버리지 않았던가. '그들에게는 없고, 우리에게만 갖춘 것이 있다. 그것이 무사도다.' 그들은 그렇게 생각했다.

　미카미는 중국 전한前漢의 질도郅都가 공직청렴公直淸廉함으로 역사에 이름을 남긴 사례를 두고 "그러나 만약 질도가 일본에 태어났다면 아주 평범한 인물일 뿐이니 역사에 이름을 남길 수 없었을 것이다"라고 논한다. 양국의 국민성에 대한 차별 발언이었다.

　그러나 이 차별 발언은 독자의 교양의 기초가 중국 고사에 있음을 전제로 하고 있다. 『일본무사도』 간행 당시의 모든 독자들은 『몽구

蒙求』등의 서적을 통해 질도의 존재를 알고 있었다. 그러니 미카미도 그런 예를 들고 있는 것이다. 그렇지 않으면 이 서술은 의미가 없어진다. '질도가 공직청렴했다'라는 것을 이미 알고 있지 않다면, 왜 그를 '일본에서는 보통 인물'이라 폄훼할 필요가 있었을까.

그런데 그 후 백 년, 지금 대학에서 중국학을 전공하는 연구자들조차, 도대체 그중 몇 할이 질도에 대해 알고 있는 것일까? 이렇게 말하는 나조차도 다시 사전을 찾아보아야 했다.

정신적 지주이기도 한 중국문화

따라서 미카미가 보여 주는 중국에 대한 언급들은 이중적이다. 기초적 교양의 토대로서의 중국문화와, 경멸의 대상으로서의 현대 중국. 이를 단적으로 보여 주는 것이 그가 중국을 언급할 때 쓰는 용어이다. 그는 전자의 문맥에서는 '한漢'이라는 명칭으로, 후자의 의미에서는 '지나'라는 명칭으로 부른다. 이러한 구분은 의도적으로 이루어지고 있는 것은 아니라고 생각될 만큼, 더욱 상징적이다. 예로부터 반드시 멸칭까지는 아니었던 '지나'는, 이 무렵을 경계로, 일본인의 우월감을 만족시키는 호칭으로 일반에 정착해 간다. 메이지 시대에는 '청일전쟁'이라며 상대편을 정식 국명으로 부르고 있는데, 쇼와 시대에는 '지나사변支那事變'(프롤로그에 소개한 것처럼 야스쿠니 신사에서의 호칭)이 일어난다. 상대방의 정식 국명은 중화민국이니, 그 의미만 보자면 '일화사변日華事變'이어야 하고(실제로 이런 표현도 있다), 도대체 선전포고조차 하지 않고 '사변'이라 하는 것은 또 무슨 뜻일까.

과거 중국 문화는 무사도를 떠받치는 정신적 지주로 작용해 왔다. 적어도 미카미를 비롯한 메이지 시대의 무사도 옹호론자는 모두 그렇게 서술한다. 일본의 오랜 무사도를 유교 도덕의 기치 아래 정착시킨 공적을, 미카미는 에도 막부로 돌린다. 그 덕목이 '충효忠孝 절의용무염치節義勇武廉恥'였다.

어느 것이나 현대 일본의 일상어로는 이미 사어의 부류에 속한다. '염치'의 경우에는 내 워드프로세서에서는 글자 변환조차 되지 않았다. 살짝 머리를 써서 '파렴치'로 변환한 뒤, '파' 글자를 지운 것이다. '파렴치'는 일상화되어 있지만 '염치'는 사전에도 존재하지 않는다. 미카미가 알면 틀림없이 윤리 도덕의 퇴폐를 개탄할 것이다.

유학자들에 의한 '충효절의용무염치'의 교육과, 막부의 상벌의 집행으로, 무사도는 에도 시대 일본에 뿌리내렸다고 미카미는 말한다. 그가 그렇게 주장하는 것은, 그가 살던 시대에 무사도를 문명개화와 맞지 않는 시대착오적인 것이라 비웃는 풍조가 있었기 때문이다. '무사의 교육을 두고 단지 궁마도창弓馬刀槍의 기예에 그치는 것과 같이 말함은 큰 잘못이다. 왜냐하면 무사의 가장 귀중한 것은 몸에 형태를 갖추는 기예가 아니라, 마음에 복종하는 그 기절이다.' 실제의 무예에 강해지는 것이 무사도의 목적은 아니다. 정신적 수양을 통해 훌륭한 인격자가 되는 것, 거기에 무사도의 진수가 있다고 그는 논한다.

자율

　미카미가 제3장에서 지식에 편중하는 풍조나 재화를 숭상하는 풍조와 함께, '법치주의'가 무사도를 쇠퇴시키고 있다고 하는 것도 그것과 관련이 있다. 외재적인 법률·규칙에 의해 타율적으로 생활을 규정할 수 있는 자는 무사가 아니다. 스스로 자신을 다스리고, 윤리와 도의를 중시하는 것이 무사도 교육의 기본이었기 때문이다. 서양의 물질문명을 상대화하고, 이것과는 다른 새로운 문명의 이상적인 상태, 즉 '윤리적 진보와 물질적 진보를 병행시킨다'라는 것이 지금의 일본에 부과된 사명이라고 미카미는 말한다. '무사도의 쓰임은 문명시대에 들어와 더욱 커진다.' 이 편은 이렇게 결론지어진다.

　미카미의 주장은 신기하게도 같은 해에 영문으로 저술된 니토베 이나조 『무사도』의 취지와 크게 다르지 않다. 니토베도 메이지 시대 일본의 부국강병의 성공을 뒷받침하는 교육상의 기둥으로서 무사도 정신의 존재를 역설했다. 기독교도인 니토베는 우치무라 간조와 마찬가지로, 그것이 기독교에 필적한다는 비교 아래, 높은 평가를 내렸다. 미카미의 경우는, 오히려 기독교에 근거하는(혹은 그렇게 여겨지는) 서양의 물질문명에는 적의를 가지고 서술했다는 점이 다르다.

　그러나 그 미카미마저도 문명개화에 대해서는 이미 정해진 노선으로 긍정한다. 역사의 진보를 믿고 세계에 일본의 역할을 적극적으로 보여 주려는 점에서 이것은 단순한 보수반동의 책이 아니다. 청일전쟁에서 승리한 후의 고양감이 만들어 낸, 이른바 시대의 산물인 것이다.

우키타 가즈타미浮田和民, 『제국주의 교육』

　오쿠마 시게노부大隈重信(1838~1922)가 창설한 도쿄 전문학교(현재의 와세다대학)가 적극적으로 중국 유학생을 받아들였다는 것은 잘 알려진 사실이다. 메이지 35년(1902), 그 도쿄전문학교의 대학 부문 문학과 과장에 취임한 우키타 가즈타미(1860~1946)는 그 전해(메이지 34년)에 간행한 『제국주의 교육』에서, 아시아의 제국주의 국가로서의 일본의 위상을 찬미하고 긍정했다. 말할 필요도 없겠지만, 여기서 말하는 '제국주의'란 나중에 등장할 고토쿠 슈스이幸德秋水(1871~1911)가 『20세기의 괴물 제국주의廿世紀之怪物帝國主義』에서 규탄한 것과 같은 부정적인 가치평가를 동반하고 있지는 않다. '대일본 제국'의 '제국', '제국대학'의 제국, '동양의 맹주'로서의 제국이라는 뜻일 뿐이다.

　그곳에는 역시 중국과 조선을 위에서 내려다보는 시선이 명료하다. 그렇긴 한데, 그들에게 주는 우월의식과 와세다 인으로서의 아시아 인민과의 연대감은, 우키타에게서 결코 모순되지 않는다. 이 책에서 그는 무사도를 표창한다. 조금 까다로운 화제이지만, 후쿠자와 유키치나 이노우에 데쓰지로에 관련되는 일이라서 소개해 둔다.

　가쓰 가이슈勝海舟(1823~1899)가 메이지 정부의 해군경에 임명되는 것에 대해 비판한 것은, 꾸준히 재야에 있던 후쿠자와 유키치였다. 그는 『야세가만瘦我慢(＊악착같이 버팀)의 설(瘦我慢の説)』을 펴내 가쓰의 출사는 무사노에 어긋난다고 비판한다. 이에 이노우에 데쓰지로가 '무사도와 장래의 도덕'이라는 연설에서, 그런 후쿠자와에 대한 비판을 전개한다. 후쿠자와의 가쓰 비판은 서양 도덕의 시점에서 나온 것이고, 본래의 무사도와는 달랐다. 가쓰는 형태로서의 무사도에 반대했지만, 후쿠자와는 정신적인 면에서 무사도를 멀리했다. 영국식 자유주의자인 후쿠자와에 대해, 독일식 국권주의자인 이노우에의 평소 분노가 폭발했던 것이다.

독립자존

우키다는 이 논의를 평가하며 다음과 같이 말한다. "후쿠자와의 『야세가만의 설』의 이해가 잘못된 것은 말할 필요도 없다. 그러나 이노우에의 후쿠자와 비판도 정곡을 찌르지 못했다. '자유'라든지 '독립자존'이라든지 하는 용어를 후쿠자와가 사용하고 있다 해서, 그것이 바로 서양 도덕에 근거하는 논의라는 증거가 될 수 없다. 왜 냐하면, 무사도에서는 그러한 용어를 확실히 찾아볼 수는 없지만, 그 정신에 있어서는 '자유'나 '독립자존'이라고 부를 수 있기 때문이다." 이러한 관점은 니토베나 우치무라의 무사도 이해와도 통한다. 게다가 우키타는 도시샤同志社 출신의 기독교도였다.

독립자존이 무사의 본성이므로, 무사는 형벌 받는 것을 떳떳하게 여기지 않는다. 할복이야말로 무사의 처신이다. 따라서 전장에서는 전사하는 것이 마땅하고, 형세가 불리할 때는 자해할 뿐이다. '무사인 자는 항복을 하거나, 만일 포로가 되어 적의 제재를 기다려서 죽는 것은 달갑게 여기지 않았다.' 이것은 '살아서는 포로의 망신을 당하지 않겠다'라는 『전진훈戰陣訓』의 정신과 동일하다. 이 감성이 '무사도'로서 제국 군인들에게 스며들면, 투항해 온 적에 대한 경멸의 감정으로 이어진다는 것을 쉽게 납득할 수 있을 것이다. 일본군 포로 학대 행위의 연원은 우키다와 같은 무사도에 고취된 자에게 있다고 말하지 않을 수가 없다. 그러나 우키타는 이를 두고 세계에 웅장히 비상하는 일본인의 심성이라고 한다.

여기서 우키타는 두 명의 사상가를 세계에 보편적인 심성, '독립자존'의 근거로 내세운다. 그 둘은 누구일까? 칸트와 헤겔인 것이다. '도덕의 큰 근본은 칸트가 말하는 것처럼, 자주자치에 있고, 그리고 헤겔이 말하는 것처럼 사람됨과 동시에 사람으로서 타인을 공경하라는 것에 있다'라고 말이다. 이처럼 우리는 이번 주제인 칸트 철학과 무사도를 연결시킬 수 있게 되었다. 키워드는 '독립자존'이다.

무사도에 '이성'이 있다.

왜 칸트가 메이지 시대의 철학 연구자에게 선호되었는가? 칸트가 이성의 독립자존을 설파한 철학자였기 때문이다. 원래 칸트의 대표작은 세 개의 비판서이며, 그것은 메이지 사람들도 잘 알고 있었다. 다만, 그 비판 철학으로서의 측면은 그다지 주목받지 않았다. 오히려 비판철학의 검토 대상이었던 '이성'이라는 것에 대한 소박한 신앙, 칸트 자신이 비판했던 이전 철학자들의 태도에 더 가깝다는 느낌을 받는다. 이노우에는 물론, 그 라이벌인 오니시나 우키타를 포함해, 모두 하나같이 이성의 훌륭함을 칭찬하고 있다.

원래 Vernunft를 이성이라고 번역한 것은 '철학'이라는 단어를 만든 니시 아마네西周(1829~1897)였다. 막말 메이지 초기의 양학자로, 야마가타 아리토모의 명을 받아 군인칙유軍人勅諭의 기초를 세웠던 인물이다. 아마도 불교 용어였던 '이성'을 우선 염두에 둔 것이겠지만, 문맥적으로는 송명 이학의 '이理'와 '성性'을 결합시킨 것으로 보인다. 지고의 존재God는 그 존재 자체를 충분히 발현시킬 수 있으며, 그 지고존재로 인해 인간 개개인의 내면에도 불완전한 형태가 부여되어 있는 것이라 한다면, 에도 시대에 태어난 지식인이 주자학의 '성즉리性卽理'를 연상해도 이상할 이유가 없기 때문이다. Vernunft라는 단어를 알기 이전부터 일본인들은 이성이라는 관념에 익숙해져 있었다. 따라서 그들에게 이성을 중심으로 한 철학은 이해하기 쉬운 것이었다. 정확히 말하면 쉬워 보였다. 친근감을 가졌다. 하물며 칸트는 모범국 독일이 자랑하는 철학자이다. 칸트 철학은 일찍이 어릴 적에 유교를 배운 사람들에 의해 수용되고 흡수되었다.

게다가 이성에 의한 자주 자치는 무사도가 권장하는 삶에도 적합했다. 물론 그 이면에는 에도 시대에 무사도가 유교풍 교의로 창조적 개편이 이루어졌다는 역사가 작용한 것이고, 그것은 미카미가 지적하는 것 이상으로 중요한 의미를 지니고 있지만, 여기에서는 생략하기로 한다. 아무튼 이성적으로 행동한다는 것은, 무사의 정신과 결합된 것이다.

무사도는 사리사욕을 채우기 위한 것이 아니라, 보편적인 지고의 가치를 위해 살아가고 죽는 것을 가르치고 있는 것이다. 문명개화에 의해 그 존재 의의가 사라지기는커녕, 더욱더 그 중요성이 커져 갔던 것이 아닐까.

3. 양명학의 복권

'재야의 양명학' 언설의 탄생

그리고 여기에 다시 양명학이 연결된다. 그즈음은 양명학이 다시 각광을 받기 시작했던 시기였다. 앞 장에서 소개한 우치무라 간조의 『대표적 일본인』에서의 사이고 다카모리에 대한 평가도 이 맥락을 통해 볼 필요가 있다. 사이고는 한 번도 스스로를 양명학자라 칭하지 않았다. 그는 후지타 도코를 존경했고, 그의 후계자가 되고 싶어 했다. 그런 점에서 그는 요시다 쇼인과 통한다. 막부 말기 유신 지사들의 마음을 사로잡은 것은 라이 산요의 시문이나 후지타 도코의 정치론이며, 거기서 발견되는 미토학적 사고였다. 그런데도 그들은 미토학이 아니라 양명학자로 분류되어 간다.

이노우에 데쓰지로는, 메이지 33년(1900)에 『일본양명학파지철학日本陽明學派之哲學』을 간행한다. 이 책은 『일본고학파지철학日本古學派之哲學』(1902), 『일본주자학파지철학日本朱子學派之哲學』(1906)과 더불어, 이노우에의 에도 유학 3부작을 이루며 그의 학문적 업적을

249

대표하는 것으로 평가된다. 에도 시대의 유학을 주자학파·양명학파·고학파의 세 갈래(혹은 여기에 절충학파와 고증학파를 더한 다섯 갈래)로 나누는 방식은 그에 의해 정비되고 정착되었다. 지금도 고등학교의 교과서 수준에서는 이 분류법이 통용되고 있다. 부끄럽지만 필자가 분담 집필한 윤리 교과서 역시 그런 분류 계보도를 내걸고 있다. 변명을 하자면, "메이지 시대의 이노우에 데쓰지로가 한 것으로, 당시 사람들의 자기 인식이 아니다"라는 별도의 기술을 해두었다. 타 출판사의 교과서에는 없는 서술이라며 자부하고 있다.

그것은 그렇다 치고, 3부작 가운데 가장 먼저 완성한 것이 양명학을 다루는 책이었다는 점은 주목할 만하다. 왜일까. 이노우에는 책의 서론에서, 에도 시대에 양명학의 존재 의의를 이렇게 말하고 있다.

> 주자학의 발흥에 따라, 그것에 반하는 고학이 크게 기염을 토하게 했을 뿐만 아니라, 또한 자양(고지마 주注: 주자朱子를 말함)과 궤도를 달리하는 양명학 또한 의외의 곳에서 반뜩이는 서광을 보이는 한 가지로만 단조로웠던 폐단을 타파할 수 있었다.

주자학이 도쿠가와 체제를 지탱하는 것에 대해, 재야의 학문으로서 양명학이 있었고, 그 수는 적었음에도 뛰어난 인물을 배출했다고 이노우에는 말한다. 여기서 나카에 토쥬를 시작으로 요시다 쇼인, 사이고 다카모리에 이르는 에도 양명학의 계보가 확립된다. 실제로는 이에 앞서 다카세 다케지로高瀬武次郎(1869~1950)가 『일본지양명학日本之陽明學』을 썼고, 간단한 양명학자 열전을 만들어 내고 있었다. 이노우에는 이것에 살을 붙여, 현재도 교육현장에서 계속 재생산되고 있는 학술사상사의 틀을 확고히 만들어 낸 것이다.

니토베와 이노우에의 공동 강연

메이지 41년(1908)에는 양명학회가 조직된다. 중심인물은 히가시 게이지東敬治(1860~1935, 호는 세이도正堂). 그는 이전까지 메이젠가쿠샤明善学社로 활동하던 조직을 개편해 양명학회로 삼았다. 그 기관지 『양명학陽明學』은, 이후 매월 간행되며 양명학의 보급 활동을 전개했다. 히가시 게이지는 자신이 집필한 「발간사發刊の辞」에서 "양명학은 단순히 공맹의 학에 그치는 것이 아니라 천지의 도道이며, 심성을 수양함으로써 지금의 경박한 풍조를 바로잡는 효과가 있다"라고 밝히고 있다. "4년 전 러일전쟁에서 일본 군인이 보여준 장렬한 의지는 평소의 정신 수양에서 유래한 것으로, 외국으로부터 극찬을 받고 있다. 양명학의 보급은 오늘날의 사명이다."라고 적는다.

양명학회에서는 월례 소규모 행사로 시작해 강연회·연설회도 활발히 개최되었다. 그 가운데 제1회의 대규모 연설회가 모임 발족 이듬해의 3월 21일에 열렸다. 1200명이 넘는 청중이 모였다고 하는데, 강사의 면면을 보면 그럴 만도 하다.

오쿠마 시게노부, 「연제演題가 상세하지 못함. 단지 이것이 연제」
시부사와 에이이치, 「학문과 사업」

이노우에 데쓰지로, 「양명학을 대한 소감을 말하다」

미야케 유지로, 「오시오 헤이하치로에 대해서」

니토베 이나조, 「양명학의 아마추어관素人観」

오쿠마와 시부사와에 대해서는 소개할 필요도 없을 것이다. 미야케 유지로는 앞장에 등장한 세쓰레이인데, 유지로라고 표기되기도 한다. 연설회의 마무리를 맡은 것은 니토베 이나조였다.

그렇다. 니토베는 이 연설회에서 무려 이노우에 데쓰지로와 같은 연단에 올라가 있는 것이다. 니토베는 당시 제일고등학교 교장에 취임해 있었다. 일찍이 '불경'의 죄목으로 우치무라를 쫓아냈던 학교가, 마침내 그의 친구인 기독교도 교장을 받기에 이른 것이다. 작년에는 사쿠라이 오손桜井鴎村(1872~1929)의 번역으로 『무사도』의 일본어판이 간행되고 있어, 이 연설회에 강사로 초대된 것도 그 때문이었다고 생각된다. 그가 언제 입회했는지는 알 수 없지만, 양명학회의 정규회원이었다.

나는 이 글을 준비할 때까지 그 사실을 알지 못했다. 양명학회 회원이 된다면 국제파 니토베의 경력에 흠이 날 것으로 생각한 니토베의 후계자들에 의한 소극적인 은폐 공작이었던 것은 아닐까. '편협한 천황제 군국주의에 대해 넓은 시야를 가진 비판자'로서 니토베를 표상하고 싶다는 주관적인 소망이 제일고교 그의 제자들에게 있었는지도 모른다. 야나이하라 다다오矢内原忠雄(1893~1961)도 난바라 시게루南原繁(1889~1974)도 니토베의 이러한 측면에 대해서는 언급하지 않았다. 현재 간행된 『니토베 이나조 전집』(교분칸教文館)에도 이 강연의 원고는 수록되어 있지 않다.

기독교 신자가 이노우에에게 가르침을 청하다?

그러나, 그런 생각과는 어긋나는 것이 아닌가 싶을 정도로, 그의 연설은 이 학회에 대한 경각심을 전혀 가지고 있지 않은 것으로 보여진다. 『양명학』의 제9호, 제10호에 게재된 강연의 기록을 보러 가자. 우선, "저는 아마추어라서 양명학에 대해서 오해하고 있는 점이 있을지도 모릅니다. 그때는 이노우에 박사께서 거리낌 없이 정정해 주셨으면 합니다."라고 발언하고 있다. 이것은 「교육과 종교의 충돌」의 저자인 이노우에에 대한 빈정거림일까? 그렇지는 않을 것이다.

니토베에게 있어 퀘이커(개신교의 일파)와 양명학이라는 것은, 어느 쪽이든 예의를 갖춰 자신의 양심을 중시하는 점에서 많이 비슷하다고 말한다. 그는 이전 연설자인 미야케 세쓰레이가 들었던 오시오 헤이하치로의 예시를 들어, '양명학을 더욱 세상에 알리고, 실행적인 힘을 주고, 용기를 북돋는 방법을 일반 세간에 퍼뜨리고 싶다는 것이, 이 학회에 대한 나의 생각입니다'라며 연설을 마친다. 마치 자신은 삿포로 농학교에서 공부했기에 기독교 신자가 되었지만, 더 일찍 양명학을 만나고 싶었다는 느낌의 말투이다. 그것이 청중의 마음을 사려고 했던 것인지, 그의 본심인지는 알 수 없지만, 적어도 그런 강연을 했다는 것에 대한 사회적 책임은 면하기 어려울 것이다.

더욱이, 부언을 해 두자면 이즈음에는 이노우에 데쓰지로도 기독교를 위험사상으로 보지는 않고, 일본의 국체를 지탱하는 하나의 종교로서 인정하고 있었다. 그것에는 청일전쟁·러일전쟁이라는 두 번의 전쟁을 거치면서, 교회 측도 메이지 정부의 정책을 기본적으로 추인追認하게 되었다는 점도 있다. 우치무라 간조는 그러한 풍조를 비판하며 무교회주의를 제창한 것이었다. 우치무라와 니토베에게는 노선의 차이가 있었다.

양명학회는 앞서 말했던 것과 같이, 히가시 케이지(그의 부친인 히가시 마사즈미東正純(호는 다쿠샤沢瀉)도 고명한 양명학자였다)의 주도로 이루어졌다. 학회의 최고 평의원은 이노우에 데쓰지로였고, 그 밖에 시부사와 에이이치도 창설할 때부터 평의원으로 학회를 지원했고, 자주 집회에 자신의 저택을 빌려주었다. 미야케 세쓰레이도 평의원이었는데, 이미 국수주의운동의 중심인물로 유명했을 때였다.

이노우에·시부사와·미야케는 평의원으로 이 강연회의 연사를 맡았을 것이다. 또 한 명의 연사 오쿠마 시게노부는 정치인에, 와세다 대학의 창설자다. 니토베는 평의원도 아니었지만, 이런 이들 가운데 섞여 1200명의 청중을 향해, 한 고등학교의 교장이라는 직함만으로 양명학의 장래에 대해 얘기했던 것이다.

양명학의 정통은 일본에 있는가?

『양명학』에 게재된 논문·수필의 대부분은 중국과 일본의 양명학자들의 소개와 현창을 주제로 하고 있다. 물론 일본의 양명학자라 함은, 나카에 토쥬 이래로, 구마자와 반잔熊沢蕃山(1619~1691), 미와 싯사이三輪執斎(1669~1744), 오시오 츄사이 등이다. 중국인의 경우 왕양명 외에도 육상산陸象山과 유염대劉念臺(1578~1645, 이름은 종주宗

周)가 자주 거론된다. 왕기王畿(1498~1583), 왕간王艮(1483~1541) 등과 현대 연구자들이 즐겨 다루는 이른바 '양명좌파'는 요시다 쇼인이 존경하는 이들이었는데, 이지李贄(*이탁오)가 가끔 등장하는 것과 마찬가지로, 거의 언급되지 않는다.

그와 관련하여 이들의 청나라에 대한 평가는 매우 혹독하다. 유종주劉宗周가 청나라에 항복하지 않고 굶어 죽은 일이나, 주순수(이름은 지유之瑜)가 원군 요청을 위해 17세기 중엽에 일본으로 망명했던 일 등에서 비롯된 것이다. 또 양명학이 청대에 두절된 것도 이따금 강조된다. 거기에서 그치지 않고, 주순수를 통해 양명학의 계통이 일본으로 옮겨졌다는 사관을 밝히는 글도 보인다.

예를 들어, 제10호에 실린 이시 도코쿠石東国(『오시오 헤이하치로』의 저자 이시자키 도코쿠石崎東国일 것이다)의 『미토학과 양명학』은, 보통 별개의 대립하는 유파로 간주되는 두 학문이, 실은 궤를 같이하는 것이라 주장한다. 중심인물은 주순수이고, 체제교학이었던 주자학을 맡은 하야시 라잔은 질투심에 도쿠가와 미쓰쿠니, 주순수를 박해했기 때문에 이후의 100년 동안은 미토학과 양명학이 유행할 일이 없었으며, 19세기에 이르러서야 미토학에서는 후지타 유코쿠, 양명학에서는 오시오 츄사이가 나타난다. 게다가, 이시자키는 이렇게 말한다. "미토학이라는 호칭 자체는 사토 잇사이가 적대시하였고, 히라타 아쓰타네의 국학과 같은 것으로 비판하기 위해 만들어 낸 것으로, 실제와는 다르고 양명학과 뜻을 같이하는 것이다."

"이상 우리는 미토학과 양명학이라는 것이 어떻게 긴밀한 묵계黙契 아래 메이지 유신의 혁명을 양성釀成하고, 고취해 왔던가를 느끼지 않으면 안 된다." 이시자키의 이 글은 필자의 이 책에 실린 사료

가운데 가장 중요한 것이라 해도 좋다. 이시자키의 글이 쓰여진 지 3년 후인 메이지 45년(1912), 예전 미토번의 번저藩邸가 있던 자리에 '주순수 선생 종언의 땅朱舜水先生終焉之地'라고 적힌 비석이 세워졌다. 고라쿠엔이 있는 가미야시키上屋敷가 아니라 혼고도리本鄕通り를 따라 난 고마고메駒込의 나카야시키中屋敷이다. 그곳은 그 20년 전 '우치무라 간조 불경사건'이 발생한 장소였고, 당시 니토베 이나조가 교장으로 근무하던 제일고등학교의 부지에 해당한다. 비석의 완공식에는 적지 않은 양명학회 회원들이 참석했다. 이 비석은 도쿄대학 농학부 내에 현존하고 있다.

자랑할 만한 그들의 양명학

당시 여든 살의 고령이었던 미시마 쥬슈도, 양명학회에 아들인 미시마 마타三島復와 함께 참가했고, 창간호 이래 몇 편의 글을 『양명학』에 실었다. 그의 글 가운데, 제4호의 「하룻밤의 양명학 이야기陽明學一夕話」를 살펴보자. '고로 양명학은 지나에 존재하지 않고, 오히려 일본에 있다는 것이 타당하다고 하겠다.' 미시마 마타가 도쿄제국대학 한문과를 졸업하고 아버지의 후계자로서 니쇼가쿠샤를 주재하는 한편, 왕양명에 대한 박사논문을 집필한 것도 이 무렵이었다. 그들에게 있어서, 양명학은 일본이 자랑하는 도덕수양의 가르침이었다.

메이지 유신의 '문명개화'를 거치고, 시대의 추세는 더 이상 되돌릴 수 없게 되었다. 이제 와서 유교식 예를 들고 나와, 국가제사에서

관혼상제에 이르는 정치 사회의 실천형식으로 통용시킬 수는 없는 노릇이었다. 그들도 그 사실은 자각하고 있었다. 그래서 그들이 선택한 것이 형식을 따르지 않는 교설, 정신지상주의의 가르침으로 이해되던 양명학이었다. 물론 현재의 사상사 연구 성과로 판단하면, 그들의 양명학 이해는 잘못되었다. 그러나 무엇을 '진정한 양명학'이라고 부를 수 있을까. 중국 명대에 왕양명이 주창한 교설의 일부를 환골탈태하여 근대 일본에 적응시키려 한 사람들이 있다. 그들이 믿었던 '양명학'을 단언해서 '양명학이 아니다'라고 부인할 권리는 내게 없다. 그들이 바라던 것은 왕양명이라는 자의 교설에 원리적으로 충실히 살아가는 것이 아니었다. 그들이 처한 시대 배경 속에서 생활지침이 될 수 있는 과거의 사상적 유산이었다. 그것이 '그들의 양명학'이었다. 여기서 내가 말할 수 있는 것은, '그들의 양명학은 왕양명의 양명학이 아니다'라는 것뿐이다.

그러나 그렇다고 그들이 상처받을 일은 없을 것이다. 그들 자신이 '양명학이란 누군가의 고정적 교설을 가리키는 것이 아니라 양지에 따라 성실하게 살아가는 실행주의 정신 그 자체'라고 이해하고 있었기 때문이다. 원래 양명학이 그렇게 주장하는 교설이었기에, 그들은 그 지점을 골라냈던 것이다. 주자학이나 고증학에서는 일어날 수 없는 일이 양명학에서는 가능했다. 언설상으로는 양명학을 비판한 유학자들조차도 그 실행주의 때문에 양명학자로 인정받게 된다. 그 정의가 공동화空洞化될수록 '그들의 양명학'은 계속 확대된다.

4. 흰 양명학, 붉은 양명학

다카세 다케지로의 『지나철학사支那哲學史』

양명학회 평의원 중에는 당시 교토제국대학에서 양명학을 강의하고 있었던 다카세 다케지로의 이름도 보인다. 그를 중심으로 교토와 오사카에도 양명학 학습회가 조직되었고, 그는 그곳의 주강사로서 활동하고 있었다. 그는 이노우에 데쓰지로의 양명학 현창운동을 실증적으로 뒷받침하는 역할을 완수하고, 메이지 31년(1898)에는 『일본지양명학』을, 메이지 37년(1904)에는 『왕양명상전王陽明詳傳』을 출판했다. 앞서 언급한 미야케 세쓰레이의 『왕양명』을 능가하는 대작이며, 「주자학과 양명학」이라는 제목으로 그 차이를 비교하는 부록도 마련되어 있다. 메이지 43년(1910)에는 통사通史로서 『지나철학사』를 간행한다.

그 전후로 우치다 슈헤이內田周平(1854~1944), 엔도 류키치遠藤隆吉(1874~1946), 마쓰모토 분자부로松本文三郎(1869~1944), 우노 데쓰토宇野哲人(1875~1974) 등에 의해 잇따라 중국 철학의 통사가 짜여졌다.

야마지 아이잔山路愛山(1865~1917)의 『지나사상사支那思想史』도 잡지에 연재되었다. 같은 시기에 나온 다른 중국철학통사와 마찬가지로 다카세의 『지나철학사』도 상세上世·중세·근세의 세 시기로 시대를 구분한다. 서양 철학사에서 얻은 발상인 것이 분명하다. 왕양명은 근세(송대 이후) 안에 있다. 거기다가 정이천程伊川(1033~1107)의 지행합일설知行合一說을 소크라테스Socrates의 교설과 같은 것, 왕양명의 개념과는 약간 다른 것으로 분류한다거나, '천리天理' 개념이 칸트의 '무상명법Kategorischer Imperativ(지금은 정언명법으로 번역하고 있는 개념)'에 해당하는 것이라는 등의 서술이 있어, 양명학을 서양의 철학과 비교하며 논하는 경향을 보여 준다.

또 부록으로 「유교의 양심설儒教の良心說」이라는 장이 특별히 마련되어 있다. 이 부분은 철학회에서 구두로 발표한 것을 실은 것이다. 일부러 이 장을 덧붙인 것은 그가 양심설을 중국철학의 중요 사항으로 여겼던 점, 그 중심인물이 왕양명이었기 때문일 것이다.

실제로 이 장의 제2절 「양심설의 대요良心說の大要」는 오로지 왕양명의 교설 소개에 치중하고 있다. 양명학에서의 '양지'를 서양 철학풍으로 '양심'이라 바꾸어, 중국 도덕 철학의 핵심으로 삼음으로써, 현실의 실천 과제에 대해 제언한다. 요컨대, 앞에서 서술한 가니에 요시마루 ― 다카세와 가니에는 도쿄제국대학에서 학우 관계였을 것이다 ― 의 『서양철학사』에 묘사되는 칸트의 위치가, 다카세의 『중국철학사』에서는 왕양명이 차지하고 있는 식이다. 다카세는 『양명학』 26호에 「양명학의 이점과 병폐陽明學の利病」라는 글을 기고하는데, 그는 거기서 이렇게 말한다. "양명학의 이점은 간이직절簡易直截하다는 것이다. 그러나 그것은 동시에 폐해를 가져온다.

즉 실행을 지나치게 중시한 결과 전후좌우를 돌아볼 겨를이 없음에 이른다. 오시오 츄사이나 사이고 다카모리도 그런 결함을 가지고 있다. 그 때문에 최근에도 양명학을 위험사상으로 오인하는 사람들이 있다."

대역사건 — 양명학의 대위기

다카세의 글은 일반론을 전개하고 있을 뿐 더 이상의 것을 다루지는 않는다. 그러나 이 글이 메이지 43년 12월 1일에 발매된 호에 실려 있음을 본다면, 그 직전에 일어난 중대 사건을 바로 연상시킨다. 메이지 천황 암살미수사건, 이른바 '대역사건大逆事件'이다. 그해, 한 남자가 폭탄을 제조해 천황 암살을 기도하고 있다는 이유로 체포되었다. 이를 계기로 사회주의자들이 일제히 검거되고, 이듬해 1월에는 고토쿠 슈스이 등 12명이 사형에 처해진다. 실제로는 고토쿠에게 천황 암살 계획은 없었으며, 그저 그들의 신념 때문에 처형되었다는 것이, 대역사건에 대한 오늘날의 통상적인 해석이다.

고토쿠는 우치무라 간조 등과 함께 러일전쟁에 반대하고 있어, 이전부터 정부 당국의 미움을 사고 있었다. 미야케 세쓰레이는 고토쿠가 '대역'을 획책할 리 없다고 변호하며, 고토쿠의 요청으로 그 유작인『기독말살론基督抹殺論』에 서문을 써 주었다. 또한 검사로서 그들에게 극형을 요구한 것은 히라누마 기이치로平沼騏一郎(1867~1952)로, 후에 정치가로서 수상이 되는 인물이지만, 한편으로는 무큐카이無窮会라고 하는 주자학계의 유교 학습회를 주재하는 국가주의자였다.

다카세가 위협으로 느낀 것은, 고토쿠가 나카에 조민의 제자였던 것이다. 나카에 조민은 젊은 시절부터 서양의 학문을 배우고 있었다. 그러나 미시마 쥬슈의 니쇼가쿠샤에서 유학을 공부하며, 마침내 맹자와 왕양명에 심취한다. 그는 루소Rousseau의 『사회계약론社會契約論』을 번역했지만, 그 루소의 수용도 양명학 학습, 그리고 그에 대한 심정적 평가와 연결되어 있었다.

조민 자신은 어디까지나 자유주의자였지, 사회주의자는 아니었지만, 고토쿠 슈스이는 그가 총애하는 문하생이었다. 즉 고토쿠는 미시마 쥬슈의 손제자에 해당한다. 대역사건에 의해 반체제 사상으로 낙인찍힌 사회주의가 양명학으로 통한다는 혐의를 가질 수 있는 위험성이 발생한 것이다. 다카세가 전술한 문장은 그에 대한 예방선을 쳐두자는 것이었을 지도 모른다. 그의 배려는 기우가 아니었다. 게다가, 그 위험성을 공공연하게 표명했던 것은, 무려 그의 은사 이노우에 데쓰지로였다.

사회주의와 혼동되어서는 안 된다

고토쿠 등이 처형된 직후인 2월, 고쿠가쿠인國學院, 즉 '신도정신에 의거해 인격을 도야함'을 건학정신으로 내세운 학교에서 열린 '대역사건에 관한 입국대본立國大本 강연회'에서의 일이다. 이노우에가 '고토쿠가 나카에 조민의 문하생인 점'과 '그와 동시에 처형된 오쿠노미야 겐시奧宮健之(1857~1911)의 아버지가 양명학자(오쿠미야

조사이奧宮健齋)였다는 점'을 들며 사회주의와 양명학의 연관성을 지적한 것이다. 그 사실은 신문에 크게 보도되었고, 양명학회 회원들 사이에서도 동요가 일어났다. 『양명학』29호의 「사고社告」에서 히가시 게이지는, 일부러 이노우에가 보낸 사적인 편지를 게재하며, 이노우에가 대역사건의 사상적 배경에 '양명학이 있다고 생각하지 않음'을 변명하고 있다. 친절하게도, 31호에서는 다카세가 히가시 앞으로 보낸 서간도 실려 있다. 다카세도 29호의 「사고」를 읽고 안도했다는 것이다. 이미 예방선을 치고 있었던 그에게 있어, 이노우에의 실언은 정말 화가 나는 부분이었을 것이다. 그들 사제는 2인 1조로, 주자학의 묵은 관습을 비판하고, 양명학이야말로 문명시대 유교의 진면목이 있다고 주장해 왔다. 그 악착같은 노력이 사회주의자가 저지른 사건에 의해 무너져 내리는 일은 없어야 했다. 이들에게 대역사건은 중대한 고비였다.

앞서 언급한 주순수 선생의 비석 건립이 이듬해 여름이었던 것은 우연이 아닐 것이다. 양명학회가 이 건에 적극적으로 협력한 것은 국체 수호의 학문이었던 미토학과의 연계를 과시해, 사회주의자라는 의혹을 불식시키기 위한 행위였던 것이다.

정신운동으로서의 양명학?

그 직후 메이지 천황이 승하한다. 그 장송의 날, 요시다 쇼인의 제자이자, 육군 퇴역대장이었던 노기 마레스케도 죽음을 택했다. 이 사건이 모리 오가이森鷗外나 나쓰메 소세키에게 충격을 준 것은 일본 문학사에서도 유명한 일이다. 노기는 확실한 사무라이(=곁에서 모시는 자)로서, 주군 메이지 천황의 뒤를 따랐다.

　본래 이노우에나 다카세의 전략은, 메이지 유신의 원동력으로서 양명학 현창운동을 진행하고자 했던 것이며, 그것은 양명학회의 방침이기도 했다. 주간인 히가시 게이지는 천황의 서거를 추모하는 글「양명학의 관점에서 선제폐하를 보내며陽明学より観て拜送し奉る先帝陛下」(48호)를 통해, 메이지 시대의 여러 정책들은 양명학의 이상이 실현된 것이며, 그렇게 된 것은 천황의 스승이었던 모토다 나가자네가 양명학자였고, 천황이 그로부터 감화를 받았기 때문이라고 단언하고 있다.

　이에 대해 한 일반 회원으로부터의 비판적인 서한이 있었다. 모토다를 양명학자로 분류하는 것이 잘못이라는 것이다. 이에 대해 히가시는 제 50호에 답신「야에노 씨에게 답하다答八重野氏」를 게재하며, 모토다를 양명학자라 단정한, 자신의 경솔한 사실 오인을 정정하면서도 자신이 어떤 학자를 양명학자인지 아닌지 판단하는 기준이 학문 계통이 아니라 정신혈맥에 있음을 변명한다. 즉, 양명학파의 학통이 따로 존재하는 것이 아니라, 그 학자가 왕양명과 같은 문제의식에 서서 사색하고 실천한다면, 그는 그 자체로 양명학자라 칭해질 수 있다는 것이다.

　양명학회의 장로 미시마 쥬슈도 제48호「양명학 연구의 마음가짐」에서 '양명학이라는 것에는 별로 읽을 만한 책이 없다.'라고 말하면서, '오늘날 양명학을 이야기하는 사람들은, 처음에는 모두 주자학에서 태어난 것이기에, 그러므로 주자학을 연구하지 않으면 양명학을 잘 알 수 없다'라고 논하고 있다. 이것은 이미 앞 장에서 본 그의 지론이라기보다는, 그 스승 야마다 호코쿠 이래 '일본 양명학' 의 전통이었다.

그러나 히가시나 미시마의 이러한 발언은, 잘 생각해 보면 자폭 작용을 가질지도 모르는 위험성을 띤다. 양명학적인 고정적 유파가 존재하지 않는다고 말하는 것과 같기 때문이다. 그렇다면 '양명학 회'에, 무슨 의미가 있단 말인가. '양명陽明'이라는 고유명사에는 특 별한 의의가 없어졌고, '주자학을 배워도 그 정신이 왕양명과 같은 사람들'을 임의로 '양명학자'라 부르는 데에 지나지 않게 된다.

역시 혁명 사상

그들에게는 자신들 사정에 맞는 재료만 있다면, 역사상 위인들을 모두 양명학자로 만들어, 그 계보 속에 담고 싶은 욕구가 있었다. 중국에서는 유종주나 주순수 이후 양명학이 쇠망했다. 그렇기에 신 해혁명 이후 청나라와 함께 목숨을 거두는 사대부가 한 명도 없었 다. 그러나 일본에서는 나카에 토쥬 이래, 면면히 양명학의 정신이 계승되고 있어, 신해혁명 이듬해 일어난 노기 마레스케의 죽음도, 그에게 쇼인 문하로서 양명학의 소양이 있었기 때문이라고 히가시 케이지는 말한다.

양명학회 사람들은 나카에 조민과 고토쿠 슈스이의 계보를 배제 하면서 양명학이 국체 유지 사상임을 강조한다. 그러나 그들이 그 렇게 주장하듯이 혁명사상과 양명학이 무관한 것일까. 따지고 보면 막부 말기 '근황의 지사'란 혁명가였다. 히가시 등의 양명학회 회원들이 요시다 쇼인이나 사이고 다카모리를 현창하면 할수록, 그것은 혁명 장려로 이어질 수 있는 면을 지니고 있었다. 양명학과 사회주의, 어느 쪽도 좋게 생각하지 않는 이들에게 그 두 가지는 동일해 보일지도 모른다. 아니, 사회주의자 자신에게 있어서도, 양명학은 자신들의 정신을 지지하는 사상 교설에서 이노우에가 말한 대로인 것이다. 고토쿠 슈스이가 나카에 조민의 지도하에 『맹자』를 숙독한 것은 유명한 일이다. 메이지 34년(1901)에 출판된 『20세기의 괴물 제국주의』에 대해 한 연구자는 이와 같이 말한다.

> 본 책이 '제국주의'를 논하기 전에 '군국주의'를 비판하고, 그 '군국주의'를 논하는 전제로서 '군국주의'를 조장하고 있는 사이비 '애국심'의 본질 폭로로 글을 시작하는 이유다. 더군다나 『맹자』의 측은지심에서 시작해 지사와 의인에게 호소하며 끝나는 이 책은 슈스이의 사고 속에 얼마나 뿌리 깊은 유교 윤리가 골육화됐는지를 보여 준다. (오하라 사토시大原慧, 『가타야마 센의 사상과 대역사건片山潜の思想と大逆事件』, 론소사論創社, 1995, 109쪽)

고토쿠가 직접 양명학을 언급한 것은 아니지만, 여기서 맹자의 사상으로서 그가 말하는 바는, 왕양명이나 오시오 츄사이가 강조한 곳으로, 메이지 시대 일본에서 '양명학의 정신'으로 표상되어 있던 것이다.

야마카와 히토시山川均의 회상 — 사회주의와 기독교

야마카와 히토시(1880~1958)라는 사회주의자가 있다. 덴노 령 구라시키(미시마 쥬슈의 출신지)에서 대관소代官所의 구라모토藏元[121]를 맡고 있던 집안 출신으로, 메이지 유신 이후에는 장사를 하고 있었다. 히토시는 청년 시절부터 사회주의운동에 참여하였고, 메이지 41년(1908)에 적기사건赤旗事件으로 검거되어 징역형을 살고 있었으므로, 대역사건 때는 이미 옥중에 있었다. 출소 후 사카이 도시히코堺利彦(1871~1933), 다카바타케 모토유키高畠素之(1886~1928)와 함께 사회주의운동 재건의 일익을 담당했고, 다이쇼 11년(1922)에는 핵심 간부의 일원으로서 일본 공산당 결성에 참가했다. 이후 공산당을 떠났고, 말년에는 일본 사회당 좌파의 간부로 활약했다. 부인의 옛 성은 아오야마, 이름은 기쿠에. 앞서 소개한 바와 같이, 미토학 가문의 출신이다. 남편과 함께 사회주의 투사('투부鬪婦'라고 해야 할까?)로 알려져 있다.

이들이 속했던 전후 사회당의 방침은 '비무장 중립'이었다. 야마카와 개인은 비전非戰의 이상을 우치무라 간조로부터 배웠다고 회고하고 있다. 야마카와는 쇼와 29년(1954), 『우치무라 간조 저작집內村鑑三著作集』 월보 16호에 「우치무라 간조와 나內村鑑三と私」를 게재하며, 이에나가 사부로家永三郎(1913~2002)의 소설을 인용한 후 이렇게 말한다.

---

121) 에도 시대 오사카大坂 등지의 여러 번藩에서 각 영지의 특산물을 판매하기 위해 설치된 구라야시키藏屋敷에서 장물의 출납·매각 등을 관리하던 사람.

자유민권운동과 불가사의한 결합을 가진 기독교는 다른 한편 으로는 (중략) 유물론 위에 서는 사회주의운동과도 직접적인 연 결고리를 갖고 있었다. (중략) 그것들의 본질적인 사상적 관계 에 대해 명쾌한 답을 줄 수는 없으나, 그 사이에 밀접한 관계가 있던 사실은 숨길 수 없고, 실제로 나의 마음속에서도 이 세 가 지는 서로 연결되어 있다고 생각한다. (『야마카와 히토시 전집山川 均全集』, 제18권, 193쪽)

고토쿠 슈스이가 자유민권운동의 중심인물 나카에 조민의 애제 자였음은 이미 밝혔다. 고토쿠는 다르지만 아베 이소오安部磯雄(18 65~1949), 무라이 도모요시村井知至(1861~1944), 시마다 사부로島田三 郎(1852~1923), 가타야마 센片山潜(1859~1933) 등 초기 사회주의자 대 부분이 기독교인이었다. 그리고 야마카와 자신 또한 젊은 시절에는 기독교인이었다. 앞 장에서 본 것처럼 메이지 시대의 지식인이 기 독교에 입문하는 기반이 유학 실천에의 관심에 있었던 것을 고려하 면, '우치무라 간조 불경사건'에서 이노우에 데쓰지로가 내보인 경 계심은 옳은 것이 될 것이다.

야마카와 자신의 회고담에 의하면, 그는 소년 시절에만 해도 기 독교나 불교를 외국의 종교로서 배격해야 한다는 생각이 있었다. 도시샤대학에 입학한 것도 그가 신도라서 그런 것은 아니었다. 도 시샤 시절 그가 하숙했던 곳은 가시와기 기엔柏木義円(1860~1938)의 집이었다. 이노우에 데쓰지로의 「교육과 종교의 충돌」에서 기독교 측으로 반론했던 인물이다. 이 외에도 우키타 가즈타미에게 가르침 을 받기도 했다. 그러나 그 무렵 도시샤대학은 정부의 정규학교 인가를 받기 위해 윤리 교육(교육칙어를 교재로 하는 것)을 개시했고, 이에 반발한 야마카와는 자퇴를 택하고 도쿄로 상경한다. 이미 저명했던 미야케 세쓰레이의 이름에 이끌려 도쿄 정치 학교에 입학한 그는, 옛 은사 우키타의 강의를 듣기도 했다. 여기서 가타야마 센의 가르침도 받았고, 또 고토쿠 슈스이의 『평민신문』 창간에 참여하면서 사회주의운동에 매진해 나간 것이다.

지사와 위험사상가의 공통점

야마카와는 유교나 양명학을 언급하지 않는다. 단지 자전自傳에서 밝히길, 그가 도시샤대학에 재학할 때, 처음으로 암송할 때까지 읽은 책으로 도쿠토미 소호(이치로猪一郎)[122]의 『요시다 쇼인吉田松陰』을 들고 있는 것은 주목할 만하다.

소호 또한 도시샤대학 출신으로, 그의 저작이 널리 읽히고 있었기에, 후배인 야마카와가 그의 열성 독자였다는 점은 이상하지 않다. 그러나 그 책이 『요시다 쇼인』이었다는 점은, 아무래도 야마카와가 이후 사회주의운동 일선에서 활약하는 데에, 그 인격 형성에 큰 영향을 미쳤을 것이다. 야마카와가 읽은 당시의 판에 따르면 소호는 쇼인을 혁명의 지사로 규정했다. 아니면 원래부터 야마카와 자신에게 그런 '지사'의 기질이 있었을지도 모른다. 만약 그가 50

---

[122] 도쿠토미 소호는 한국과도 인연이 있었다. 1910년 합병 후 초대 조선 총독 데라우치 마사타케寺內正毅의 의뢰로 조선총독부 기관신문사인 경성일보사京城日報社의 감독을 맡았다. 그는 1년에 3~4주간 조선의 경성에 머물며 식민경영을 위한 언론 활동, 이데올로기 전파를 했다.

년 정도 일찍 태어나 에도 막부 타도를 위해 싸웠다면 이노우에나 다카세는 주저하지 않고 그를 '유신의 지사'로서 양명학자의 열전에 수록했을 것이라 생각한다.

메이지 정부 체제를 수호하려는 이들에게 과거 '근황의 지사'는 정의로운 사람이었지만, 현재의 '사회주의자'는 범죄자였다. 요시다 쇼인, 사이고 다카모리와 고토쿠 슈스이, 야마카와 히토시가, 실태로서 다른 것은 아니다. 그들이 살았던 시대의 차이가, 이노우에나 다카세 등이 만든 양명학 해석의 틀에 맞지 않았을 뿐이다.

아니, 실제로는 합치되어 있었다. 도쿠토미 소호는 메이지 41년(1908),『요시다 쇼인』에서 '혁명적'이라는 문구를 삭제한 판을 작성한다. 소호 자신의 사상이 변화하면서 더 이상 쇼인을 위험한 사상가로 만들어 놓을 수 없게 되었기 때문이었다.

다른 한편, 도쿠토미 로카德富蘆花(1868~1927)는 한 고교생의 의뢰로 대역사건 직후에 실시한 '모반론謀叛論' 강연에서 요시다 쇼인과 고토쿠 슈스이를 같은 식으로 표현했다. 인물의 평가는 사후 바로 결정되지 않는다. 쇼인 신사와 고토쿠지의 흥망성쇠의 교체상을 보라고 말이다. 결국 이 강연은 물의를 일으켰고, 교장 니토베의 거취마저 다시 생각해야 했다. 도쿠토미 형제의 태도는 표면적으로 달랐지만, 양명학과 사회주의의 공통성을 인식한 점에서는 같았다.

지사 정신에서 나온 두 종류의 양명학

다카세는 『왕양명상전』의 말미를 '양명학자' 요시무라 슈요吉村秋陽(1797~1866)의 말로 맺고 있다. "양명학은 아무래도 날카로운 칼과 같다. 잘 사용하지 않으면 속수무책으로 당할 것이다."라고 말이다. 국학원의 강연에서의 이노우에 발언도 본심에서 우러난 것이었다.

이노우에는 러일전쟁이 승리한 해에 『무사도 총서武士道叢書』를 간행한다. 고금의 무사도에 대한 명문을 모은 것이다. 그 상권은 칙어敕語나 와카 등을 나열한 서장 뒤로, 나카에 토쥬와 구마자와 반잔의 저작을 소개하고 있다. 미토학이 아닌 것이다.

칸트·무사도·양명학. 언뜻 관련 없는 것처럼 보이는 '세 이야기 엮기三題噺123)'는 이노우에 데쓰지로라는 희대의 학자 머릿속에서는 연속되는 것이었다. 그리고 여기서 말하는 '양명학'이라는 것은, 뭔가 확실한 실체를 수반하는 것이 아니라 막연한 '지사 정신'에 지나지 않았다.

지사는 자주독립을 생각한다. 그래서 사회통념에 얽매이지 않고 지사로 행세할 수 있다. 즉, 세상사에 구애받지 않는 인물이 지사가 된다. 기성 교설을 추종하는 보수주의와는 별개로 '내 머리로 생각해 낸 국체수호주의', 이른바 흰 양명학이 이노우에가 그리는 양명학이었다. 이에 비해 에도 막부 말기 이래의 전통을 어떤 의미에서 올바르게 계승하며, 혁명의 이상에 불타오르는 인사들도 양명학에

---

123) 만담의 일종으로 관객이 내는 제목 세 가지로 즉석에서 만담을 만들어 내는 것을 말한다.

끌리고 있었다. 말하자면 붉은 양명학이다. 양자가 동류인 것은 당연한 일이었다.

양명학의 다이쇼 시대는 이런 상황에서 시작되었던 것이다.

에 피 소 드 V

일본정신 — 관념의 폭주

1. 어떤 국가사회주의자에 대하여

세 사람의 혁신 사상가

쇼와 3년(1928) 4월, 우가키 카즈시게宇垣一成(1868~1956)의 집을 세 남자가 찾아왔다. 중국에서는 장제스蔣介石(1887~1975)가 독재 정권을 수립하고 난징에서 북벌을 재개한 달이며, 지난濟南사건124) 과 장쭤린張作霖(1873~1928) 폭살사건125) 등 일본의 침략이 시작되기 직전의 일이었다.

우가키는 육군 출신의 정치인으로 이미 수년간 육군대신을 지냈다. 이때는 재야로 내려가 있었지만, 더 높은 자리, 총리대신을 향한 야심을 가지고 있었다. 세계 공황이 생기는 것은 다음 해의 일이

---

124) 1928년 5월에 중국 산둥성山東省 지난濟南에서 일본군과 중국 국민혁명군이 무력으로 충돌한 사건이다. 국민당 북벌군이 진입하자 일본군이 자국인 보호를 핑계로 출병하여 충돌했다.

125) 장쭤린張作霖은 중국의 군인·정치가로 1919년경에 중국 동북 지방의 실권을 장악하였다. 1926년 즈리 파直隸派 군벌과 합세하여 베이징에 진출하였고 민국 혁명군 북벌을 저지했다. 1927년 6월 대원수라 자칭하며 일본을 등에 업고 베이징 정부를 장악했으나 북벌군에게 패배하였다. 1928년 6월 베이징에서 철수하던 중 그가 탄 열차가 펑톈奉天 부근에서 폭파되었고, 장쭤린도 사망했다.

지만, 일본에서는 먼저 금융공황이 발생해 나라가 경제적 위기에 빠져 있었다. 그럼에도 불구하고, 배금주의 정당 정치인들의 부패, 무위무책無爲無策 행위에 대한 비판적 여론이 들끓었고, 혁신의 조류가 곳곳에서 소용돌이치고 있었다. 우가키도 그러한 여러 소용돌이 중 한 중심이었다.

우가키의 집을 방문한 세 명의 이름은 다카바타케 모토유키, 오카와 슈메이大川周明(1886~1957), 야스오카 마사히로安岡正篤(1898~1983). 다카바타케와 오카와는 그해로 42세, 야스오카는 아래인 30세였지만, 이미 이름이 알려진 혁신 사상가들이었다.

다카바타케 모토유키와 『자본론』

다카바타케는 메이지 19년(1886) 군마 현 출신이다. 군마는 우치무라 간조, 니지마 조新島襄(1843~1890)[126], 가시와기 기엔[127] 등

---

126) 일본의 종교가이자 교육가. 기독교주의 학교인 도시샤同志社 영어학교 및 여학교를 세웠다. 기독교적 정신주의 교육을 강조했고 순수한 신앙으로 교육에 힘썼다. 특히 그는 안나카安中 교회의 초대 목사로 있으면서 가시와기 기엔의 사상적 변화에 영향을 끼쳤다. 가시와기 기엔은 러일전쟁 직전을 기점으로 본격적으로 비전非戰과 반전反戰을 주장했다. 양동국, 「가시와기 기엔柏木義円과 한국」, 『아시아문화연구』 vol.45, 가천대학교 아시아문화연구소, 2017, 347쪽 참조.

127) 가시와기 기엔은 한일 합병 전후에 국가와 종교의 팽팽한 긴장 관계를 주장하며, 복음주의자보다 더 철저한 신앙심에 바탕을 두고 자유주의에 입각한 진보적 사상가였다. 가시와기 기엔은 피식민지로 전락한 한국을 '조선국'이라고 표현한 바 있는데, 이는 일본과 동등한 입장에서 미래를 내다보는 그의 탈경계의 면목을 보여 주고 있다. 조선 문제에 대한 관심은 제국주의를 철저히 비판하는 그의 예리한 사상을 지탱한 중심축이었다. 3·1운동과, 1923년 관동 대지진 때, 조선인 학살 문제에 관해 날카로운 시각으로 일본 정부와 무지한 일본인을 비판한 것이 좋은 예이다. 그는 그리스도의 사제를 넘어, 한국의 이해자도 넘어, 인간을 위한 평등의 구현자요 행동하는

개신교계 기독교인을 많이 배출한 지역이다. 다카바타케의 소년 시절에도 그러한 활동이 활발했고, 그 또한 마에바시前橋의 교회에 다니고 있었다. 그는 러일전쟁이 시작한 해, 교토 도시샤대학에 입학한다. 앞 장에서 소개한 야마카와 히토시는 그보다 6살 연상이었는데, 이미 자퇴하여 학교를 떠난 뒤였다. 다카바타케 또한 그러한 야마카와의 전철을 밟아, 자퇴 후 사회주의자의 길을 걸어 나간다. 처음에는 군마에서 활동하다가 메이지 41년(1908), 잡지 원고가 단속 대상이 되면서 투옥되었다. 입소 당일, 가시와기 기엔은 다카바타케의 친구에게 부탁, 그에게 영어판 『자본론』을 전달한다. 그가 『자본론』을 처음 접한 것은 다름 아닌 옥중에서였다.

사실 다카바타케는 일본에서 처음으로 『자본론』을 완역한 인물이다. 다이쇼 9년부터 14년까지였다. 사회주의 이론가로서 당연한 일이지만, 고토쿠 슈스이도 사카이 도시히코128)도 야마카와 히토시도, 일본어판이 나오기 전부터 이미 『자본론』을 독파하고 있었다. 야마카와도 '적기사건'으로 입소한 해에 영어판 『자본론』을 가지고 있었다. 공교롭게도 다카바타케와 같은 해에 일어난 일이다 (이해 중국에서 『자본론』을 가져왔다고 한다).

야마카와도 다카바타케도 처음에는 영어 번역으로 『자본론』을 읽

자유주의자였다. 양동국, 앞의 논문, 377쪽 참조.

128) 1922년 3월 에도 시대 이래 천민으로 차별당하던 피차별 부락에 대한 차별을 철폐하려는 부락 해방운동이 일어나 전국수평사全国水平社가 결성되었다. 이 운동은 조선에도 영향을 끼쳐 피차별민 백정의 조직인 형평사衡平社의 운동과 연결되어 차별철폐운동으로 전개되었다. 이런 사회적 분위기 속에서 국민들의 참정권 확대 요구가 주장되었다. 그러나 사회주의운동과 연결을 우려한 일본 정부는 수평사 가운데, 특히 사카이 도시히코, 가타야마 센, 야마카와 히토시 등의 일본공산당과 관계를 가진 좌파를 탄압했다.

었지만 이후에는 원어인 독일어로 정확하게 읽기를 원했다. 메이지 유신 이래 일본의 서양 모방은 원어인 독일어로 이 난해한 경전을 읽는 방법을 사회주의자들에게 심어 주었다. 그것은 그들보다 한 세대 위의 철학자, 즉 가니에 요시마루나 오니시 하지메가 칸트의 저작을 독일어로 독해한 것과 똑같은 태도였다. 혹은 에도 시대의 학자들이 해부학 연구를 위해 네덜란드 어를 학습한 정신과도 통했다. 더 거슬러 올라가면 불교 승려들이나 유학자들이 중국 서적을 읽고 해설하는 태도와 같은 것이었다.

국가사회주의의 유물사관 비판

메이지 44년(1911), 다카바타케는 사카이 도시히코가 주재하는 바이분샤売文社에 입사한다. 바이분샤란 뜻 그대로 번역 및 저술 대행을 주업무로 삼았는데, 그 사원들은 동시에 사회주의운동가이기도 했다. 고토쿠 슈스이가 처형된 일로 바이분샤는 '대역사건' 이후 사회주의운동의 '겨울시대' 활동 거점이 되었다. 다이쇼 5년(1916)에는 야마카와 히토시도 바이분샤에 입사한다. 도시샤의 선후배 관계인 야마카와와 다카바타케는 이후 3년간 사회주의운동의 동지로서 활약한다.

다카바타케는 『자본론』과의 만남 이후 그것을 원어인 독일어로 독해하기 위해 독일어 습득에 노력을 기울였던 것 같다. 바이분샤에서의 그의 일도 독일어 번역업무였다. 특히 『신사회新社會』에 연재된 카를 카우츠키Karl Kautsky 『자본론해설資本論解説』의 일본어 번

역은, 그 후 단행본으로도 출판되었다. 다카바타케는 이 무렵부터
『자본론』번역의 구상을 갖게 된 것 같다. 다이쇼 6년(1917)의 러시
아 혁명. 레닌이 이끄는 볼셰비키 정권의 성립은 일본의 사회주의들
사이에 견해·노선의 대립을 야기했다. 바이분샤 내에서도 야마카와
와 다카바타케가 대립하였고, 결국 이듬해 '협의 이혼'의 형태로,
바이분샤는 소멸의 길을 걷는다. 이후 야마카와는 사카이와 함께
우여곡절을 겪으면서도 어쨌든 마르크스주의 사회주의의 깃발을
내걸지만, 다카바타케는 자칭 국가사회주의로 노선을 변경한다.

　이는 현재 일본의 사회주의운동사 연구에서는 일반적으로 '배교
背敎'로 처리되고 있는 것 같지만, 그렇게 단순한 일은 아닌 것 같
다. 소수이기는 하지만 다카바타케에 대한 연구(예를 들어 다나카 마사
토田中眞人 『다카바타케 모토유키 — 일본의 국가사회주의』, 현대평론사, 1978)
에 따르면 그것은 다카바타케의 차가운 눈, 현실감각에 근거하고
있다고 한다. 열의에 들뜬 듯한 지사인인志士仁人의 사회주의 활동
가의 모습은 다카바타케가 용인할 수 없는 것이었다. 다카바타케는
말한다. "대략 마르크스설 중에서 유물사관만큼이나 그 교조와 신
도들 사이에 용어의 괴리가 있는 것은 없다."(『비판 마르크스주의』 4쪽)
이 비평은 독일 학자들의 논쟁에 대하여 쓴 것이지만, 야마카와의
『사회주의자의 사회관』(1919)과 같이, 유물사관에 전폭적인 신뢰를
보내며, 마치 그것이 물리법칙인 것처럼 묘사하고, 이윽고 자본주
의 경제체제가 붕괴되고 사회주의로 이행한다고 말하는 낙관적인
견해는 다카바타케가 용인할 수 없는 것이었다. 야마카와는 정치운
동의 방침을 종종 변경하는 버릇이 있었지만, 시종일관 장래 사회
주의에서의 낙관주의, 그것도 세계평화에 대한 낙관적인 시각이 있

었다. 그것이 다카바타케를 화나게 한 것이다. 그 배경에는 두 사람의 인간관 차이가 있었다.

성선설이냐 성악설이냐

야마카와는 우치무라 간조에 심취했다는 데서 알 수 있듯이 자율적 인간의 숭고함을 믿는 입장이었다. 전 세계 사람들이 전쟁의 어리석음을 알게 된다면, 세상에 싸움은 없어진다는 관념적 평화론자였다. 그 기본에 있는 것은 성선설이다. 한편, 다카바타케는 스스로도 인정하는 '성악론자'였다. 인간이란 본질적으로 이기적인 존재라는 것이다. 그의 국가관도 여기서 유래했다.

'이러한 이기주의의 발동을 만약 흘러가는 대로 방임한다면 인류의 사회적 결합은 끝내 파괴될 수밖에 없다. 그렇다고 해서 원시적인 사회적 본능만으로 이를 통제하고 조절하는 것은 불가능하다. 그래서 제2차 사회적 결합의 원인으로서, 지배라는 기능이 발동되어 나온다'(『국가주의 개설』) 마르크스주의에서는 계급 간의 착취가 국가 탄생의 이유라고 한다. 다카바타케는 이를 비판하고 계급적 착취가 성립되기 이전부터, 지배와 통제를 하기 위해 국가가 생겨났다고 주장한다. 따라서 그는 사회주의 혁명에 의해 국가가 사멸한다는 이론을 비판한다. 그에 따르면 마르크스의 『자본론』 학설은 사회주의에서 국가의 역할이 더욱 중요해지는 것이다. 그는 국가의 사멸을 설파한 마르크스와 『자본론』의 마르크스는 모순되는 다른 인물 같다고까지 말한다. 원어로 치밀하고 충실한 번역 작업을 하며

『자본론』을 읽은 인물의, 자신감에 찬 의견 표명이었다. 따라서 다카바타케는 스스로 국가주의자기 때문에 사회주의자, 사회주의자이기 때문에 국가주의자라 칭한다. 그것이 그의 국가사회주의였다. 그의 이 논법에, 성악설의 개조인 순자는 등장하지 않는다. 순자뿐만 아니라 그의 저작에 중국의 사상가 이름이 나오는 것은 (본인의 식견에 한함) 전무하다. 고대 인물뿐만 아니라 동시대의 쑨원孫文(1866~1925)이나 천두슈陳獨秀(1879~1942)에게도 일언반구의 언급도 없다. 비슷하게 1919년에 편집 발행한 『국가사회주의』 잡지에서도 5·4운동과 신문화운동에 대한 언급은 전혀 없다. 그의 안중에 있는 것은 서양의 사조뿐이었다. 따라서 양명학을 테마로 하는 본 책에 있어서, 다카바타케는 언뜻 관련 없는 인물처럼 보인다. 그런데도, 내가 그를 고집하는 것은, 이러한 그의 논법, '세상이 그렇게 만만하지 않다'라며 논적論敵을 나무라는 말투에서 중국에서의 반양명학 유생들의 모습을 볼 수 있기 때문이다.

성선·성악의 논쟁은 인간의 본성 문제에서도 중심에 위치하는 화두로, 예로부터 동아시아의 사상을 수놓아 왔다. 서양철학이 소개되고 도입되기 이전, 동아시아 용어체계에서는 이를 '성설性說'이라 불렀다. 「원성原性」이라는 논고가 '한유韓愈(768~824)'를 비롯한 몇몇 사상가들에 의해 쓰여졌다. 즉 서양철학식으로 얘기하면 '인간의 본성에 대하여'라는 제목의 논문이 꾸준히 쓰여진 셈이다. 그 속에서 유교의 주류인 주자학이나 양명학이 성선설의 입장에서 인간의 본성을 포착했음은 새삼 말할 필요도 없다.

인간학

　19세기에 이르러 서양철학의 틀이 동아시아 고유의 사상을 해설하는 데에 쓰이게 되면서, 이 문제는 '도덕철학' 혹은 '윤리학' 안에 자리 잡고 인간학으로 언급된다. 지금 내가 인간학이라는 표현을 사용했는데, 이는 칸트가 그리스어로 anthropology라고 표현한 것을 가리킨다. 현대 일본어에서는 통상 '인류학'이라고 번역하고 실질적으로는 문화인류학과 사회인류학의 의미로 사용되고 있는데, 원래 칸트의 의도로서는 '인간이란 무엇인가'를 사색하는 학문, 즉 철학적 인간학이었다. 성선과 성의 논쟁은 동아시아 인간학의 전개로서 '중국철학'이라는 학문의 중요한 연구대상으로 새롭게 설정되었다.

　동아시아의 '성설'이 '인간학'으로 표상되기 시작했을 때, 그 이면에는 서양의 '인간학'이 '성설'로 수용 전개되고 있었다. 이른바 anthropology의 본토화·영유화appropriate가 이루어진 것이다. 칸트의 도덕철학에서의 이성Vernunft은 송명이학의 '성즉리', '심즉리'의 그 '리理'에 해당하는 것으로 받아들여졌다. 앞에서도 지적했지만, 애당초 '이성理性'이라는 번역어 자체가 그것을 상징하고 있다.

칸트의 덕

이와 관련해 칸트학자 시노다 히데오篠田英雄(1897~1989)가 이와
나미 문고에서 나온『실천이성비판』의 번역해설에서 다음과 같은
지적을 했다. 다소 길지만 매우 중요한 지적이므로 인용한다.

> 칸트 용어인 'Tugend(투건트)'는 종래, '덕'이라고 번역되어 본
> 역서도 이 관용을 따르고 있다. (중략) 칸트를 비롯한 그와 동시
> 대 철학자의 저서로부터의 인용어구를 수록한「도덕학 사
> 전」에 의하면, 'Tugend'는 '의무의 준봉(*준수하고 받듦)에 있어
> 서의 확률의 강함', '도덕적 법칙이 행위자의 의지에 의무로서
> 부과하는 것의 준봉에 있어서의 도덕적 힘' 등이다. 그런데 '덕
> 德'의 풀이에는 '덕德은 득得이다'(『廣雅』, 『釋名』)라고 되어 있으
> 며, 이에 대한 해석으로 '내심으로 얻고, 외물로서 얻는 것을
> 말한다', '덕은 그 행동이 아직 발하지 않은 것이다'라고 되어
> 있다. (중략) 그렇다면, 덕이라는 번역어는 'Tugend'라 적어도
> 정확하게는 상응하지 않는 것을 알 수 있다.

즉 칸트의 도덕철학에서 말하는 '덕Tugend'을 동아시아의 '덕'과
동일한 것으로 간주하면 칸트 철학을 오해할 위험성이 있다는 것이
다. 누가 최초로 Tugend를 '덕'이라고 번역했는지는 정확히 밝히지
않지만, 어쨌든 19세기 일본에서 칸트의 도덕철학이 이 번역어에
의해 동아시아의 언어체계(한자 표기)에 도입되었을 때, 그 독자들이
종래 그들이 익숙했던 '덕'의 어감으로 칸트의 Tugend를 이해한

것은 의심의 여지가 없다. 시노다에 의하면 그뿐만 아니라, 일본의 칸트 해석에서는 널리 그렇게 인정되고 있는 것 같지만, 칸트 철학에 있어서의 선과 악의 개념은, 도덕적 법칙의 정립 후에야 비로소 이것을 규정하는 것이 가능해진다. 이 도덕적 법칙이 도덕적 의지를 규정하고 그 도덕적 의지에 의해 생긴 행위를 선한 행위로 본다. "덕은 의무 이행에서 도덕적 힘 또는 강함이며 도덕적 법칙을 따르려는 의지의 노력을 의미한다. (중략) 그 절대적 완성은 인간에게 끝내 이루어질 수 없으며, 인간의 불완전성은 덕의 완성을 허락할 수 없다. 우리는 단지 이것의 완성을 위해 무한히 나아갈 뿐이다." (이상, 시노다 히데오, 『실천이성비판』 이와나미 문고판, 1979, 336~338쪽)

말미의 한 구절은 정이천의 '성인은 배워서 이를 수 있다'를 떠올리게 하고, 그래서 유교 철학과 칸트 철학의 유사성이 운운되기는 하지만, 애당초 칸트의 경우에는 인간의 가능성이 미리 한정되어 있다는 것에 그 도덕철학의 요점이 있었다. 이성을 찬미하는 18세기 계몽사상의 경사스러움에 대한 비판철학으로서 칸트의 사상사적 중요성은 존재했던 것이다. 그 배후에는, 신 관념에 대한 '프랑스=가톨릭'과 '독일=개신교'와의 차이가 놓여 있지만, 여기에서는 설명을 생략하기로 한다. 기독교가 원래 원죄라는 생각으로 인간을 논하고 있다는 점만 강조해 두기로 한다.

만국의 노동자에게는 국가가 필요하다

어쨌든 칸트의 인간학에서의 '덕'이나 개신교에서의 원죄에 대해 19세기 일본인은 상당히 무관심했다. 예로부터 익숙해진 유교적 인간관의 틀에 따라 그들을 이해하고 있었다. 나는 마르크스주의자들의 인간관에 대해서도 그 흔적이 뚜렷하다고 생각한다. 혁명의 주체로서 그들이 기대하는 무산계급은 선한 인간성을 실현하는 존재로 보였다. 그곳에는 거리를 걷는 군중이 모두 그대로 성인처럼 보였다는 왕양명의 제자, 이른바 '만가성인滿街聖人'의 고사와 같은 인간관이 있다. 인간은 수양할 필요가 없는, 양지에 맡기고 행동하면 된다고 하는 '현성양지現成良知'설을 주창한 일파와의 공통성을 볼 수 있다. 1934년 중국의 지원푸嵇文甫(1895~1963)가 헤겔학파의 구별에 사용되는 우파·좌파라는 용어를 끌어다 쓰며『좌파왕학左派王學』을 간행한다. 이 용어가 사상사적으로 적절한지는 현재도 비판적으로 검토되고 있는데, 헤겔 좌파에서 마르크스가 둥지를 틀고 있음을 감안하면 동아시아에서 사회주의자, 즉 '좌익'이 '현성양지現成良知'파와 유사한 인간관을 갖고 있었던 일, 더 정확하게는 그런 인간관을 가지고 있었기에 사회주의 실현을 믿고 혁명운동에 매진한 것은 사실 매우 중요한 일이었다. 다카바타케는 그것과는 다른 인간관을 가지고 있었기 때문에, '동지'들의 이러한 낙관론을 따라갈 수 없게 된 것은 아닐까.

야마카와를 포함해 사회주의자들은 대부분 성선론자였다. 혁명이 이루어져 부르주아 정부를 전복하기만 하면 이상향이 현실화될 것으로 믿었다. 그래서 착취기구인 국가는 불필요해질 수밖에 없었다.

그것은 그들이 '만물일체의 인仁'을 믿기 때문이다. 물론 말로서 그들은 만물일체의 인이라고 말하는 것은 아니다. 이들이 쓰는 말은 마르크스가 『공산당 선언』을 끝맺은 유명한 구절, "만국의 노동자여 단결하라"였다. 다카바타케는 이 말의 허망성을 지적한다. "노동자의 인터내셔널리즘은 몽상의 산물일 뿐이다. 오히려 대중의 가슴속에는 애국의 마음이 불타고 있다. 사회주의란 이들에게 국가를 되찾아 주는 운동이다. 국경을 넘는 세계성을 본질로 삼고, 그렇기 때문에 개개의 국가의 적이 되는 것은 오히려 자본가다."라고 다카바타케는 말한다. 이 점에서 그는 냉철하게 현실을 관찰하고 있으며, 그래서 역설적으로 오카와 슈메이와 같은 국수주의 이상가들과 일맥상통하게 된다.

당시 다카바타케를 둘러싸고 여러 정치적 움직임이 있었다. 그를 당수로서 무산계급을 위한 정당을 결성해 국회의원을 배출시키고, 혁신정권 수립의 기반으로 삼겠다는 것이다. 서두에서 언급한 우가키와의 접촉은 그 계획의 일환이었다. 그러나 하늘은 다카바타케의 편을 들지 않았다. 그는 위암으로 그해 말 천황 즉위식이 화려하게 거행되는 가운데 급사한다.

아니, 하늘은 그의 절조를 지키기 위해 수명을 앗아 갔을지도 모른다. 『자본론』 완역자는 야마카와처럼 '전범' 의자에 앉지 않고 죽음의 잠에 들었으니까.

2. 서양 사상으로 말하는 동양의 혁명

기독교에 입신하지 않은 오카와 슈메이

오카와 슈메이는 다카바타케와 같은 해에 태어났다(다카바타케는 1월, 오카와는 12월). 태어난 것은 야마가타현 쇼나이庄內 지방. 쇼나이번庄內藩은 오우에쓰 열번동맹에 가담했기 때문에 엄벌을 받을 것으로 예상되었다. 그러나 사이고 다카모리의 지시로 그 어떤 엄벌의 조치도 없었다. 이 일에 은혜를 느껴, 쇼나이 사람들은 사이고의 후원자가 된다. 오카와는 그런 환경에서 자랐기에 평생 사이고를 존경하고 있었다. 일례로, 그는 사이고가 좋아했던 '경천애인敬天愛人'이라는 단어에 기초한 윤리사상을 구축하고 있었다.

거기에 또 한 명, 막부 말기의 유생인 요코이 쇼난橫井小楠(1809~1869)도 오카와가 존경하는 인물이었다. 그 인연은 오카와가 구마모토의 제5고등학교(현재의 구마모토대학)에서 배웠기 때문이다. 요코이는 구마모토 사람으로, 교육칙어의 기초자 이노우에 고와시와 모토다 나가자네의 스승이다. 오카와의 요코이 평가에 대해서는 나중에 다시 언급하기로 하자.

메이지 39년(1906) 제5고등학교 재학 중에, 그는 학생 운동의 지도자로 활약했다. 어느 학생이 아버지의 권위를 이용하여, 제도상으로는 금지되어 있던 제일고등학교로 전학을 간 것에 대한

오카와 슈메이

항의운동이 생겼기 때문이다. 오카와는 논객으로서 제5고등학교 교장을 규탄하고 일약 유명인이 되었다. 또한, 사건 당시 제1고등학교 교장은 저 니토베 이나조였다. 니토베는 이 부정을 묵인하고 해당 학생의 전학을 수용하려 했다. 그가 강조하는 무사도 정신에 어긋나지 않았을까. 제5고등학교의 교장은, 이후 책임을 지고 사임했다.

오카와는 고향에 있을 때부터 기독교 교회에서 어학 공부를 하고 있었다. 또 구마모토는 당시의 기독교 거점 중 하나였다. 그래서인지 오카와의 사상 형성에 기독교가 큰 작용을 하고 있지만, 정작 그는 입교하지는 않았다. 그는 만년에 이렇게 회고한 적이 있다. "일체의 외면적 요소를 제거한 뒤에야 예수의 순수한 복음이 남는다. (중략) 만일 기독교가 이 지대한 사실을 잊고, 재래의 신앙이나 의례에 끝까지 집착한다면 불교의 경우가 그렇듯이, 아마 지식인의 종교적 욕구를 만족시킬 수 없을 것이다." (『안락의 문安楽の門』)

이를 통해, 그가 끝내 입교를 하지 않았던 주된 이유가 기성 기독교계가 갖고 있는 '신앙과 의례의 체계'에 있었음을 알 수 있다. 우치무라나 야마카와, 다카바타케와 공통되는 심성이다. 거꾸로 말하

면 예수의 교설 자체에 대해서는 오카와도 호의적이었다. 종교를 철학적으로 연구하는 일이 그의 관심사가 됐다. 그가 도쿄제국대학 철학과에 진학한 것도 그 때문이었다.

한학의 역습

그는 재학 중의 분위기를 이렇게 묘사했다. "마치 도쿠카와 시대 유학자들이 공맹을 숭배했듯이 서구, 특히 독일 철학에 대한 존경심이 가득했다"라고. 이노우에 데쓰지로도 물론 건재했지만, 오카와는 아네사키 마사하루姉崎正治(1873~1949)가 강의하는 불교철학 수업에 매료돼 종교학을 전공한다. 종교학이라고 해도 칸트·헤겔·슐라이어마허 류流의 방식이 담겨 있었다. 당시 기독교와 분리돼 조직된 '도카이道会'라는 조직에 참여했고, 연구 대상으로는 인도철학 및 이슬람교를 택했다. 그렇게 오카와는 학문의 길을 걷고 있었다. 그것이 여러 우연의 작용에 의해 국가주의 민족주의 정치운동에 관여하게 된다.

그는 자신의 일을 '일본인의 자유로운 정신으로 되돌아갔다'라고 표현하고 있다. 오카와 자신의 기록을 바탕으로 오카와가 먼저 서양사상을 친근하게 만나고 나중에 동양의 전통사상을 발견하는 과정을 겪는다고 분석하는 연구도 있다. 그러나 나는 그렇지 않을 거라고 생각한다. 오카와가 어린 시절 읽었던 중국 고전이 소양으로서 그 지식의 기반을 이루고 있었던 것이다. 그 위에 대학에서 서양식 철학·종교학이라는 학문이 섭취되었는데, 하층에 있던 동양사상이 그에 자극을 받아 발효되면서 다시 표면에 떠올랐던 것이다.

"아무튼 한문을 많이 읽은 것 같습니다. 구마모토의 제5고등학교에서는 한문교사를 대신해 왕양명의 『전습록伝習録』을 학생들에게 가르쳤다고 합니다. (중략) 이 이야기는 오우치 효에大内兵衞(1888~1980) 씨에게 들었습니다." 다케우치 요시미竹内好(1910~1977)는 한 강연에서 이렇게 말했다. (「오카와 슈메이의 아시아 연구」). 오우치 효에는 제5고등학교에서 오카와大川의 2학년 후배다. 후에 야마카와 히토시와 행동을 같이하는 사회주의자이다. 다케우치는 말한다. "오카와의 교양의 근간에 있는 것은, 한학, 특히 송대 유학이라고 저는 생각합니다." 게다가 다케우치는, 오카와가 칸트·헤겔·슐라이어마허의 사상을 정리하는 방법으로, "한학의 소양이 지극히 교묘하게 이용되고 있다"라고 평한다. 동감이다. 다케우치의 오카와 평가는 예리하다. 다케우치는 오카와를 단순한 '일본형 파시스트의 한 전형'이라고만 보는 것이 아니라 '독립된 사상가'로 보는 관점을 제시하는 데 성공했다.

무사도에 의한 인치人治

다이쇼 13년(1924) 오카와는 야스오카 마사히로 등과 함께 '고치카이行地会'129)를 결성한다. 2년 후에는 논문 「특허식민회사제도에

---

129) 오카와 슈메이가 주재한 국가주의 단체. 1923년 유존샤猶存社 해산 후 기타 잇키의 '일본개조법안대강日本改造法案大綱'의 사상을 계승하여 1924년 4월에 창립되었다. 행지行地의 명칭은 '즉천행지則天行地'에 의거한다고 한다. 야스오카 마사히로, 미쓰카와 가메타로満川亀太郎, 니시다 미쓰기西田税 등 유존샤의 주요 멤버

대한 연구特許植民會社制度の研究」로 도쿄제국대학에서 법학박사학위를 받았다. 심사 주심은 요시노 사쿠조吉野作造(1878~1933)다. 오카와는 그즈음『일본 및 일본인의 길日本及日本人の道』,『일본정신연구日本精神研究』같은 일본정신을 강조하는 책들을 잇따라 펴냈다.『일본정신연구』는 우치무라 간조의『대표적 일본인』과 마찬가지로 오카와가 여러 명의 역사 속 인물을 뽑아 엮은 평전이다. 그가 선택한 '대표적 일본인'은, 요코이 쇼난, 사토 노부히로佐藤信淵(1769~1850), 이시다 바이간石田梅岩[130](1685~1744), 히라노 구니오미平野国臣(1828~1864), 미야모토 무사시宮本武藏(1584~1645), 오다 노부나가, 우에스기 요잔, 우에스기 겐신上杉謙信(1530~1578), 미나모토노 요리토모源賴朝(1147~1199)의 9명. 한 연구에 따르면(노지마 요시아키野島嘉晌,『오카와 슈메이』, 신진부쓰오라이샤新人物往来社, 1972), 이들은 두 그룹으로 나뉜다. 하나는 메이지 유신 관계로, "쇼난이 그 사상과 신앙을, 노부히로가 그 계획과 비전vision을, 바이간이 평민으로서의 사회적 준비를, 구니오미가 그 심정을 표현하였다." 나머지 다섯 사람은 「무인 및 정치가로서의 인물비판」에서 오카와가 혁신정치의 일꾼으로서 기대를 걸고 있던 군인들에게 일본정신사의 무인의 전통을 계승해 주었으면 하는 소망을 담은 것이었다고 한다. 결국엔 무사도인 것이다. 우에스기 요잔의 장에서 오카와는 다음과 같이 말한다.

유신과 동시에 군인과 정치인이 둘로 나뉘었다. 이 두 직무는

가 모여, 당시 최유력 국가주의 단체로 간주되었다. 이후 분열되어 오카와 슈메이의 진무카이神武会 결성과 함께 소멸되었다.
130) 원문에 石田梅嚴으로 표기되어 있으나, 원래 표기는 石田梅岩이므로 고쳤음.

요리토모 이래 무사가 한 몸에 겸하고 있던 것이다. 군인 쪽은 유럽의 군제를 채택하고, 그것도 단순한 전술병략 이외에 군인으로서의 정신적 단련을 중시하여 무사도의 본령을 끝까지 수호하는 데에 대단히 고심했다. (중략) 그런데 정치인의 경우는 군인과 같지 않았다. 그들은 (중략) 유신 이전의 무사가 반드시 유념했던 위정자爲政者로서의 인격적 수양을 포기하고 말았다.

그는 서양의 법치法治에 대치되는 것으로서 동양에서는 인치人治가 중요하다고 주장했다. 인격자의 지배다. 서양의 정치사상이 조직제도에 가장 큰 관심을 갖는 것과 달리 동양에서는 군주 및 위정자의 심술心術을 바르게 하는 것이 정치적 생활의 최대 관심사였다. 그는 동양에도 플라톤이나 칸트·헤겔에 필적하는 영지英知가 존재했다고 역설한다. 그 전형을, 오카와는 요코이 쇼난으로 본다.

오카와가 생각하는 영웅

오카와는 사이고 다카모리, 가쓰 가이슈와 나란히 메이지 유신의 영웅 3인 중 한 사람으로 요코이 쇼난을 든다. '흑선의 내항' 당시 요코이는 미토학의 단순한 양이론자들을 비판했다. 그저 '야마토다마시인지 뭔지를 휘두르는 사람들'은 외국인을 금수로 치부해 오히려 나라를 위태롭게 할 것이라며, "만일 나를 사용하는 사람이 있다면, 내가 그곳에 사명을 받들어 먼저 미국을 설득해 일화협동一和協同(*하나로 화합)하는 실적을 올리고, 각국을 설득하며, 마침내 사해의 전쟁을 멈추게 할 것이다." 요코이가 문하생 모토다 나가자네에게 한 말이다. 오카와는 그런 그의 식견을 높이 평가한다. '말하면 알 수 있다'라는 식의 낙관론이자 미·일 우호의 내용이지만, 말년의 오카와의 행적과 비교해 본다면 조금 아이러니하다.

오카와는 요코이의 훌륭함을 '정신의 구체적 발현'으로 파악한다. 국가의 개조는 정신의 개조이며, 그것은 진정한 일본정신으로 복귀하는 것이다. 『일본정신연구』는 이 시점에서 쓴 평전으로, 역사상의 인물에게 맡겨 현대적 과제를 기술한 책이었다.

오카와는 그 정신을 양명학에서 찾고자 한다. 칸트의 도덕철학은 이미 맹자에 의해 설파되어 있었다. 그것을 더욱 전개한 것이 육상산과 왕양명이었다. 그는 양명학회 사람들과는 달리 요코이 쇼난도 양명학자라고는 하지 않는다. "결코 주자학파의 사람은 아니었다"라고 말할 뿐이다. 그러나 그는 주자의 글을 읽었지만 주자의 노예가 되지 않고 기꺼이 주자의 배울 곳을 배웠다고 평가하고, 그것이 공자와 맹자가 본래 갖추었던 '유교 전통의 종교 의식 발로'를 촉구했다고 말한다.

이시다 바이간에 대해서는, 주자학의 수호자이던 마쓰다이라 사다노부가 이시다의 제자를 향해 "그것은 (주자학이 아니라) 심학이라고 하는 것이다"라고 판단한 것은 적절했다고 평한다. 바이간의 사상은 주자학이라기보다는 육상산과 왕양명의 학이기 때문이다. 오카와는 자칭 성학性學이었던 바이간의 교설이 '심학'으로 표상되는 과정을 추인한다. 『일본정신연구』라는 서명에서 보여지듯 이 책에는 '정신'이라는 단어가 빈번히 나타난다. 양명학의 정신이 전개된 것, 그것이 '일본정신'이었다.

히라노 구니오미는 존왕파로서 에도 막부에 대해 반기를 들었다가 패배하여 죽은 인물이다. 그런데, 오카와는 같은 장에서 사이고 다카모리도 함께 등장시키고 있다. 히라노와 사이고의 '근황의 정신'이 메이지 유신을 이끌었다는 것이다. 마찬가지로 메이지 유신을 향해 유교 정치 사상을 전개시킨 인물로서 오카와는 사토 노부히로를 재평가한다. 사토는 서양을 일절 모방하지 않고, 독창적인 식견에 의해서 '국가사회주의'를 제창했다. 현대의 국가개조론자들이 모두 마르크스의 사상에 치우쳐 누구 하나 그를 돌아보지 않는 데 대한 통분의 언사로 오카와는 그 장을 마무리하고 있다.

혁명의 논리? 혁명의 주역?

외래 사회주의를 신봉하는 풍조에 대한 비판. 그 점에서 다카바타케와 오카와는 공통점을 가진다. 다이쇼 11년(1922), 모스크바에서 나온 '국제 공산주의운동의 방침'에 충실한 공산당 조직이 야마카와 히토시 등에 의해 결성되었다. 야마카와가 처음에는 공산당에 참여했으나 나중에 이탈하게 되는 것은 서양을 표준으로 하여 근대 일본의 발전 단계를 파악하려는 공산당의 탁상공론에 위화감을 느꼈기 때문이었다. 그 후 메이지 유신을 사적 유물론의 세계사 법칙상에서 어떻게 평가할지를 둘러싸고, 공산당계의 강좌파講座派와 야마카와를 비롯한 노농파勞農派가 대립한다. 메이지 유신을 부르주아 혁명으로 본다는 점에서 노농파의 역사관은 오카와 등 국가주의자와도 근본적으로 통하는 점을 갖고 있었다. 다만, 다카바타케

나 오카와는, 야마카와와는 달리 경제의 원리가 세상을 움직인다고
는 생각하지 않았다. 혁명을 일으키려면 정치·도덕의 논리가 필요
하다. 다카바타케는 말한다. "그들은 러시아가 신이고, 일본만이
악마라는 듯한 말투를 하고 있다. 미국이 정의인도주의고, 일본이
군국주의라고 말하는 민주주의자デモクラ屋131)의 말투와 조금도 다
르지 않다."(『비판 마르크스주의批判マルクス主義』252쪽) 제정 러시아의
대외채무는 일절 러시아 인민과는 관계없으므로 무효이지만, 제정
러시아가 침략한 시베리아는 러시아 인민에게 불가분의 영토라고
주장한다. 그러면 '무엇이 혁명적인지 전혀 모른다.' 다카바타케에
게는, 레닌의 러시아도 결국엔 제국주의에 지나지 않는다. "일본인
이면서 구미歐米132)인의 감언이설에 넘어가 구미 제국주의 입장에
몸을 두고 일본의 태도를 이러쿵저러쿵하는 놈들의 어리석음을 비
웃는다." (같은 책, 257쪽)

다카바타케도 오카와도 정치인으로서의 레닌을 높게 평가하고
있지만, 그의 앞잡이가 되고 있는 공산당계 사람들이 하는 것처럼
'만국의 노동자의 해방자'로서의 레닌에 대한 평가가 아니다. 러시
아라는 국가를 바로 세우는 국가주의적 혁명가로서 말이다. 그것이
야말로 진정한 사회주의자인 셈이다. 레닌은 러시아를 위해 혁명을
했다. 그것으로 옳다. 그렇다면 자신들에게도 일본을 혁명할 임무가
있다고 여겼다.

이번 장 첫머리에서 소개한 것처럼, 다카바타케와 오카와가 정치

---

131) 민주주의를 의미하는 'デモクラシー'와 사람을 깔보아 부르는 '쟁이', '꾼'에 해당
하는 '屋'가 합쳐진 말. 여기서는 민주주의자라고 했지만 조금 더 의역하면 민주주
의꾼도 될 것이다.
132) 미국과 유럽을 이름. 현재 한국에서는 歐美로 표기한다.

면에서 공동의 보조를 취할 가능성이 현실적으로 어디까지 있었는 가는 검토의 여지가 있다. 그러나 그 정치관이 가까워지고 있었음 은 분명하다.

다카바타케는 사회주의자로서 무산계급에 기대한다. 유산계급은 지위나 재산에 집착하기 때문에 국가 국체에 몰입할 수 없다. 무산 계급이야말로 "순수한 심정으로 황실을 공경하고 국체를 존중하며 남들이 가르칠 수 없고, 그 존엄 앞에 무릎을 꿇는다." (같은 책, 39쪽)

이에 대해 오카와는 위에서 말한 것처럼 무사도 정신을 잃은 현 정치인을 타도하는 힘으로 군인들에게 기대를 건다. 무산계급 대중 을 동원하여 아래로부터의 혁명을 일으키는 것이 아니라, 일부 엘 리트들에 의한 위로부터의 혁명이다. 그것이 이른바 5·15 사건으 로 이어진다.

횡령당한 아시아 해방 사상

쇼와 6년(1931), 일본은 만주사변을 일으키며 15년 전쟁에 돌입 했다. 그러나 당시 정부 수뇌는 만주국 건설에 부정적이었다. 수상 이었던 이누카이 쓰요시는 쑨원의 친구였고, 군부의 중국 침략 확 대를 막고자 했다. 이에 반발하는 소장파少壯派 군인들이 오카와를 이론적 지도자로 추앙하여 일으킨 것이 5·15 사건이었다. 이누카이 는 암살자를 향해 "대화로 하면 안다"라고 했다가 "이야기 해봐야 소용없다"라는 답변과 함께 총탄을 맞았다. '대화의 민주주의'와 '폭력적 군국주의'가 대조를 이루는 일화로 매우 유명한 얘기지만,

사실 이누카이가 말하려 했던 것은 중국 국민당 지원에 일본 정부의 공금을 사용한 데에 대한 해명이었다고 한다. 하지만, 어쨌든 이누카이는 암살되었다. 이 봉기는 규모도 작아 범인들은 곧바로 체포됐다. 오카와도 그 배후로 재판에 넘겨져 몇 년 간을 감옥에서 보내게 된다. 그 사이, 한때 동지였던 기타 잇키北一輝(1883~1937)가 1966년 더 큰 규모로 일어난 2·26사건을 일으킨 이론적 지도자로서 이듬해 처형됐다. 출소 후 오카와는 오히려 중일전쟁 확대에 반대해 난징 공략 작전을 저지하려 했다. 또 미국과 일본 간의 개전 방지를 위해서도 분주했다. 그러나 일단 개전이 되면 정부의 전시 정책에 협력, 대동아공영권의 이데올로그로서 활약한다. 그것은 오카와에게 있어서 청년 시절부터의 신념이기도 했다. 그것은 바로 서양의 식민 지배를 아시아로부터 몰아내고 일본을 맹주로 하는 동아시아 신질서를 건설하는 것이었다.

그의 원래 의도대로의 대외정책은, '국내에서 재벌을 타도하고, 국가사회주의적 정부를 수립하는 것'과 표리관계였는데, 현실적으로는 그가 군부나 재벌에 이용당하는 형태가 됐다. 패전 후 GHQ는 그를 '군국주의의 이론적 지도자'인 A급 전범으로 체포하여 국제군사법정에 회부하기로 한다. 그러나 오카와는 정신병을 앓고 있어, 공판 중에 앞줄에 있던 도조 히데키東條英機(1884~1948)의 머리를 치며, 퇴정 명령을 받고 곧 입원한다. 그 죽음은 야마카와 히토시보다 1년 앞선 1957년이었다.

'맹자는 유교의 폴로'

앞서 말한 것처럼 오카와는 고교 시절에 교사를 대신해 『전습록』을 강의했다고 하지만, 대학에서는 인도 철학 연구에 뜻을 두었고, 마침내 이슬람에 대한 연구로 나아갔다. 정신병원에 입원 중일 때도 그는 코란을 『古蘭코란』이라는 제목으로 일본어로 번역하는 작업을 했다. 이에 비해 중국사상에 대한 저술량은 많지 않다. 그 가운데 『중용신주中庸新註』가 있다. 주자의 『중용장구中庸章句』에 의거하면서도, 여러 곳에 그가 갖고 있는 현대적 관심을 담은 역주였다. 그 서론에서 그는 '중용'이라는 서명에 대해 중中은 불편부당不偏不黨, 즉 정의를 의미하며, 용庸은 원리를 의미하므로, 합쳐서 '정의의 원리'를 뜻한다고 풀이한 뒤, '이를 현대어로 번역하면 그대로 도덕철학이 된다.'라고 밝히고 있다. 중용은 유교 사상의 핵심을 이루는 도덕철학이라는 것이다.

여기서 그의 말투가, '도덕 철학은 중용이다'가 아니라, '중용은 도덕 철학이다'라는 점에 주목하고 싶다. 비슷한 것으로, 그가 여러 곳에서 쓰는 '유교적 폴로 맹자'라는 표현이 있다. 이 '폴로'라는 것은 초기 기독교 시대에 활약했던 사도 성 바울을 가리키는 것이다. 폴로는 기독교의 맹자가 아니라, 맹자는 유교의 폴로라는 말. 바로 독자를 향해서, "여러분 바울들 잘 알고 계시죠? 내 생각에 맹자라는 사상가는 유교에서 바울과 같은 역할을 한 사람입니다."라고 호소하고 있는 것을 의미한다. 바울 및 기독교를 이미 알고 있는 것으로, 맹자와 유교가 미지의 것으로 설명되고 있는 셈이다.

실은 이것과 비슷한 일화가, 이미 본 책 속에 나왔다. 기억하실까.

우치무라 간조가 『대표적 일본인』에서 인용한 다카스기 신사쿠의 일화다. 다카스기는 '기독교가 양명학'이라고 했고, 우치무라는 주어와 서술어를 거꾸로 해서 '양명학은 기독교'라고 했다. 우치무라 자신은 다카스기처럼 유교를 먼저 안 후에 그와 유사한, 보다 완전한 교설로서 기독교에 접하고 이에 입신했다. 『대표적 일본인』에서 그가 '양명학은 기독교'라고 말한 것은 독자가 미국인이었기 때문이다. 미국인에게 양명학을 설명하기 위해 그는 이런 표현을 했을 뿐이다.

그런데 오카와는 일본인 독자들을 향해 '유교의 폴로 맹자'라고 한다. 그가 이렇게 말한 시점에서는 이미 다카스기의 시대는 멀리 지나갔고, 이 표현은 일본인에게도 기독교가 유교보다 더 친숙해졌음을 보여 준다. 미야케 세쓰레이는 양지의 설명에 칸트를 참조했지만 왕양명을 중국의 칸트라고 부르지는 않았다.

앞서 말했듯이 오카와 자신은 소년 시절부터 기독교 교회를 다녔으며, 대학에서는 오로지 서양식의 철학에 따라 인도사상을 배웠다. 동양에 의해서 서양을 해석하는 — 예를 들면 Vernunft를 '이성', Tugend를 '덕'으로 치환한다 — 것이 아니라 서양에 의해 동양을 설명하는 시대가 되었다. '실천 이성비판'이 '중용'이 아니다. '중용'이 '실천 이성비판'인 것이다. 칸트의 도덕철학이 중용을 닮은 것이 아니라 중용이 도덕철학이라고 논하는 시대가 되어 있었다.

자명해진 서구 사상의 틀

후술할 한 책에서 오카와가 쓴 발문을 보자. 이 발문은 다이쇼 13년(1924) 1월 26일, '섭정궁 전하의 성혼의 저녁'이라는 일시를 특정한다. '섭정궁'이란 당시 왕세자였던 쇼와 천황을 말한다.

> 고등학교·대학을 통해 내가 전심으로 독파한 것은 철학 및 종교에 관한 저서였다. 그러나 사상문제에 관한 일본학자의 저서는 대체로 서구사상가의 소개이거나, 마지막 권위는 서구사상가에게 있음을 알아차렸다. 예를 들면 이노우에 박사가 일본에서의 유교 철학에 대해 서술한 책의 경우, 서구 철학자에게는 모두 '씨'를 붙여 칸트 씨, 헤겔 씨, 쇼펜하우어 씨라 하고 있는 것에 비해, 일본의 유학자는 모두 이토 진사이, 오규 소라이, 다자이 슌다이太宰春台(1680~1747)라고 그냥 불렀다. (중략) 다음으로 이노우에 박사의 여러 책을 비롯, 일본의 사상을 서술하는 것에서, 나의 철학적 사색의 양식이 될 수 있도록 쓰여진 한 권의 책도 찾을 수 없었다.

오카와는 도쿄대학에서 이노우에의 강의를 직접 듣고 『일본양명학파지철학』을 포함한 그의 일본 유학 연구를 읽고 있었다. 그리고 그에 대한 깊은 실망과 강한 비판을 여기서 말하고 있다. 그러나 생각해 보면, 에도 유학을 '철학'으로서 서술하는 것 자체가, 이노우에의 발명이었다. 여기에는 서양 전래의 '철학'개념을 일본에 적용시키려고 공부하고 노력하는 이노우에 등의 선행 세대와, '철학'개넘의 보편성을 자명한 전제로 하며 일본적 독자성을 탐구하는 오카와 등 후속 세대 간의 단절이 나타나고 있다.

안타깝다고나 해야 할까. 이노우에 데쓰지로는 다이쇼 14년(1925) 『우리 국체와 국민도덕我が国体と国民道徳』에서 자신만만하게 피력한 근대적 국체론이 국수주의자 도야마 미쓰루頭山満(1855~1944) 등에 의해 불경하다는 공격을 받는다. 우치무라 간조에게 행했던 처사가 35년 후, 자기 자신에게 온 것이다. 시대적 흐름은 이노우에와 같은 입구入歐(*유럽으로 진입)를 지향하는 민족주의에서 오카와와 같은 탈구脫歐(*유럽에서 탈출)를 꾀하는 국가주의로 기울고 있었다.

오카와와 같은 세대의 사회주의자들(야마카와와 다카바타케)이 동아시아의 전통사상을 거들떠보지도 않는 것은 이렇게 보면 당연한 일이었다. 그들은 이미 스스로의 해석 틀로 서양식 사회주의를 음미하고 있었다. 그리고 자신 또한 그랬다는 반성을 품으며, 오카와도 화가 나 있던 것이다. 그 주범은 이노우에였다. 다만, 오카와가 우려하는 것처럼 일본정신이 없어진 것은 아니었다. 앞서 설명한 바와 같이, 당시 일본인의 서양 사상 수용은 (사회주의자를 포함해) 동아시아적인 인간관에 근거하고 있었다고, 나는 생각한다.

3. 석학인가 아첨꾼인가

여전히 의견 분분한 야스오카 마사히로 평가

그런데 「섭정궁전하의 성혼의 저녁摂政宮殿下の御成婚の夕」에 오카와 슈메이가 서문을 쓴, 『일본정신의 연구』라는, 오카와가 좋아할 만한 서명을 가진 이 책의 저자를 살펴볼 필요가 있다. 오카와에게 '나이 어린 동지'라고 칭송받고 있는 인물, 함께 우가키 가문을 방문한 또 하나의 국가주의자. 야스오카 마사히로다. 쇼와 58년(1983)에 85세의 천수를 다한 이 인물에 대해서는, 벌써 관 뚜껑을 닫고[133]도, 평가가 이루어지지 않은 상황이다.

한쪽에서는 그를 성인군자로 추앙하는 경향이 있다. 역대 재상의 스승이라는 것이 그에게 붙여진 칭호다. 일반 서점의 동양사상 서가를 보라. 나의 저작은 없지만 유명한 연구자들의 진지한 노작을 물리치고 야스오카 마사히로의 강연과 어록 같은 것들이 잔뜩 꽂혀 있다. 지금도 구작이 다양하게 편집되어 재판되고, 게다가 많은 독

---

133) 이 말과 유사한 의미의 관용어로 개관사정蓋棺事定, 棺を蓋いて事定まる란 말이 있다. 사람의 진가는 죽은 후에 정해진다는 의미이다.

자를 보유하고 있다. 그러나 다른 한쪽에서는 그를 경멸하는 풍조도 있다. 대학 아카데미즘의 양명학 연구에서 그의 업적을 언급하는 것은 전혀 없다. 사상가로서도 기타 잇키나 오카와에 비해 현격히 낮은 평가를 받고 있다. 정재계 유력자를 영입해 이들에게 기생하며 명성을 얻었던 인물, 야스오카 스스로가 농담으로 했던 '고급 걸식乞食'이라는 표현이 비판적 평가를 내리는 사람들에 의해 애용된다. 노년에 어떤 여인을 입적시키려는 소동을 일으킨 것도, 그 평판에 해가 되고 있다. (그녀는 지금도 건재하며 텔레비전에도 자주 나오므로, '개인 정보 보호'를 위해 이름은 덮어 둔다.)

또 야스오카라고 하면, 종전 조칙을 한문체로 수정하였으며, 특히 "만세를 위해 태평 시대를 열 것을 원한다"[134]는 송대의 유학자 장횡거張橫渠(1020~1077)의 문언을 인용한 것으로도 유명하다.

『일본정신의 연구』

현재로선 나도 아직 야스오카를 어떻게 평가해야 할지에 대한 정답은 없다. 여기서는 앞서 말한 『일본정신의 연구』를 사료로 무사도와 양명학의 관계에만 집중하기로 하겠다. 이때 야스오카는 27세였다. 도쿄제국대학 법학부 정치학과를 졸업한 지 아직 2년밖에 되지 않았다. 당시 법학부에선 요시노 사쿠조나 니토베 이나조가

---

134) 이 말은 일본에서는 1945년 8월 15일 쇼와 천황의 옥음방송으로 유명하지만, 원래는 송나라 장재張載『장자어록張子語錄』의 "為天地立心 為生民立命 為往聖繼絕學 為萬世開太平"이라는 말에서 유래한다.

교편을 잡고 있었지만 야스오카는 이들의 영향을 받지 않았다. 한편, 국가주의적 교수들의 훈도를 받은 낌새도 없다. 그의 동양철학 연구는 독학으로 이루어졌다고 알려져 있다. 『일본정신의 연구』는 다음과 같이 구성되어 있다.

서론 일본 민족의 자각
제1장 자각의 세계에서 근본적인 태도
제2장 숭엄한 자유 — 도겐道元 선사의 생애와 그 계법戒法
제3장 인격과 생활 — 위대한 예술적 인격 구마자와 반잔
제4장 학문과 의분 — 오시오 츄사이론
제5장 일본정신으로 보는 무저항주의적 경지 — 간디즘Gan-
dhism / 묵가와 무사도에 대해서
제6장 검도의 인격주의
제7장 니텐二天[135] 미야모토 무사시의 검도와 심법
제8장 무사도에서 본 염불과 선
제9장 경敬과 지知와 용勇(행위와 직관) / 소우카이蒼海 소에지마
다네오미副島種臣 백伯에 대하여
제10장 행장行藏과 절의節義 — 다카하시 데이슈高橋泥舟론
제11장 영원의 지금을 사랑하는 마음
제12장 일본의 부도婦道
제13장 일본과 천황
발문 야시로 로쿠로八代六郎, 오카와 슈메이

---

135) 미야모토 무사시의 호.

오카와와 나란히 발문을 보낸 야시로 로쿠로(1860~1930)는 오카와도 존경하던 군인(해군대장)으로, 미시마 쥬슈와도 친교가 있던 인물이다. 이 야시로의 추천으로, 야스오카는 그해부터 이듬해에 걸쳐 본서를 바탕으로 해군대학교에서 '무사도 철학신론'이라는 강의를 진행하였다(나중에 『사학논강史学論講』으로 공간 公刊). 『사학논강』에서는 도겐(1200~1253), 무사시武藏, 소에지마副島 외에도, 야마가 소코를 다루고 있다. 또한 이 『사학논강』도 헤이세이 15년(2003)에 그의 가르침을 받드는 사람들에 의해 『대장부의 도ますらをの道』라는 제목의 신장 보급판으로 간행되고 있다.

'인격' 평가 — 이노우에 데쓰지로의 틀

본서에서 '인격'이라는 단어가 자주 나오는 것은, 목차를 보는 것만으로도 알 수 있을 것이다. 실은 이 '인격'이라는 용어를, '페르소나Persona'136)의 번역어로 정착시킨 것이, 이노우에 데쓰지로였다고 하는 연구가 이루어지고 있다(사코 쥰이치로 佐古純一郎, 『근대 일본 사상사에 있어서의 인격 관념의 성립(近代日本思想史における人格観念の成立)』, 죠분샤朝文社, 1995년). 그런 의미에서 오카와가 발문으로 폄훼할 만큼 이노우에는 무능하지 않았다. 아니, 그렇게 말하기보다는 오카와든 야스오카든, 이노우에가 구축한 틀 속에서 새로운 디자인을 공들여 일본정신을 말하고 있었던 것일 뿐이다.

---

136) 라틴어 어원으로, 지혜와 자유의사를 갖는 독립된 인격적 실체를 의미한다. 삼위일체론에 이용되는 개념으로 신의 존재 양식을 뜻한다.

예를 들어 오카와가 『일본정신연구』로, 야스오카가 『일본정신의 연구』로 함께 현창하고 있는 미야모토 무사시는 평생 60회의 결투에서 모두 승리했다고 알려져 있다(정확히는 스스로 그렇게 자전에서 자랑하고 있을 뿐이지만). 다만, 오카와와 야스오카가 무사를 찬양하는 것은, 단지 강하기 때문이 아니다. 오히려 그의 정신성, 즉 인격에 대한 평가인 것이다. 무사도에서는 검 실력보다 마음의 수양이 중시된다던 미카미의 『일본무사도』를 떠올려보시기 바란다. 그리고 무려 이노우에 데쓰지로의 『인격과 수양人格と修養』(1915) 속에 미야모토 무사시를 논한 논문 「미야모토 무사시와 무사도」가 이미 나와 있다.

에도 시대에 미야모토 무사시는 대중 예술 속에서 단순히 결투에 강한 남자로 그려지고 있었을 뿐이다. 니토베의 『무사도』에서 인격적으로 걸출한 인물로서 미야모토 무사시가 등장하지 않는 것으로 보아, 19세기 말 시점에서도 마찬가지였다고 생각된다. (『일본무사도』에는 「미야모토 무사시 宮本無三四」라는 이름으로 벤케이弁慶나 아코로시赤穗浪士와 나란히 등장하는 부분이 있다.)

20세기에 이르러 미야모토 무사시는 무사도 정신의 체현자로 재평가받게 된다. 이노우에의 논문은 그 시작일 것이다. 마침내 그의 고향에는 '미야모토 무사시 탄생지[生誕地]'의 비가 세워진다. 제자題字를 쓴 것은 무사시가 섬겼던 호소카와 가문의 후손인 호소카와 모리시게細川護成(1868~1914)였고, 비문을 지은 것은, 무사시와 같은 고향에서 태어난 미시마 쥬슈였다.

요시카와 에이지吉川英治『미야모토 무사시』

　더욱이 이 풍조는 쇼와 시대에 들어서 요시카와 에이지(1892~1962)가『미야모토 무사시』라는 연재소설을 쓰면서 대중적인 차원으로 정착한다. 사실 나도 소년 시절에 숙부의 책을 물려받아 여러 번 통독한 애독서이기도 하다. 요시카와 에이지의 삼국지가 없었다면 나는 중국 연구자가 되지 않았을 것이다.

　개인적인 일은 차치하고 말하자면. 그 요시카와 판『미야모토 무사시』는, 이노우에나 오카와의 논문이 아니라, 야스오카의 논문에 근거하고 있다. 그들은 꽤 친하게 왕래하고 있었던 것 같다. 기타 잇키가 사상적으로 지도한(그렇게 알려진) 2·26 사건 때에는 요시카와가 야스오카의 집으로 피신하여『미야모토 무사시』의 집필을 이어갔다는 일화도 있다. '이노우에의 무사시'나 '오카와의 무사시'와 비교했을 경우, '야스오카=요시카와 무사시'의 특징은, 인격 수양의 극단적인 강조에 있을 것이다.『일본정신의 연구』에서 미야모토 무사시 장의 제목에 '검도와 심법'과 기와 심技と心의 병렬 표기가 되어 있는 것, 앞뒤 장이 '검도의 인격주의'와 '무사도에서 본 염불과 선'인 것으로도 이미 그 양상이 역력하다. 물론 이노우에나 오카와도 미야모토 무사시의 인격이나 정신성을 중시한다. 다만 이노우에는 무사시의 이도류二刀流[137]를 현대적으로 재해석하며 자기만족에 빠졌다. 즉 그는 이도류를 서양과 동양의 두 문명을 하나의 인격에서

---

137) 양손에 각각 칼을 가지고 공격과 수비를 하는 기술의 총칭. 미야모토 무사시의 니텐이치류二天一流가 유명하다. 양손에 각각의 무기를 다루는 것부터, 두 가지 다른 수단을 가지고 일에 임하는 것, 동시에 두 가지 일을 행하는 것을 의미한다.

동시적으로 체현한다는 것의 상징으로 생각했던 것이다. 오카와는 왕양명과의 유사성을 논한다. 그러나 결국 "그의 풍격은 조금도 지나적 색채나, 인도적 색채가 없는, 실로 철저한 일본식이다"라고 결론짓는다.

그에 비해, 야스오카의 경우에는 검술을 통한 자기 수양으로서 고민하는 청년, 무사시가 얼마나 발전해 왔는가 하는, 절차탁마切磋琢磨의 사례로서 그를 강조하고 있다. 이 주제를 중심으로, 옛날부터 전해져 온 그의 여러 일화들을 시간순으로 늘어놓고 장편소설로 만들면, 요시카와의 『미야모토 무사시』가 완성된다. 다소 과장된 표현을 하자면, 『미야모토 무사시』는 일본 근대가 낳은 교양 소설Bildungsroman[138]이었다.

현장주의가 모은 지지支持

야스오카 본인은 검도의 명수였다고 한다. 이노우에와 오카와의 풍모에서는 그들이 죽도를 휘두르는 모습은 상상하기 힘들다. 이 두 사람은 본질적으로는 서재의 학자였다. 그에 비해 야스오카는 현장주의 운동가이자, 자신의 신념을 뜨겁게 설파하는 언변 기술도 뛰어났던 것 같다. 무술이 뛰어나고 말을 잘한다는 점에서 그는 왕양명의 후계자였다.

야스오카는 도검을 '정령精靈의 발현'이라고 한다. 검(일본도)에 대

---

138) 어른이 되어 가는 어린 주인공의 심리적이고 도덕적인 성장에 초점을 맞추는 소설 장르.

한 일종의 물신화가 이루어지고 있다. 이
장의 마무리는 다음과 같다.

야스오카 마사히로

> 그의 생애를 보고 그가 공부工夫와
> 행도行道에 대해 밝히는 것은, 현대
> 의 퇴폐한 사람들 또한 결코 향상시
> 키지 않을 수 없을 것이다. 현대에는
> 지나치게 유희가 유행하고 있다. 혼
> 을 담은 자기 마련磨鍊이 없다. 재앙
> 이라고 생각한다.

수행자로서의 무사라는 것은, 책상에서 책을 읽고 관념적으로 도
덕 철학을 가지고 노는 것과는 전혀 다른 일이었다. 행위 속에서 수
양을 쌓아가는 모습은 바로 왕양명의 '사상마련'이다. 야스오카 양
명학의 특징은 거기에 있었다. 위정자로서, 경영자로서 현대 사회의
여러 현실에 어떻게 맞설 것인가. 구체적인 정책이나 경영기술이
아니었다. 그는 그것을 위한 정신을 관념론적으로 말하였다. 그러
한 정치·경영의 현장에서 실천해 나가는 것의 중요성을 설교하는
것으로 야스오카는 정계·재계에 지지자를 획득해 갔다. (그 점에서,
한 여성 점술사139)는, 야스오카의 수법을 완벽하게 터득·계승하고 있다.)

139) 원문에는 '앞에서 나온[前記]'이라고 표기되어 있으나, 본문에 등장한 적 없으므
로 오류로 보인다. 여성 점술사는 호소키 가즈코細木数子를 가리킨다. 그녀는 1982
년에 독자적인 연구로 점성술의 책을 출판했으며, 1983년 긴자銀座 클럽에서 일하
고 있었을 때 야스오카 마사히로를 알게 되었다. 그와 결혼 약속까지 주고받았으나
야스오카의 친족들의 반대를 받았다. 그러나 그녀는 야스오카와 주고받은 결혼서약

야스오카의 교설에 신선한 맛이 있는 것은 아니다. 그러나 그가 중국 고전의 풍부한 지식 — 책상 위에서 그가 얻은 것 — 을 통해 말하는 쉬운 인생철학은 학술적이거나 번쇄(scholastik을 가니에가 번역한 말)한 사색을 잘하지 못하는 정치인과, 경영자들의 마음을 사로 잡았다. 칸트가 인간성에 대해 어떻게 말하고 있다든가, 마르크스의 설에 의하면 생산관계는 향후 어떻게 된다든가 하는 것이 아니고, '동양의 선철'들의 감사한 교설과 그들의 사는 법을 야스오카에게 배우는 것만으로, 이들은 안심을 느꼈을지도 모르겠다. 야스오카가 패전 후에도 영향력을 유지한 이유를 현시점에서 나는 그렇게 생각한다.

그런 의미에서 그 자신이 "견디기 어려운 마음을 견디고, 참기 어려운 마음을 참으면서, 만세萬歲를 위해 태평을 연다."라 했던 것일지도 모른다.

[부기] 본 장을 집필하는 가운데, 오카와와 야스오카를 직접 만난 적이 있는 이시다 다케시石田雄 선생님으로부터 말씀을 들을 기회가 있었다. 참고 문헌에서는 들 수 없기 때문에, 여기서 특별히 적어 둔다.

서를 근거로 단독으로 혼인신고를 하였다. 그녀의 혼인신고는 수리되었으나, 당시 야스오카가 85세 고령인 데다 입원하고 있던 병원에서 치매라고 하여 야스오카의 친족들이 혼인 무효 조정을 신청했다. 조정에 의해 혼인은 무효로 하는 화해가 성립했다.

에 피 소 드 VI

투쟁하는 여자, 산화하는 남자 — 미토의 잔광

1. 미토의 피와 죽음을 향한 미학

원폭原爆의 곁에서 야마카와 기쿠에

쇼와昭和 20년(1945) 8월 15일 정오, 라디오에서 야스오카 마사히로가 개정한 종전終戰의 조칙詔勅, 이른바 옥음玉音 방송(*임금의 육성이 담긴 방송)이 흘러나왔다.

야마카와 히토시·기쿠에菊栄 부부는 히로시마 현 관청의 대피소에서 그 방송을 듣고 있었다. 히토시均의 친척이 있는 곳에 몸을 의탁하고 있었던 것이다. 집이 있었던 가나가와 현神奈川県의 후지사와藤沢는 미군 상륙 예정 지점의 곁이었다는 이유로. 재앙을 피하기 위한 대피소가 있었음에도 불구하고, 그 9일 전 히로시마 시내는 인류 역사상 유래없는 참혹한 피해를 입었다. 전시戰時였기 때문에 정보 통제가 있었다고 하지만, 근방의 이 땅에서는 이미 어떤 일이 일어났는지 짐작하고 있었다. "아무래도 새로운 무기가 쓰여져 사람도 도시도 한순간에 타 버렸다고 하는 이야기가 우리들의 귀에 들어온 것은 사건 다음날이었다."(화공과 수공火攻め·水ぜめ) 그들 부부

의 귀에 "만세를 위해 태평 시대를 열 것을 원한다"는 구절은 어떻게 울렸을까. 기쿠에의 조부 아오야마 노부유키의 동료 후지타 도코가 사용한 말에 근거한 '영령'들에 대해 그녀는 어떻게 생각했을까.

지복至福을 상실한 히라오카 기미타케

같은 방송을 도쿄 세타가야의 고토쿠지(이이 가井伊家의 보다이지와 연관된 마을 이름)에서 히라오카 기미타케라는 문학청년이 듣고 있었다. 후에 자신의 작품에 등장하는 '영령'에게 쇼와 천황의 인간선언에 대해 "어째서 폐하는 인간이 되셨는가!"[140]라고 한스러운 말을 하게 했던 인물이다. 후지타 도코의 아들 코시로의 편에 가담하여 덴구도로 처형된 마쓰다이라 요리노리가 '증조모의 오빠'였던 이 청년은, 도쿄제국대학 법학부의 학생으로서 고급 관료가 되기 위한 수행 중인 몸이었다. 히라오카平岡는 동년배 대다수의 청년이 사무라이로서 전장에서 '영령'이 되어 간 가운데, 징병되었지만 신체적인 이유로 귀가조치를 받게 되었다. 그런 울적함이 전시 중에 그를 문학 활동으로 몰아갔던 것일까. 그 상황을 과거에 내게 국어를 가르쳐 주었던 어느 연구자는 마침 히라오카가 죽기 반년 전의 발행지에서 이렇게 논하고 있다.

---

140) 미시마 유키오三島由紀夫(=히라오카 기미타케)의 단편 소설 「영령의 목소리英霊の聲」에 나오는 말이다.

전쟁이라는 소용돌이 가운데 '자신 혼자만 문학적 쾌락'이란 일종의 '무중력 상태'에서 지복감至福感을 느끼고 있었던 작은 개인, 그 지복한 상태가 하나의 움직이기 힘든 현실이었다고 한다면, 그 지복한 상태가 파괴된 '불행'도 또한 움직일 수 없는 현실과 다름없었다. (구리쓰보 요시키栗坪良樹, 『국문학』 15권 7호 임시호, 「8월 15일」)

비상시에 '문학적 쾌락'에 취해 있었던 청년은 '만세를 위해 태평을 열려고 하'는 '천황'의 결의에 의해 꿈에서 깨어나고 말았다. 만약 패전이 없었다면 히라오카는 극히 평범한 고급관료가 되었을지도 모른다. 그러나 군사적 패배라는 현실이, 그를 문학이라는 미美의 세계 안에서 일본의 고귀함을 지키고 드러내는 꿈을 좇는 길로 나아가게 하였다. 우리들은 이 청년을 보통은 '미시마 유키오三島由紀夫'라는 필명으로 부르고 있다.

정반대에서 이어진 핏줄

야마카와 부부와 미시마 유키오에게, 생전에 어떤 접점이 있었던 것은 아니다(물론 서로 서로의 존재를 눈으로 보고 귀로 들었음은 틀림없지만). 세대적으로도 미시마三島는 히토시와 45년, 기쿠에와는 35년이라는 격차가 있었고, 부모 자식으로 따지면 조부모와 손자의 관계였다.

그럼에도 불구하고, 본서 마지막 장에서 이 두 사람을 나열하여 묘사하려 하는 것은, 내 눈에는 이 두 사람을 잇는 연결선으로 보였기 때문이다. 솔직히 막幕 뒤편의 이야기를 하자면, 당초 본서의 구상을 생각하고 있었던 시점에서, 나는 아직 다음의 사실을 알지 못했다. 근대 일본의 양명학에 대해 이야기한다면, 야마카와 히토시와 미시마 유키오는 빠트릴 수 없다고 판단하여 조사하는 사이에, 그들에게 공통된 '핏줄'의 문제를 알고 경악한 적이 있었다. 마치 신의 보이지 않는 손이 사전事前에 그렇게 꾸며 놓은 것처럼.

나를 놀라게 한 사실이란 이미 본서 에피소드 Ⅱ에서 소개했고 또한 앞에서도 재차 확인했던 그들(*정확히는 히토시가 아닌 아내 기쿠에의 선조이지만)의 선조에 대한 것이다.

야마카와 부인이 미토 번유 아오야마 가의 피를 이었던 것은 그녀 자신이 『여자 2대의 기록おんな二代の記』141) 등에 적혀 있기도 해서 비교적 잘 알려져 있다. 단순히 내가 수년 전까지 알지 못했던 것뿐일지도 모른다. 엄밀히는 기쿠에의 어머니 지세千世 ─ 그 이름이 '만세萬世를 위해'와 동의어라는 것은 참 아이러니하다 ─ 는 모리타 가森田家에 시집을 갔고, 그곳에서 기쿠에를 낳고서부터 그녀는 '모리타 기쿠에森田菊栄'로서 태어났지만 아오야마 가를 존속시키기 위해 호주戸主로서 성을 바꾸었다. '야마카와 부인'이 될 때까지 독신시절 사회주의 활동가로서 그녀는 '아오야마 기쿠에青山菊栄'였다.

한편 미시마 유키오, 히라오카 기미타케의 조부 사다타로定太郎(1863~1942)는 니쇼가쿠샤와 도쿄대학에서 배운 후 나가이 나쓰코永井夏子와 결혼했다. 나쓰코의 아버지 이와노죠岩之丞(1845~1907)는 (데릴사위였기 때문에 DNA적으로는 연관이 없지만) 막부 말기 군칸부교軍艦奉

---

141) 1956년 일본평론신사日本評論新社에서 발간된 야마카와 기쿠에山川菊栄의 자전적 저술.

行142)였던 나가이 나오유키永井尚志(1816~1891)의 대를 이어받았다. 나오유키尚志는 에노모토 다케아키나 히지카타 도시조나(미시마 쥬슈의 주군) 이타쿠라 가쓰키요 등과 함께 삿조군薩長軍과 싸우며 하코다테까지 갔던 인물이었다. 히라오카 사다타로平岡定太郎가 뒤에(홋카이도보다 더 북쪽의) 가라후토쵸樺太庁143) 장관(*가라후토는 사할린 섬을 가리킨다)이 된 것도 운명의 장난인 것인가. 그리고 나가이 이와노죠永井岩之丞의 후처後妻 즉 나쓰코의 어머니 다카코高子야말로, 시시도穴戸 번주藩主 마쓰다이라 요리노리松平賴德의 여동생이었다.

아무튼 야마카와 기쿠에와 미시마 유키오가 함께 미토학 연고의 핏줄을 이어받았다는 것에 나는 깊은 충격을 받았다. 물론 그들 이외에도 미토 번의 관계자는 몇만 명이나 있고, 그 가운데 이 두 사람의 연관성은 단순한 우연에 지나지 않을지도 모른다. 그러나 전쟁 후 일본을 생각하는 데 있어 극단적으로 맞서는[對極的] 사상 경향을 가진, 어떤 의미에서 상징적인 이 두 사람이 어느 쪽도 미토학의 연고를 가지고 있다는 점에서, 의욕이 펑펑 솟아났다. 만약 내가 (미시마와 같이) 문학가였다면 그들 두 사람을 주인공으로 한 희극을 썼을 것이다. 한쪽은 공화국, 한쪽은 제국. 어딘가 영화의 무용담과 닮은 이 대립 항쟁의 이야기는 의외의 형태로 에피소드 VI에서 완결된다.

---

142) 에도 시대 말기에 에도 막부에 의해 설치된 관직명. 1859년 설치되었고, 막부 해군을 총괄하여 군함의 제조·구입이나 조종기술자의 육성 등을 관할했다.

143) 일본 제국 시절 일본이 점령하고 있었던 사할린 섬 일부를 관할한 지방행정관청이다. 1905년 일본이 사할린 섬 일부를 점령했고 1907년 가라후토쵸가 설치되었다. 훗날 1945년 소련과 전투에서 패배하여 일본군이 항복하였고, 소련군은 가라후토쵸의 해산명령을 내렸다. 1949년 국가행정조직법国家行政組織法의 시행에 의해 최종적으로 폐지되었다.

미토학과 양명학, 여기서 만나다

그러나 이 책은 유감스럽게도 픽션 작품이 아니다. 사료史料에 의해 재구성된 사실에 기반한 기술밖에 할 수 없다. 따라서 이 두 사람이 같은 장면에 등장하는 일은 없다. 그러나 서두에 나온 옥음방송이 그랬던 것과 같이, 같은 시간을 살았던 이 두 사람을 연결시키는 것은 가능하다. 게다가 무엇보다도 기쿠에는 오래 살았기 때문에 '미시마 사건'[144]까지도 알게 되었다. 아들 뻘 나이의 인물 — 실제로 그녀의 장남 신사쿠振作는 미시마보다 8살 연상이다 — 의 장절壯絶한 최후를 그녀는 지켜보는 입장이었다. 정치적으로는 양극단에서 맞서는 입장에 있는 자의 행동이다.

자위대에서 결기를 촉구하며 산화한 남자와 비무장 중립을 위해 싸운 여자의, 만나려 해도 만날 수 없는 협주곡을 가지고 이 책을 묶는 구상이 이렇게 내 머릿속에서 싹텄다. 그리고 그러한 일에 의해 미토학과 양명학이라는, 언뜻 보기에 상반된 두 유파가 실질적으로는 같은 것으로서 근대 일본에 어떤 작용을 해 왔는지를, 정리하는 것이 가능하다고 생각하게 되었다.

머리말은 이 정도로 해 두자. 우선은 히로시마 대피소에서 후지사와로 돌아온 야마카와 부부의 이야기부터 하겠다.

---

144) 미시마 유키오三島由紀夫가 1970년 11월 그가 주재하는 '방패[楯]회' 회원 4명을 이끌고 육상자위대 동부방면 총감부에서 총감을 감금하고 막료 8명에게 중경상을 입힌 후 자위대의 각성과 궐기를 외치며 할복자살한 사건이다.

2. '아오야마 기쿠에'의 전후

부인 참정권 실현의 고양高揚

야마카와 히토시는 군국주의 타도를 호소한 '인민전선사건人民戰線事件'145) 때문에, 전시戰時 중에는 피고로서 소송 중인 몸이었다. 그러나 패전 때문에 이 사건 그 자체의 위법성이 무효가 되어, 그는 쇼와 21년(1946) 1월에 다시, 이번에는 관헌의 눈을 두려워하지 않고 '인민전선'을 제창했다. 다음 해 7월에는 부부가 함께 일본 사회당146)에 가입하였고, 공산당의 무장혁명 노선과는 명확하게 선을 긋는 의회정당으로서 사회주의 실현을 지향하여 운동을 이어 나가게 되었다.

---

145) 1937년 12월 15일 및 1938년 2월 1일에 코민테른의 반파시즘 통일전선에 호응하여 일본의 인민전선 결성을 꾀한 노농파勞農派 계열의 대학교수·학자 그룹이 일제히 검거된 사건이다. 이 사건을 계기로 일본공산당에 한정되었던 체포가 맑시즘 사회주의자 일반에도 미치게 되었다.

146) 일본의 사회민주주의 정당. 1945년 11월 제2차 세계대전 전의 무산정당 각파를 규합하여 결성된 일본의 사회민주주의 정당이다. 강령으로는 평화적·민주적 방법으로 사회주의 실현과 의회주의 평화혁명을 주장하고, 내정에서는 호헌護憲, 외교에서는 반안보·비무장중립을 정책기조로 삼고 있다.

사회당은 이해 5월에 시행된 새로운 헌법 아래, 6월에는 가타야마 데쓰片山哲(1887~1978)를 수장首長으로 하는 연립정권을 운영하는 여당이 되었다. 전쟁 전의 비합법 반체제운동 경험이 길었던 야마카와 부부에게 있어서 감개무량한 일이었을 것이다. 기쿠에는 바로 신설된 노동성労働省147)의 부인소년국장婦人少年局長에 발탁되어, 사회당원으로 관계官界에서 활약하게 되었다. 머지않아 강화문제講和問題를 둘러싸고 사회당이 두 파로 분열되었고, 야마카와 히토시는 오우치 효에(그 오카와 슈메이의 제5고등학교第五高等学校의 후배이다) 등과 함께 좌파 사회주의 협회 중진이 되었다. 히토시는 쇼와 33년(1958)에 세상을 떠났지만, 기쿠에는 그다음 해에 중국 정부의 초대로 국경절에 참가하는 등, 헌법 옹호, 일중日中 우호, 비무장 중립, 여성 해방을 기치로 하며 건재했다. 작가 미시마 유키오가 표명하고 있었던 정치적 견해와 모두 대립하는 내용이었다.

쇼와 21년(1946) GHQ148)의 지도 아래 개정된 선거법으로 여성 참정권이 인정되자, 야마카와는 그 흥분을 일종의 격문이라 할 수 있는 문장 속에서 다음과 같이 표출하고 있다(『야마카와 기쿠에 집集』 7권 수록, 해방의 여명에 서서 — 역사적 총선거와 여성 참정권).

여성 참정권은 우리나라의 역사에 한 획을 긋는 역사적 사건이다. 우리들은 이 해방의 첫걸음을 어디까지나 양심적으로, 엄

---

147) 1947년 9월부터 2001년 1월까지 존재했던 일본의 행정기관. '노동자의 복지와 직업 확보를 목표로 하고 경제의 융성과 국민생활의 안정에 기여하는 것'을 임무로 하고 있었다. 2001년 후생성厚生省과 통합되어 후생노동성厚生労働省이 되었다.
148) 연합 국군 최고 사령관 총사령부連合国軍最高司令官総司令部를 말한다. 영어로 General Headquarters인데 그 줄임말.

숙한 마음으로 내딛어야만 한다. 다른 사람으로부터 강요받지 않고, 다른 사람에게 강요하지 않는 것이야말로 민주주의의 본질임을 마음에 새기고, 누구에게 투표할 것인가, 어느 당을 지지할 것인가, 또한 투표할 것인가 하지 않을 것인가도, 모두 자신의 의지에 따라 결정해야만 한다. 가능한 한 많은 사람들의 의사를 듣고 그것을 참고하여 몸소 배우고 몸소 생각한 뒤에, 스스로 최후의 결정을 내려야 한다. 요컨대 어디까지나 양심적·자주적으로 하라고 말하고 싶다. (중략) 무지는 무지로서 좋다. 부끄러워할 것 없다. 그것은 여성의 죄가 아니라 과거 일본의 죄이니까. 여성이여, 품고 숨길 것 없이 두려워할 것 없이, 대담하게 솔직하게 자기 의사를 드러내라. 해방의 첫걸음은 그것이다.

이 대책 없이 밝고 낙관적인 전망을 비웃을 자격은 내게는 없다. 그녀가 30년 이상에 걸쳐 투쟁해 온 것이 드디어 실현될 것 같았기 때문이다. 그 증거로 사회당 수뇌 정부까지 실현되어 버렸다. 여성 참정권 만세!

민주적으로 선출된 '역주행'

그러나 여성까지 포함한 보통선거에서 사회당에게 절대다수를 부여했던 일은 이후에도 없었다. '자기 의사에 의해 결정'했을 터인 유권자는, 선거를 거듭할수록 (여성유권자들로 말하게 하면) 보수적이고 봉건적인 정당으로의 투표를 늘려 갔다. "다른 사람으로부터 강요받지 않고, 다른 사람에게 강요하지 않는 것이야말로 민주주의의 본질이다"라고 한 바에는, 그 의향을 존중해 주지 않을 수 없다. 설령 그것에 노골적인 매수나 연고緣故에 의한 투표가 있었다 하더라도, 그것도 또한 유권자가 '양심적·자주적'으로 고른 결론이다. '민주주의'는 사회당, 그것도 샌프란시스코 회의149)에서 강화 조약 체결에 반대한 좌파에게는 싸늘했다. '역주행'의 시대가 시작되었다.

쇼와 28년(1953) 황태자(*헤이세이 천황)의 태자 책봉식에서 요시다 시게루吉田茂(1878~1967) 수상이 '신臣 시게루茂'라고 발언했던 것이 화제가 되었다. 그는 국회연설에서 '국체国体'라는 말도 부활시켰다. '국체'-야마카와 기쿠에였다면 요시다를 향해 "나의 증조부의 벗이었던 아이자와会沢 씨(*아이자와 세이시사이)가 발명한 말을 당신들이 가볍게 쓰지 마라!"라는 형태로 질타도 했을 것이다. 그러나 그녀를 초조하게 만들었던 것은, 이런 '역주행'이 정부 여당 지도부로부터의 음모에 그치지 않고, 그야말로 대중적 기반을 가지고 있었기 때문이다.

한 초등학교[小学校]에서는 강화 조약 발효 당일, 이른바 독립의 날에 국기를 걸지 않았기 때문에 PTA150)에서 불평을 했다는 등의

---

149) 제2차 세계대전 후 일본과의 강화 조약을 체결하기 위한 국제회의. 1951년 9월 4일에서 9월 8일까지 미국 샌프란시스코에서 열렸다. 참가국은 연합국 51개국(제2차 세계대전 후 연합국 영토로부터 독립한 국가를 포함)과 일본이었는데, 연합국 중에서 인도·유고슬라비아·미얀마·중국(국민정부)은 대표를 보내지 않았다. 이 회의에서는 미국의 안을 기초로 심의가 진행되어, 결국 참가한 48개국과 일본 간에 평화 조약이 서명되었다. 회의 참가국 중 소련·폴란드·체코슬로바키아는 조약에 조인하지 않았다.

말이 있다. 이 학교도 PTA의 압박이 있었는지는 모르지만, 민주주의를 향한 전진보다는 황실 중심주의로 거꾸로 돌아감이 느껴진다. 이렇게 "하늘을 대신해 불의를 친다"라고 말하며 군국주의의 희생이 되었던 그들의 부친들이 재현된다면 지하의 '영령'들이 울 것이다. 어느 사이에 충혼비忠魂碑도 부활하고 있다. 지난번 자자손손 함께 천황의 치세와 '기미가요 행진곡'에 취하게 하여 개죽음을 시켰는데, 똑같이 충혼비에 모셔지는 것을 맹세하자는 것인가. (「'신 시게루'와 기미가요 행진곡」)

분명 그녀와 그 동지들의 주장에서 '영령'은 '군국주의의 희생'자였다. 과오는 두 번 다시 되풀이하지 않겠다고 사죄·애도할 대상이다. 그러나 애초에 그녀 조부의 친구 후지타 도코의 말에 의하면 영령이란 천지의 바른 기운이 모여 올바른 도리를 실현하고 죽어 간 제사 대상(신)이다. 결코 (훗날 한 수상이 말했던 것과 같이) '본의 아니게 전장에서 목숨을 잃은 사람들'을 말한 것이 아니었을 터이다. 적어도, '신 시게루'나 모 초등학교의 PTA는 그런 감성을 가지고 있었다.

양명학적 성선설, 그것을 실현한 국가란?

그녀는 이 문장의 결말 부분에서, 신문잡지의 논조가 언뜻 보면 '역주행'에 대한 경계이면서도, 사회면에서 태자 책봉이다 시치고

---

150) 영어로 Parent-Teacher Association의 약자로 각 학교의 보호자·교직원으로 조직된 사회교육단체.

산七五三151)이라는 둥 그것들을 부추기고 있다고 비판하고 있다. 그러나 그런 기사에 국민적 수요가 있었기 때문이라는 것은 언급하고 있지 않다. 요시다 시게루와 같은 관료 출신 정치가의 '우월감에 가득한 오만한 태도'를 비판했지만, 자신도 또한 정치적 엘리트주의에 빠져 있었던 것에는 무감각했다. 그리고 어디까지나 자신이야말로 진정 국민의 뜻을 대표하고 있다고 주장한다. 국민의 뜻(民意)은 황실에 대한 보도를 요구하고 있었는데도……. 그곳에는 필부필부 匹夫匹婦의 양지良知를 믿은 성선설, 양명학적 심성의 함정이 있었다. 역시 다카바타케 모토유키 쪽이 올바르게 국민의 뜻을 이해하고 있었다고 해야 할 것이다.

그녀의 순정 어린 모습을 책망할 생각은 없다. 그녀는 중국에 초대받아서 개의 모습이 보이지 않는 이유를 물었다. 중국 측에서 "미친개가 나와 곤란하여, 모조리 때려죽였기에 개는 모습을 감추었고, 이제는 도둑도 없기에 개를 키울 필요도 없다"고 설명을 하자 곧이곧대로 받아들였다(『세계』,152) 「새로운 중국·낡은 중국」, 1960년 1월호 초출初出). 그러나 실은 동물성 단백질 결핍 때문에 먹어 버린 게 아닐까 하고 의심할 수 있는 것은, 그 후의 여러 가지 정보를 알고 있는 우리들의 특권이다. 그렇긴 했지만 이 중국방문기의 결말은, 중국 출국 때 가타야마 데쓰 단장의 다음과 같은 주의注意의 말로

---

151) 일본에서 아이들의 성장을 축하하는 행사. 남자는 3세·5세, 여자는 3세·7세 되는 해 11월 15일에 빔을 입고 우지가미氏神 등에 참배한다.

152) 이와나미 서점岩波書店이 발행하고 있는 종합잡지로, 1946년 1월 창간하였다. 처음에는 자유주의적인 문화잡지로 창간되어 인텔리 노선을 지향했으나, 이와나미 서점의 창업자 이와나미 시게오岩波茂雄 사후 편집방침이 바뀌어 좌익적 논조를 취하게 되었다.

마무리되고 있다. 이것은 그녀에 의하면 '물론 비꼼이 아니'다. 그러나 우리들에게는 다른 의미로 보인다. 즉 그녀와 같이 사회주의의 꿈을 추구해 온 지사인인志士仁人들의 사상과 행동에 대한 통렬한 비꼼처럼 들린다.

여러분, 지금부터 자유주의 국가에 입국하기 때문에 소지품에 충분히 주의해 주시기 바랍니다. 지금까지의 습관과 같이 문에 자물쇠를 걸지도 않고, 무엇이든 꺼내 놓은 채 외출하는 등의 행동을 하지 않듯이, 외출은 세 사람 이상으로 해 주시기 바랍니다. 주의하시기 바랍니다.

자신들이 수십 년 꿈에 그려 온 '사회주의 국가'가 이웃 나라에서 성취되어 있었다. 그 현장을 방문하여 실제로 '문에 자물쇠를 걸지 않고 무엇이든 꺼내 놓은 채 외출'할 수 있는 사회를 두 눈으로 확인하는 흥분이 이 가타야마片山의 발언을 하게 했을 것이다. 그것을 기록하여 공표하고 있는 ─그것도 이와나미 서점岩波書店153)이 자랑하는 일본을 대표하는 가장 권위 있는 여론지에! ─ 야마카와도 마음속으로부터 기뻤을 것이다. 이른바 '왕도낙토王道樂土'를 보고 온 자들의 감격이었다.

---

153) 일본의 출판사. 1913년 이와나미 시게오岩波茂雄가 진보초神保町에 연 고서점에서 출발했다. 정찰 판매제를 채용해 주목을 모았으며 1917년에는 『나쓰메 소세키 전집夏目漱石全集』을 간행하면서 사업의 약진을 이루었다. 1927년 이와나미 문고岩波文庫를, 1938년 이와나미 신서岩波新書를, 1946년 월간지 『세카이世界』를 창간했다. 고전이나 학술적 연구 성과를 사회에 보급하는 데 공헌하였고, 문화의 대중화에도 큰 영향을 주었다.

'초망굴기草莽崛起'는 일어나지 않고

중국 사회가 '문에 자물쇠를 걸지 않고, 길에 (물건이) 떨어져 있어도 줍지 않는다.'라는 말 그대로 유교의 고전·사서史書에 종종 천하태평을 형용할 때 쓰여진 것과 같은 표현에 의해 묘사되었다. 설령 구체적인 내용은 다르다 하더라도 — 예를 들면 남녀 동등한 권리·평등을 중요시하고 있는 것 등 — 그 이상적인 형태는, 유교 신자들이 줄곧 추구했던 것과 본질적으로는 일치함을 보여 주고 있다. 성선설에 기반하여, 악한 지배자를 배제하고 선량한 지도자가 정권을 잡는다면 태평스러운 세상이 실현된다고 하는 그 몽상말이다. 오시오 츄사이가, 요시다 쇼인이, 고토쿠 슈스이가, 오카와 슈메이가 그리고 그들 사회주의자들이 추구해 온 이상의 정치. 막부 말기 이래 일본의 '양명학'적 심성, 지사인인志士仁人의 마음을 가진 사람들은, 같은 것이 모두 '초망굴기'에 의해 실현된다고 말해 왔다. 그리고 일본에서도 드디어 그 실현의 날이 가까워졌다고, 야마카와는 틀림없이 생각하고 있었을 것이다.

그러나 그것은 민중의 두려움을 모르는, 엘리트들의 우쭐댐에 불과했다. 불행하게도 그녀는 오래 산 만큼 그것을 뼈저리게 알게 되었다. 그녀의 선조가 신봉하고 있던 미토학이라고 하는 엘리트주의·권위주의·'봉건주의'의 교설에 대해, 그녀는 물론 비판적이었다. 그러나 자신의 선조와 대립하고 있었던 덴구도를 비판하는 어조로 "후지타 가는 헌 옷 장수에 불과하다"는 차별적 발언을 허용하여 기록한 자신의 마음이, 실은 선조와 같은 것이었다는 것을 알아차리고 있었을까.

앞에 게재한 『세계』의 문장이 쓰여진 수개월 후 도쿄는 안보 조약 개정154)을 둘러싸고 혁명 직전의 긴박한 상황에 도달한 것으로 보였다. 그러나 결국은 내각이 교체된 것으로 끝나, 좌익운동에 의한 사회당의 지도력은 1960년대에 급히 하락한다. 야마카와의 일반 민중 가운데 특히 여성의 '양지良知'에 기대한 쇼와 판 '초망굴기'는 헛되이 끝났다.

후지타 유코쿠·도코東湖에 대한 싸늘한 시선

그런 가운데, 그녀는 어머니의 고향 이바라키 현茨城県 역사 편찬 위원에 취임한다. 그 성과로서 『이바라키 현사 연구茨城県史研究』에 연재되었고, 훗날 책으로 만들어진 것이 『각서 막부 말기의 미토 번覚書 幕末の水戸藩』(1974)이었다. 이 저작은 다음 해 오사라기 지로 상大佛次郎賞155)을 받았다. 오사라기大佛(1897~1973)로 말하자면 『천황의 세기天皇の世紀』가 유명하지만, 야마카와는 확실히 그 '천황의 세기'에서 미토에서 어떤 일이 일어났는가를, 증조부·조부·어머니의 시선에서 그려 내고 있었다.

그녀 어머니의 친가이며 그녀 자신이 호주로서 성을 이어받기도

---

154) 1951년 서명되어 발효된 구 미·일 안보 조약을 대신하여 '미합중국과 일본 간의 상호 협력과 안전 보장 조약'이 1960년 1월 19일 워싱턴에서 서명되어 6월 23일에 발효되었다. 이것이 이른바 신 안보 조약이다. 일본 내에는 이 개정에 대한 강력한 반대가 있어 '안보 소동'을 초래하기도 했다.
155) 아사히 신문사朝日新聞社 주최의 문학상이다. 소설가 오사라기 지로大佛次郎의 업적을 기념하여 그가 죽은 해인 1973년에 창설되었다.

했었던 아오야마 가가 미토 번에 출사했던 것은, 그녀의 5대 위의 선조, 오키미치興道부터였다. 맡은 관직은 주순수 사당의 관리인. 이것은 부설된 학사學舍의 교사도 겸한 직무로, 이후 대대로 아오야마 가는 『대일본사』 편찬 작업에 종사하는 임무를 지며 벼슬하고 있었다. (미토 번에서는 미쓰쿠니 이래의 방침으로 다른 번과 달리 전문적인 유학자儒學者를 두지 않았다. 무사인 자는 당연히 유학儒學의 소양이 있어야 한다는 생각이었다.)

아오야마 가 3대째로 기쿠에의 증조부에 해당하는 노부유키(*아오야마 노부유키를 가리킨다)는 후지타 유코쿠(도코의 아버지)와 함께 그 편찬소였던 쇼코칸彰考館156)의 총재가 되었다. (*후지타 유코쿠는 1807년부터 1826년까지 쇼코칸 총재가 되었고 아오야마 노부유키는 1823년부터 1830년까지 쇼코칸 총재를 맡았다. 두 사람은 1823년부터 1826년까지 함께 쇼코칸의 총재를 맡았다.) 노부유키의 두 아들 노부미쓰延光(1807~1871)와 노부히사延壽(기쿠에의 조부)도 막부 말기 때를 만나 연이어 쇼코칸 총재를 맡았다. 노부유키의 저작 『황조사략』은 동시기 라이 산요의 『일본외사』에 견줄 만한 베스트셀러였다고 한다. 메이지 시대 이후 두 사람의 지명도의 차이가 급속도로 벌어진 것은, 승리한 지사志士들이 산요의 편을 들어주었기 때문일 것이다. 후술하듯이 아오야마 가는 미토 번 안에서 친 막부 온건파에 속해 있었다.

유코쿠는 원래 다치하라 스이켄에게 배웠지만, 후에 사상적·정치적으로 대립하게 되었고, 이후 이것이 미토 번의 당쟁으로 전개되어 갔다. 아오야마 가는 다치하라의 무리에 가까웠고, 노부유키가

---

156) 에도 시대 미토 번水戶藩이 『대일본사大日本史』를 편찬하기 위해 만든 사국史局이다. 총재総裁는 쇼코칸에서 가장 지위가 높은 사람으로 당시 미토 번을 대표하는 학자가 맡았다.

유코쿠와 함께 총재직에 선발되었던 것은, 두 당파의 밸런스를 취하는 의미도 있었던 듯하다. 도코가 안세이 지진으로 불의의 사망을 당한 직후에, 노부유키는 반反후지타파藤田派의 친구에게 보낸 서한에서 '유코쿠학幽谷学'을 '이학異學'으로 평가하고 있다. (『각서 막부 말기의 미토 번』에 인용된 노부유키의 서한에서)

'소동'

가에이 4년(1851), 22세의 요시다 쇼인이 미토를 방문했을 때, 도코는 근신 중이었기 때문에 다른 번藩의 손님을 만나는 것을 거절하여, 대신에 아이자와 세이시사이와 아오야마 노부미쓰와 면담했다. 이것이 쇼인의 사상형성에 크게 작용했던 것은 이미 기술했다. 다만 세이시사이正志斎에게 깊이 경도되었던 것과 반대로, 쇼인은 일기에서 노부미쓰에 대해 곤약당莒蒻党[157]이라고 평가하고 있다. 대강 지사志士 타입이 아니었기 때문일 것이다. 동생인 노부히사도 혈기가 넘치는 미토 번사 가운데 냉정함이 두드러져, 앞서 언급한 서한에서도 '이학異學'이긴 하나 후지타 파를 탄압·배제는 하지 않도록 말했다.

다만 그렇게 기록한 것이 그들의 후손인 기쿠에이기 때문에, 어느 정도 저평가했을 것이라고 생각하지 않을 수 없다. 그러나 아오야마 일족이 존왕양이 과격파인 덴구도와 선을 긋고 있었다는 것은

---

157) 곤약莒蒻(일본어 발음:こんにゃく)은 일본어에서 기개가 없는 사람을 욕하는 의미로 쓰이기도 한다.

틀림없다. 기쿠에는 '존왕양이운동의 대가'라고 제목 지어진 한 절
節에서 다음과 같이 적고 있다.

후지타 고시로가 가쓰라 고고로의 교사를 받고 쓰쿠바筑波에서
존왕양이의 기치를 들었을 때, 히토쓰바시 요시노부도 하라 이
치노신原市之進(1830~1867)도 미토 번의 자멸을 걱정하고 있었
다고 하지만, 1년 후 그 '소동'은 쓰루가敦賀의 대량 참수로 막
을 내렸다. 이것이 미토의 존왕양이운동의 결론이자 대가였다.

덴구도 봉기를 '소동'으로 부른 것은, 그녀의 어머니 지세로부터
들었던 호칭이지만, 이 냉담한 호칭에서 기쿠에의, 혹은 아오야마
가 일동의 덴구도에 대한 시선이 나타나 있다. 이 '소동' 가운데 우
둔한 번주 요시아쓰 — 그녀는 노골적으로 '바보 전하'라고 부르고
있다 — 를 대신하여 사태 수습을 위해 미토에 파견되어, 성에 틀어
박혀 있는 쇼세이도(=반反덴구도)와 한바탕 싸움을 주고받아 버리고
말았기 때문에 막부로부터 할복을 명받은 것이 요시아쓰, 요시노부
의 재종형제에 해당했던 시시도 번주 요리노리였다. 야마카와 기쿠
에는 '나이는 36세나 되었지만, 사람을 의심할 줄 모르는 도련님으
로 커 왔던 점과 자신의 신분에 대한 자신감'이 그 자신을 파멸로
몰고 갔다고 기록하고 있다.

왜 미토 번은 몰락했는가

그녀는 미토 번=이바라키 현茨城県에 대해 깊은 애정을 보이고 있다. 그런 까닭에 한 층 더, 미토의 사람들이 왜 '천황의 세기'에 그렇게나 고통을 겪어야만 했는지가, 그녀에게 있어서는 자기 자신의 '핏줄'의 문제와도 관련된 절실한 물음이었던 듯하다. 그리고 그 책임 추구追究는 일반적으로 미토의 향토사가鄕土史家들에게서 명군名君이라 평가되는 열공烈公 나리아키를 향해 있다. 본서에는 그녀가 사회주의운동의 거물이었던 것을 생각나게 하는 기술은 거의 없다. 그러나 다음의 야유적인 문장은, 그녀가 만감을 담아 적은 본서 전체의 백미白眉라고 나는 생각한다.

실제로 그(나리아키)의 바지뿐만이 아니라, 미토 번도, 봉건제도 그 자체도 더럽혀지고 부서져 손도 쓸 수 없을 정도로 되어 있었지만, 열공烈公과 그 일당들은 그것까지 생각하지 못하고, 고이시카와(＊에도에 있었던 미토 번주의 저택이 있었던 곳)의 물로 씻어 다시 고치면, '깨끗했던 옛날'의 이상적 봉건사회로 돌아간다고 확신하고 있었다.

다만 아이러니하게도 나리아키 일당의 이상주의적 마음은 그녀 자신의 문제이기도 했다. 이상적 사회주의 체제 실현을 위해 진지하게 운동한 야마카와 기쿠에는, 그녀가 기대했던 '전후' 그 자체에게 배신당한다. 1960년에도 1970년에도, 안보개정 반대운동은 혁신 정권을 가져다주지 못했다.

그녀의 이 연재물이 『이바라키 현사 연구』에서 시작된 1970년

11월, 그런 '전후'의 일본을 다른 시점에서 단죄하는 행동을, 한 인물이 일으켰다. 그는 기이하게도 미토 덴구도에 연고가 있는 인물이었다.

3. '그날'까지

야스오카 마사히로에 대한 접근

쇼와 43년(1968) 5월 26일, 미시마 유키오는 야스오카 마사히로 앞으로 편지를 썼다. 이자와 기네마로伊沢甲子麿(1925~)를 통해 야스오카의 저작을 받았던 것에 대한 답례였다. 길지만 그 본론 부분을 인용하겠다.

요즘 젊은 평론가 가운데서도 에토 쥰江藤淳(1932~1999)처럼, 하버드대학에서 돌연 주자학 책을 읽고, 그 후로 여우에 홀린 듯 '주자학 주자학'이라며 시끄럽게 배회하는 추태를 보고, 어차피 주자학은 에토江藤와 같은 서재파書齋派의 철학에 적합하다고 단정했습니다. 소생은 선생의 저서를 시작으로, 천천히 시간을 들여 공부하자, 훨씬 앞서게 되어 지행합일의 양명학이 무엇인지를 증명하고 싶다는 등의 커다란 야심을 품게 되었습니다. (『결정판 미시마 유키오 전집』 보권補卷, 신쵸샤新潮社, 2005, 238쪽)

좌익 학자라도 마루야마 마사오丸山眞男(1914~1996)와 같이 스스로 오규 소라이를 알고서 소라이 학만을 조술祖述하여, 근세 일본의 정치사상 가운데서도 양명학은 반 페이지의 해설commentary로 처리하는 등의 행위는, 너무나도 '비과학적' 태도라고 생각합니다. 오히려 대중작가인 시바 료타로司馬遼太郞(1923~1996) 등에게서 진지한 연구 태도가 보여, 마음 든든하게 생각하고 있습니다.

동양사상에 어두운 근대 인텔리가 지금도 횡행·활보하고 있는 현재 일본에서, 선생님의 참된 학문을 배웠던 것을 행운으로 생각하고 있습니다.

이미 본서에서 익숙한, '서재파' 주자학에 대한 적개심, '지행합일의 양명학'에서 동양철학의 진수를 보는 입장이다. 막부 말기 이래 일본 양명학의 심성을 공유하는 '선배들'을 향해 추종하는 문구로 가득 찬 서한이다.

마루야마 마사오에 대한 경멸

마루야마 마사오의 『일본 정치 사상사 연구日本政治思想史研究』(도쿄대학 출판회, 1952)에서의 양명학에 대한 부당한 경시를, 저자가 소라이학적 심성을 가진 사람이었기 때문이라고 평가하는 것은, 실제로 나는 정답이라고 생각한다. 그러나 마루야마를 '좌익학자'라고 단정하고, 시바司馬를 '대중작가'라고 깔보는 식으로 부르는 대목에서, 미시마의 '귀족적 오만함'이 또렷하게 드러나 있다. 그는 이런 논조에서 야스오카와 공동 전선을 펼 수 있다고 생각했던 것일까. 동서 고금에 정말 혈통이 좋은 귀족 나으리는 결코 이런 말투를 쓰지 않는다.

쇼와 43년 5월은 이른바 '학원분쟁'158)의 폭풍우가 거칠게 불어 닥쳐, 마루야마 마사오가 전공투159)를 향해 "파시스트조차 이런 만행을 하지 않았다"고 비판하고 규탄했던, 뜨거운 정치의 계절이었다. '서재파' 에토 준과는 달리 '지행합일의 양명학이 무엇인지 증명하고 싶다'는 생각이, 2년 반 후의 '사건'과 이어져 간다. 아니, 미시마는 이미 이 시점에서 그 계획을 세우고 있었을 것이다. '커다란 야심'은 꽤나 구체적이었을지도 모른다.

---

158) 일본에서는 1960년대 말, 전공투운동全共鬪運動에 의한 학생운동을 통칭하여 학원분쟁学園紛争이라고 한다. 학생운동이 확산된 결과 일상적으로 학교 전체가 학생과 대학의 대립상태가 되는 것을 가리킨다.

159) 전학공투회의全学共鬪会議. 전공투는 약칭이다. 1968년에서 1969년 사이 일본의 각 대학에서 학생운동이 바리케이드·스트라이크 등 무력투쟁이 행해지던 시절, 분트와 삼파전학련이 학부와 정파를 초월한 운동으로서 조직한 대학 내 연합체들이다. 전공투는 특정 조직·단체의 이름이 아니고 1968년에 국한된 대학가 '현상'에 가깝기 때문에, 학교별 전공투들은 활동시기·목적·조직·운동방침이 모두 제각각이다. 전공투운동은 특정 정파가 자기 사상과 정책을 내거는 조직운동이라기보다는 대중운동이었던 측면이 있었다고도 한다.

미시마의 양명학이란

미시마가 『하가쿠레葉隱』160)를 좋아했던 것은 널리 알려져 있다. 이것과 관련하여 쓰여진 문장도 많다. 『하가쿠레 입문葉隱入門』161)은 단행본으로도 나와 있다. 그 가운데 특히 나의 주의를 끌었던 것은, 마이니치 신문每日新聞의 요청에 응하여 '용기 있는 말'이란 제목으로 쇼와 41년(1966)에 쓰여진 짧은 문장으로, 『하가쿠레』의 "인간의 일생은 참으로 얼마 되지 않는다. 좋아하는 일을 하며 살아야 한다."라는 말을 골라, 아래와 같이 서술하고 있는 점이다. 미시마가 순수 문학의 세계에서 정치적·사상적 발언을 하게 된 것은 이때부터라고 말해진다.

이 윤리의 근저에 있는 것은, 인간은 대부분의 경우 참된 욕구를 모르는 불결단不決斷의 상태에 있다는 인식이다. 그리고 결단決斷이란 그것을 '참된 욕구'로 변화시키는 것이다.

나는 이 문장을 문예별책文藝別冊(＊일본의 잡지 이름)의 「무사도 입

---

160) 에도 시대 중기의 무사도武士道 책. 7년에 걸쳐 사가 번사佐賀藩士 야마모토 쓰네토모山本常朝의 구술을 다시로 쓰라모토田代陣基가 기록한 책이다. 총 11권. "무사도라 함은 죽음에 이르러야 발견할 수 있다(武士道と云は、死ぬ事と見付たり)"는 말이 유명하다. 이 책의 사상은 주군을 위한 봉공奉公이 죽음에 이르러야 완수됨과 동시에, 싸움과 같은 뜻밖의 일에서 생사의 기로에 섰을 때 바로 죽음으로 돌진해야 한다는 것이라 할 수 있다.

161) 미시마 유키오三島由紀夫의 평론·수필. 미시마가 전쟁 중에 기회가 있을 때마다 감명 깊게 읽었던 『하가쿠레葉隱』의 매력을 적은 평론이다. 미시마 자신의 인생론·도덕관·생사관, 문학적·사상적 자전으로도 볼 수 있다. 1967년 고분샤光文社의 갓파 비브리아カッパ·ビブリア에서 단행본으로 간행되었다.

문 ― 왜 지금 무사도를 말하는가」(가와데쇼보 신샤河出書房新社, 2004)에서 채록하고 있어 알게 되었다. 45년이라는 '참으로 얼마 되지 않는' 생애를, 문학가라는 '좋아하는 일을 하며 살'았으며, 그리고 '결단'을 하여 무사의 방식으로 자결(할복문경割腹刎頸)한 미시마는 '지행합일의 양명학이 무엇인지를 증명'한 것이다. 물론 그것은 그(나 야스오카)가 생각하는 양명학이지, 그 이상 그 이하도 아니다. 오시오 사건 때와 같이 "미시마의 양명학 이해는 잘못되었다"는 비판이 그의 사후 몇 번이나 일어났던 것이다.

'혁명철학으로서의 양명학'

미시마가 '사건' 2달 전 쇼와 45년(1970) 9월에 『제군諸君!』(*일본의 잡지 이름)에서 공표한 「혁명의 철학으로서의 양명학革命の哲学としての陽明学」은, 스스로에 의한 사건 예고였다. 그리고 재빨리 그다음 달에는 '혁명의革命の'에서 세 번째 글자인 '의の'를 생략하고 「혁명철학으로서의 양명학革命哲学としての陽明学」으로 제목을 수정하여 『행동학입문行動学入門』에 수록하는 형태로 분게이슌쥬샤文藝春秋社에서 간행되었다. 어떻게 해서라도 '사건' 전에 많은 사람들이 읽어 뒀으면 하는 강한 의도가 느껴진다.

나는 이미 몇 가지의 논저 가운데서 이 문장을 접해 왔다(졸저 『요시쓰네의 동아시아義経の東アジア』나 「죽음을 응시하다 ― 유교와 무사도死を見据える ― 儒教と武士道, '행동의 철학'의 계보'行の哲学'の系譜」 등). 오시오 사건을 객관적으로 논하는 것처럼 보이면서, 실상은 자신이 이제부터

일으키려고 하는 '행동'에 대한 예고로서, 아마도 작가 자신이 가슴 설레는 자아도취에 빠져 가며 쓴 것이라고 생각되는 명문이다.

그 문장은 다음과 같은 단락으로 시작되고 있다.

행동철학으로서의 양명학은 지금은 먼지 속에 묻혀, 책장 깊숙한 곳에 놓여져 버린 책이 되고 말았다. 다른 형태로, 주자학이 부흥하고 있다고 하면서, 주자학의 하나의 분파라고 하는 양명학은 극히 일부의 애호가를 제외하고 그 이름만이 알려져 있는 것이 현실이다. 미국에서는 양명학을 연구하고 있는 학자가 세 사람이 있다고 하지만, 일본에서는 양명학 가문이라 말해지는 두 세 학자 집안에 전승되고 있을 뿐, 정치가나 현실적인 행동가에게 있어야 할 기본적인 철학으로서의 장점은, 대략 잃어버렸다고 해도 좋을 것이다.

미국의 양명학 연구자 세 사람이 누구인지 정확하지는 않지만, 아마도 '신유교新儒敎(Neo-Confucianism)'이라는 술어로 주자학·양명학의 사상사적 의미를 소리 높여 주창하여, 1960년대 논집이나 저작을 발표했던, 윙칫찬Win-Tsit Chan(*중국명: 천룽지에陳榮捷, 1901~1994)이나 시어도어 드 배리W.Theodore de Bary(1919~2017)를 말하는 것일 터이다. 연령적으로 미시마와 동세대의 학자들이다. 혹은 여기에 당시 튀어나온, 왕양명의 전기적 평론으로 데뷔했던 뚜웨이밍杜維明(Weiming Tu, 1940~)을 포함하여 '세 사람'일지도 모른다.

행동하지 않는 양명학자는 눈에 들지 않는다.

이러한 미국의 상황에 비해 보아도 일본은 너무나도 변변치 않은 상황이었다. '양명학의 집안이라 할 수 있는 두 세 학자의 집안'이라는 것도 분명치 않지만, 미시마 쥬슈 같은 유학자들의 계보를 잇는 사람들이었을까. 당시, 미시마 유키오의 출신대학이기도 했던 도쿄대학은, 문학부文學部의 중국 철학 연구실에 양명학 연구로 이름 높은 야마노이 유山井湧(1920~1990)가 있었다. 그는 에도 시대 이래의 유학자 집안 출신이었지만, 선조는 오규 소라이의 문인으로, 결코 '양명학의 집안'이 아니다.[덧붙여 그의 선조 야마노이 데이(?~1728, *야마노이 곤론을 말한다)는 경서 문자의 같고 다름을 면밀히 조사한 그의 저작이, 청나라 궁정에서 편집한 『사고전서四庫全書』162)에도 수록된 '세계적인 학자'였다.]

미시마의 문장이 쓰여진 3년 전(1967)에는 지금도 양명학 입문서로서 수요가 큰(비교적 항상 품절 상태인) 시마다 겐지島田虔次(1917~2000)의 『주자학과 양명학朱子学と陽明学』(이와나미 신서岩波新書)가 간행되어 있었지만, 미시마는 이 책을 읽었을까. 시마다島田는 교토대학京都大学의 동양사 연구실의 교수였다. 혹은 나고야대학名古屋大学에는 곤도 야스노부近藤康信가 있어 양명학의 성전聖典 『전습록伝習録』을 완역하였고, 규슈대학九州大学에는 오카다 다케히코岡田武彦(1908~2004)나 아라키 겐고荒木見悟(1917~2017)가 있어 양명학의 실천윤리나 철학성을 말하고 있었다. 미시마보다 1살 연상의 야마시타 류지山下龍二

---

162) 중국 청淸나라 때 편집된 총서. 1741년 건륭제乾隆帝의 명령으로 총찬관總纂官인 기윤紀昀을 비롯하여 대진戴震·소진함邵晉涵·주영년周永年 등이 편찬했다. 수록된 책은 3,458종, 79,582권에 이르고, 경·사·자·집經史子集의 4부로 분류 편집되었다.

(1924~2011)도 활약하고 있었다. 그러나 적어도 미시마 눈에는 이들 '서재파'의 연구는 '정치가나 현실적인 행동가가 입각해야 할 기본적인 철학으로서의 장점'을 상실한 것으로 비춰지고 있었다. 앞서 기술한 서한대로 그가 가장 심취한 양명학 연구자는 야스오카 마사히로였던 듯하다.

아폴론적인 국학

그는 양명학 쇠퇴의 원인을 '다이쇼大正 교양주의'에서 찾는다. '양명학적 지적 환경'은 노기 마레스케의 죽음과 동시에 끝났다. 그후 '과격한 우익 사조의 온상이 되었기 때문에, 더욱더 다이쇼 시대 지식인들에게 혐오를 받는 대상이 되어', '맑시즘이 양명학을 대신하였고, 다이쇼 교양주의·휴머니즘이 주자학을 대신하게 되었다.' 이런 역사 인식이 본서에서 내가 전개해 왔던 서술과 겹치는 것은 아시는 대로이다.

오규 소라이와 같이 외래사상에 심취한 자는, 다이쇼 지식인에게 있어서 오히려 친숙해지기 쉬웠다. 그러나 국학과 양명학은 대체하기 어려운 것이었다. 국학은 우익학자의, 양명학은 일부 군인이나 우익정치가의 전용품이 되었다. 인텔리는 접할 수 없는 것이 되어 버렸던 것이다.

이리하여 미시마는 앞서 기술한 야스오카에게 보낸 편지에도 나타났듯이 마루야마 마사오 비판으로 나아가게 된다. '그 꽤나 많은 저서 가운데 고작 한 페이지의 해설을 양명학에 할당하고 있는 데 불과하다.' 마루야마가 앞서 기술한 『일본 정치 사상사 연구』에서 평가하고 있는 것은 이토 진사이, 오규 소라이 그리고 모토오리 노리나가였다. 다만 그까지이다. 모토오리 국학과 히라타 국학과의 단층을 마루야마는 강하게 의식하고 있었다. 그리고 그것은 미시마도 똑같았다.

모토오리 노리나가의 아폴론적인 국학은 시대가 경과함에 따라 히라타 아쓰타네, 더욱이 하야시 오엔林桜園(1798~1870)과 같은 신비적인 신神들림의 행동철학으로 집약되었다. 히라타 아쓰타네의 신학神學은 메이지 유신의 지사志士들에게 직접 격정을 북돋아 주기도 했다.

물론 이런 역사관은 미시마만의 독창적인 것이 아니라, 이미 오랫동안 이야기되어 온 것이다. 그것을 그만의 유려한 문장으로 서술한 것에 불과하다. 그렇지만 그 수사법으로 그를 분석할 수 있는 힌트가 숨바꼭질을 하고 있다. 예를 들면 이 '아폴론적인 국학'이란 표현을 꼭 기억해 주기 바란다.

디오니소스적인 행동

단지 유감스럽게도, 이런 식으로 해설을 해 간다면 많은 지면을 할애해도 모자랄 것이다. 이 문장의 핵심 부분으로 가 보자. 오시오 사건이 있다. 미시마는 이 사건을 모리 오가이의 소설에 의거하면서 해독해 나간다.

오시오 슈사이가 애용했던 '태허太虛' 개념을 미시마는 '현대풍으로 말하자면 능동적 니힐리즘의 근원'이라고 형용하고 있다. 이것은 언뜻 보면 불교의 '공空'으로 오인할 수도 있기에 "모리 오가이도 소설 『오시오 헤이하치로大塩平八郎』 가운데 에둘러 꼬집으며 지적하고 있다." 오시오는 소기의 목적을 달성 못했다. "이런 행동의 무효성無效性, 반사회성에 대해 오가이鷗外는 비판적이다." 오시오가 궐기한 경위에 대해, "이에 이른 동기에 대해서 오가이는 거의 언급하고 있지 않다"라고 말하고 있다, 오가이는 에피소드 I에서 소개했듯이, '오시오가 우국적憂國的 설교를 하는 도중 분개한 나머지, 생선 뼈를 씹어 부서트려 먹었다'는 일화를 쓰고 있다. 미시마는 "그는 도쿄의 교수와는 가장 거리가 먼 타입의 학자였다"고 말한다. 아마도 그의 머릿속에는 마루야마 마사오의 얼굴이 어른거렸겠지만, 동시에 모리 오가이도 또한 미시마의 말로 하자면 오시오와는 거리가 먼 존재였다.

"어디까지나 아폴론적인 오가이는 오시오 헤이하치로의 디오니소스적인 행동에 대해 충분한 감정이입을 하지 않고, 오히려 무장봉기 진압을 담당했던 유능한 요리키 사카모토 겐노스케坂本鉉之助(1791~1860) 쪽에 시점을 두고 있다." '아폴론적'이란 주자학적인 유능한 관리 타입, '디오니소스적'이란 양명학적인 지사志士 타입이다. 그렇다기보다도 역시 미시마의 세대가 되면(같은 미시마 성을 쓰더라도 니쇼가쿠샤의 쥬슈와는 달리) 니체와 같이 그리스 신화 등장인물로 일본인의 유형을 말하고 있다.

자신의 궐기를 앞두고, 왠지 남 일인 듯한 표현

미시마는 이후, 오시오의 후계자로서 사이고 다카모리와 요시다 쇼인을 소개하며, 양명학의 개조開祖 왕양명의 생애에 대해 언급하면서 화제를 현대 일본으로 옮기고 있다. 본서에서 기술해 왔다시피 그것이야말로 전형적인, 메이지 시대가 되어 완성된 서사Narrative이다.

> 국학의 광신적인 신비주의가 현대에 되살아나는 것이 심히 어렵다고 한다면, 양명학이 그 가운데에서도 가지고 있는 논리성과 이상적 골격은, 지금부터 앞선 혁신사상 가운데 한 가지 새로운 발아發芽를 준비해야 할지도 모른다.

문장을 마무리할 즈음에 나오는 이 글은 언뜻 객관적으로 표현한 것처럼 서술하고 있다. 그 자신이 만약 열정적으로 주장했다고 한다면 "준비해 줄지도 모른다" 등의 애매한 표현은 하지 않았을 것이다. 문장 발표 시점에서 독자들이 알 리도 없었고, 그 수개월 후에는 세상이 모두 주지하는 사실이 되었지만, 그럼에도 불구하고 그는 이 문장을 일종의 유서로 쓰고 있다. 미시마는 스스로 제2의 오시오로서 궐기하였다. 이 '행동 자체는 완전히 실패로 끝난' 사건 이었다. 그 후에, 독자가 그 유언을 어떻게 다시 읽을 것인가를 의 식했다면, 이처럼 약한 표현은 하지 않았을 것이다. 적어도 나라면 그렇게 하지 않을 것이다. 내가 이 문장을 읽고 항상 신경 쓰였던 것은 그 점이었다.

왜 '국학의 광신적인 신비주의'로는 안 되는 것일까? 우리들은 미시마 유키오란 인물을 오해하고 있었을지도 모른다.

4. 그날

궐기·할복

쇼와 45년(1970)은 일본 전후사戰後史의 분수령이었다. 3월에 개막한 오사카 만국 박람회163)는 '인류의 진보(신포しんぽ)와 조화(죠와 ちょうわ)'라는, 지금 생각해 보면 정말 낙관적인 표어를 걸고 반년 간 6,000만 명의 입장객을 모았다. 이렇게 말하는 나 같은 사람은 그 가운데 2인분을 점하고 있었다. 부모님과 합치면 6인분이었다. 오사카 만국 박람회의 미국관에 전시된 월석月石을 보기 위해 '인류에게 인내(신보しんぼう)와 긴 줄(죠다ちょうだ)164)'을 강요했다(젊은 독자분들, 이건 당시 유행하던 말장난입니다). 그 개막의 흥분이 식지 않은 가운데, 적군파赤軍派 테러리스트 집단에 의한 일항기 요도호 납치

---

163) 1970년 3월 15일부터 9월 13일까지 오사카 부大阪府 스이타 시吹田市 센리 구릉千里丘陵에서 개최된 국제박람회. 일본이 고도의 경제 성장을 이루고 있었던 시기에 개최되었기 때문에 사람들이 일본의 경제 성장기를 회고할 때 많이 인용되고 있다. 아시아 최초의 만국박람회이자 당시 사상 최대의 규모를 자랑했다.

164) 당시 만국박람회의 슬로건 '인류의 진보와 조화'와 발음이 유사한 말장난을 한 것이다. '고통 분담'을 '고통 부담'으로 말장난하듯이 말이다.

미시마 유키오 할복 직전에 자위대 건물에서 자위대 대원들을
향해 연설하는 모습(1970.11.25)

사건165)이 발생한다. 6월에는 미·일 안보 조약이 개정166)되어, 이
후 반영구적으로 이 불평등 조약이 지속되는 것이 확정되었다(실제
로 40년 가까이 지난 지금도 지속되고 있다).

  그리고 11월 25일 대낮에, 불세출의 천재작가가 뜻밖의 형태로
생애를 마감했다.

---

165) 1970년 3월 31일 일본 적군파赤軍派 요원들이 항공기를 납치하여 북한에 망명
    한 사건. 납치범들은 학생운동 출신의 좌익 공산주의동맹 적군파 요원들이었으며,
    주모자 다미야 다카마로田宮高麿 등 9명은 승객이 타고 있는 비행기를 공중 납치하
    여 평양으로 갈 것을 요구하였다. 범인들은 혁명을 위한 국제 근거지를 마련하기 위
    해 쿠바행을 계획하였으나, 김포공항에 비상 착륙하여 탑승객 전원을 석방하는 대
    신 야마무라 신지로山村新治郎 당시 운수성 정무차관을 인질로 잡고 북한으로 넘어
    갔다.
166) 미·일 안보 조약에는 1951년 9월 8일 체결된 '미합중국과 일본의 안전 보장 조약'
    구조약과 1960년 6월 20일 개정된 '미합중국과 일본의 상호 협력 및 안전 보장 조
    약' 신조약이 있다. 1951년 체결된 미일 안전 보장 조약에서는 미군의 주둔을 규정
    하고 일본 내의 기지를 제3국에 대여할 경우 미국의 동의권을 필요로 한다는 것을
    비롯하여 일본에 대규모 내란이나 소요가 발생하여 일본 정부의 요청이 있거나 일
    본에 대한 외부로부터의 공격이 있을 때 미군이 출동할 수 있도록 되어 있어 사실상
    불평등 조약이었다. 그러나 1960년 신조약에서는 일본 국내의 정치적 소요에 대한
    미군의 개입 가능성과 일본이 제3국에 기지를 대여할 경우 미국의 동의권을 필요로
    한다는 조항이 삭제되었다.

작가의 자살은 드문 일이 아니다. 미시마가 경멸했던 다자이 오사무太宰治(1909~1948)도, 스승이라 우러러보고 있었던 가와바타 야스나리川端康成(1899~1972)도 스스로 목숨을 끊었다. 그러나 미시마의 자살은 이런 보통의 '문필가의 자살'과는 완전히 이질적인 것이었다. 군사 쿠데타를 자위대에게 호소하고, 받아들여지지 못한 채 할복했기 때문이다.

물론 다양한 연구로 이미 밝혀졌듯이, 그는 처음부터 죽을 생각이었다. 자위대 이치가야市ヶ谷 주둔지 발코니에서의 유명한 연설은 할복 전의 의식이었다. 자위대원들의 야유와 취재 헬리콥터의 소음 때문에 일부 듣기 곤란했지만 말이다. 만일 그곳에 모인 자위대원들이 "좋아, 같이 궐기하자"고 동의했다면, 미시마는 꽤나 동요했을 것이다. 다행히도(?) 그렇게는 되지 않았고, 그는 예정대로 총감실로 돌아와 할복했다. 할복과 동시에 참수되어 떨어진 머리의 사진이, 당일 석간지에 게재되어 물의를 일으켰다고 한다.

상식에서 벗어나고 있는 것은 누구인가

조슈 번벌의 흐름을 이은 사토 에이사쿠佐藤栄作(1901~1975) 수상은 "완전히 미쳤다고 밖에 생각할 수 없다. 상식을 벗어난 행동이다."라는 정부담화를 발표했다. (이하 1970년 사람들의 발언에 대해서는 현재의 차별용어 규제에 배치되는 점 다시금 양해해 주길 바란다) 우치무라 간조나 다카바타케 모토유키를 낳은 군마 현群馬県의 출신인 방위청167) 장관 나카소네 야스히로中曽根康弘(1918~2019)도 사토佐藤와 같이 '상식

을 벗어난 행동'이라 평가했다. 이 두 정치가의 비판에 대해, 아이러니하게도 모리 오가이의 장녀 모리 마리森茉莉(1903~1987)가 미시마의 편을 들어주고 있다. (쥬죠 쇼헤이中条省平, 『미시마 유키오가 죽은 날三島由紀夫が死んだ日』, 실업지일본사実業之日本社, 2005)

> 수상이나 장관이 미시마 유키오의 자결을 광기의 행동이라고 말하고 있지만, 나는 미치광이가 누구인지 묻고 싶다. 현재 일본은 외국에서 제대로 된 하나의 국가로서 취급받지 못하고 있다.

애초에 이 '사건'은 확실히 '상식'을 벗어났을지도 모르지만, 극히 치밀하고 냉정하게 준비된 것이었다. 역으로 그런 의미에서 '상식을 벗어난' 계획성을 가지고 있었다. 만약 나의 이해가 잘못되지 않았다면, 니체가 사용했을 법한 의미로 '디오니소스적'이라는 둥하는 표현은, 무척이나 이상하다.

성공이었다

마르크스에 의하면 "첫 번째는 비극, 두 번째는 희극"이라는 듯하지만, 이 '두 번째의 오시오 사건'은 당사자들이 처음부터 첫 번

---

167) 일본의 국방을 소관하는 행정기관으로 내각 관할 아래 설치되었다. 장長인 방위대신防衛大臣은 육해공 자위대를 포함한 방위성防衛省 전체 조직을 통괄한다. 1954년 이후 방위청防衛庁으로서 총리부総理府·내각부内閣府의 외국外局이었지만, 2007년 방위청은 방위성으로 이행되었고 내각 관할하의 행정사무기관인 성省이 되었다.

째의 비극(격문을 날린 대상이 가세하지 않은 것)을 다시금 알고 행동했다는 점에서, 결코 희극이 아니었다. 미시마의 본직인 희곡의 시나리오와 같이 상대가 어떻게 반응할지를 극히 면밀히 계산하여, 상기上記의 사토·나카소네中曾根의 코멘트도 꿰뚫어 본 형태로 연기되었다. 전쟁 후 일본의 '정치가'는 그 정도의 이해 능력밖에 없다는 것을 만천하에 보여 주었다는 점에서 그의 궐기는 성공이었다고 해도 좋다.

야마카와 부부가 만년을 바쳤던, 저 일본 사회당은 그의 행동을 "자민당自民党 정권의 헌법을 무시하는 정치 자세가 낳은 우연이 아닌 일"이라고 논평했다(후쿠시마 쥬로福島鋳郎, 『자료 미시마 유키오資料 三島由紀夫』, 죠분샤朝文社, 1989) 이것도 미시마의 계산대로였을 것이다. 그러나 정부도 자민당도 자위대도, 헌법에 충성을 다하여 미시마의 격문에 따르지 않았기에(미시마 자신이 그렇게 희망했던 것과 같이) 이 궐기는 궐기로는 실패했다. 애당초 미시마가 사회당 본부를 기습하는, 보통의 우익 테러리스트라면 할 법한 일을 하지 않았던 것은 어째서인가를, 사회당의 사람들은 사건 후에 생각했을까.

권총이 아닌 일본도. 미시마와 그 추종자들의 시나리오는 최고로 심미적이었다. 인질로 삼은 자위대 최고 간부(마시타 가네토시益田兼利 총감)에 대해, 그들은 위해를 가하지 않았다. 그들이 총감실에서 수행한 의식=연기의 역사의 증인으로서, 아니 연극의 관객으로서 의자에서 움직이지 못하도록 묶여 있었던 것에 불과했다고 하겠다. 법적으로는 분명히 감금죄이지만, 테러 대상으로서의 인질은 아니었다.

그런데 나카소네 방위청장은(관료의 작문인지도 모르겠지만) 또다시

엉뚱한 훈시를 대원들을 향해 했다. "폭력에 의해 법질서를 파괴하는 것은 민주주의를 정면에서 부정하는 것이다"라고 말이다. 미시마 일행은 '폭력에 의해 법질서를 파괴'하지 않았다. 그러나 '민주주의를 정면에서 부정'했던 것은 분명하다. 다만 전후적戰後的인 의미로, 야마카와 기쿠에도 애용했던 의미의 '민주주의'를 말이다. 발코니 연설에서는 야유를 날렸던 모습이 눈에 띄던 대원들이었지만, 사건 후의 내부조사에서는 대부분의 대원들이 '격문의 생각 방식에는 공감한다'고 대답했다고 한다(앞에 나온 후쿠시마福島 씨의 저서). 그런 의미에서 미시마의 행동은 성공이었다.

내부비판은 무사도에 어긋난다

당시, 미시마와 친했던 작가가 자유민주당에 적籍을 두고 국회의원(참의원)이 되었다. 본서 집필 시점의 도쿄도 지사東京都知事 이시하라 신타로이다. 이 두 사람이 '사건' 전에 어떤 논쟁을 전개하고 있었다. 미시마 측의 말투로 그 테마는 '무사도'였다.

사건 반년 전 그해 6월 11일부 마이니치 신문 석간에 게재된 이시하라石原에 대한 공개서한은 '무사도[土道]에 대해서'라는 제목으로 되어 있다(본서에서는 『결정판 미시마 유키오 전집決定版 三島由紀夫 全集』 36권에 실린 것에 따른다). 이시하라가 자민당을 내부 비판한 것에 대해, 이것을 나무라는 취지이다.

옛날의 무사는 번藩에 대한 불평이 있다면 간하다 죽었습니다.

그렇지 않으면 묵묵히 참고 견뎠습니다. 무엇인가에 속한다는 것은 그러한 것입니다.

미시마는 개인적으로 친했던 마시타益田 총감의 눈앞에서 '간하다 죽었다.' 사후 8년이 지나고 나서 공개된 『PLAYBOY』지의 인터뷰 「무사도와 군국주의」에서 이렇게 말하고 있다. (앞의 책)

그럼 무사라는 것은 어떠한 것인가. 저는 나카소네 장관이 취임했을 때 또한 들었던 것이라 경솔한 판단은 삼가 주기 바랍니다. '자위대는 일종의 기술자 집단이다.' 그리고 '이른바 무사가 아니다.' 등 말씀하신 대로 전하여 들었습니다. 저의 잘못이었다면 고치겠지만, 당치도 않은 이야기입니다. (중략) 저는 군이 영혼을 잃고 알맹이가 없는 상태가 되는 것을 그 무엇보다도 두려워하고 있습니다.

그의 말에 의하면, 쇼와 초기의 군국주의란 메이지 시대 이래의 서구화가 가져다준 것으로, 일본 고래의 무사도 정신은 이것과는 이질된 것이다. 오히려 그런 정신을 상실한 점에서 통제파統制派 주도의 군국주의 체제·무책임 체제가 생겨났다는 것이다. 조직의 내부에 있으면서 외부의 인간을 향해 내부비판을 공언하는, 그런 무책임한 심성이야말로 무사도 정신에 위배되는 '서구화'의 산물이나 다름없다고 말이다.

이시하라 신타로가 보는 미시마 사건

여기까지 오면 일본도를 사랑하고 요트를 사랑하는 그런 취미와도 다른 것으로, 미시마의 주장에 공공성公共性이 있는지 어떤지 마음에서 납득할 수 없는 부분이 있다. 이시하라는 그 점을 이해하고 있었는지 그렇지 못했는지 모르겠지만, 자민당 총재이기도 했던 사토 수상의 발언을 은근히 비난하는 내부비판으로서, 이렇게 말했다(이것도 쥬죠 씨의 앞의 책으로부터).

다른 사람이 보면, 광기니 어리석은 행동이니 하는 것을 알고서 행했던, 다른 사람들이 뭐라 하건 그에게 있어서는, 절대 사회적 정치적인 행위였음이 틀림없다.

분명 미시마는 어디까지나 자신의 사상에 목숨을 바쳐 '사건'에 이르렀다. 그 점은 평범한, 실례, 기라성과 같은 선행연구자들이 기술한 대로일 것이다.

그러나 그것뿐일까? 그의 행위는 '사회적 정치적 행위'인가.

공고히 신념을 말했던 그가, 왜 '유언'의 결론 부분에서 '일지도 모른다'고 썼을까. 그 열쇠가 그 자신이 결코 말하지 않았던 그의 핏줄에 있지 않을까 하고 나는 생각한다. 그것이 '미토의 핏줄'이다.

5. 아폴론이 연기한 디오니소스

언급되지 않은 고귀한 배경

미시마가 아버지였던 조부에 대해 침묵하고 말하지 않았던 것은 이미 지적되고 분석되어 있다(앞서 나온 『자료 미시마 유키오』 등). 미시마 유키오, 본명 히라오카 기미타케의 조부는 가라후토樺太의 장관도 맡은 적이 있는 히라오카 사다타로, 아버지인 아즈사梓는 제국 대학 법학과를 졸업한 국가 공무원이다. 기미타케 자신도 1년도 채 되지 않은 기간이었지만, 대장성大蔵省168) 관료였다. 아이러니하게도 그때가 마침 사회당의 가타야마 데쓰 내각 시대로, 신설된 노동성에는 야마카와 기쿠에가 국장으로서 일하고 있었다.

미시마의 독자라면 모르는 사람이 없을 전기 사항으로서, 사다타로의 처 나쓰코와 아즈사의 처(즉 기미타케의 어머니) 시즈에倭文重는

---

168) 일본의 과거 중앙 행정기관으로서 일본 조정의 정부 운영을 위한 자금 조달의 기관으로 설치되었다. 1868년 회계관이 설치되었으며 1869년 대장성으로 개명되었다. 훗날 2001년 중앙 성청 개편 때 분할되어 재무성과 금융청으로 각각 권한을 이관했다.

불화하고 대립하는 관계였다. 나쓰코는 기미타케를 자신의 방에서 손수 키웠고 시즈에가 만날 수 있었던 때는 모유를 줄 때뿐이었다고 말해지고 있다.

많은 전기가 기미타케 즉 미시마의, 어머니에 대한 사모와 조모(및 조모의 행위를 허락한 아버지)에 대한 증오를 말한다. 그리고 그들에 비해 존재가 희미했던 것이, 또한 건재했던 조부 사다타로였다는 것이다.

그러나 나는 또 다른 하나의 핏줄이 신경이 쓰여 견딜 수가 없다. 그것은 권위적으로 그를 둘러싸 여자아이와 같은 환경으로 길렀다는 조모 나쓰코의 출신 말이다. 그렇다 기억하고 있겠지만 에피소드 Ⅱ에서 '히라오카 기미타케의 조모'로 소개한 이 인물의 양친은 나가이 가永井家와 마쓰다이라 가松平家의 출신이다.

미시마의 귀족적 취미는 잘 알려져 있다. 또는 실제로 그의 작품에는 메이지·다이쇼 시대의 귀족(=화족華族)을 다룬 것이 많다. 유작이 된 『풍요의 바다豊饒の海』 제1부 「봄의 눈春の雪」도 화족의 비극적 사랑으로 시작하고 있다. 미시마 문학에서 귀족성 혹은 그 핏줄은 중요한 구성 요소가 되어 있다.

그런데 말이다. 그는 자신의 조모에게 흐르고 있는 고귀한 피에 대해 말한 적이 거의 없었다. 그것은 "조부 사다타로는 빈농 출신에서 출세한 사람이었음을 다 알고 있었기에, 철저히 그것을 숨기고 우아한 가계인 양 과시했다." (나카노 하지하지코仲野羞々子 씨의 표현. 앞에 나온 『자료 미시마 유키오』에서)라는 것과 어떻게 관련되어 있을까.

미발표 소설에 남은 흔적

후쿠시마 씨는 『자료 미시마 유키오』에서 '부계의 백성의 피와 모계의 고귀한 피'라고 표현하고 있지만, 어머니 시즈에의 친가 하시橋 집안은 원래 가가加賀 번유藩儒로, 부친도 가이세이開成 중학169) 교장에 지나지 않는다. '고귀'라고 하기에는 약간 떨어지는 감이 있다. 그런데 조모 나쓰코의 양친은 정말로 막부 말기의 상류 계급에 속해 있었다. 부부간의 '혈통'의 차이는, 아버지 아즈사 부부가 아닌 조부 사다타로 부부에 있었다고 해야 할 것이다.

그리고 나쓰코의 어머니 다카코야말로 덴구도 사건으로 할복당한 마쓰다이라 요리노리의 동생이다. 즉 미시마는 미토 덴구도의 피를 잇는 것이 된다.

무엇보다도 앞서 야마카와 기쿠에에 의해 소개되었듯이, 요리노리는 어쩌다 책임을 짊어지게 된 불운한 도련님으로 덴구도 난의 주모자 다케다 고운사이나 후지타 고시로와 같은 확신범이 아니다. 미토 본가를 지키기 위해 막부에 대한 해명으로, 자신의 몸으로 대신하여 할복한 것에 불과하다. 그러나 만약 미시마에게 적극적으로 그를 평가하려고 하는 의도가 있었다면 나오자마자 유명인이 되었을 것이다.

미시마도 이 사실을 알고 있었다. 2005년 간행된 『결정판 미시마 유키오 전집』 보권에는 지금까지 발표되지 않고 공개되지 않은

---

169) 일본의 공립학교. 현재는 중학교와 고등학교로 이루어져 있다. 1871년 가가 번加賀藩의 인물들에 의해 공립학교로서 창립되었다. 가이세이開成라는 명칭은 『주역』「계사전」에 있는 '夫易開物成務'에서 유래한다.

습작이나 단편斷片이 수록되어 있다. 그 가운데 『신관神官』이란 소설이 있다. '해제'에 의하면 '4학년 남반四南170) 히라오카 기미타케'의 서명이 있는데 아마도 학교(가쿠슈인 学習院171))의 과제로 제출된 것이라고 한다. 어디까지가 사실인지 창작인지 확연하지 않은 자서체 소설 구조로, '마쓰다이라의 백부伯父'(소설 가운데 "실은 '나'의 조모 '나쓰'의 백부"라고 확실히 쓰여져 있다)가 주인공이다. 이 소설 가운데 그 본명이 나오지 않지만, 요리노리의 동생 요리야스賴安(1856~1940)가 모델인 것은 명백하다.

> 백부의 아버지는(아니 백부 자신도) 시시도穴戸라는 작은 번藩의 번주藩主였지만, 막부 말기에 막부 내부 사건의 책임을 혼자서 지고 자결했다. 대대로 도쿠가와 가는 그 자손에게 특별한 비호庇護를 내려 줄 생각이었다.

역사적 사실로 정확하고 엄밀하게 말하자면, 자결한 것은 '백부'의 형이며, 아버지 요리타카는 관직을 박탈된 것에 불과했다. 애초에 그것은 '막부 말기' 시점의 이야기로 '메이지 유신'이 되자마자 갑자기 바뀌어 덴구도의 천하가 되고 요리노리는 영웅이 된다. '도쿠가와 가' — 아시는 대로 미토에서 요시노부가 들어와서 종가를 일시적으로 이었던 — 는 말할 것도 없고, 메이지 정부 치하에서도 당

---

170) 미시마 유키오는 가쿠슈인 중등부 4학년 때(1940) 이 『신관』을 저술했다. 가쿠슈인 중등부는 동·서·중·남·북東西中南北의 다섯 반으로 구성되어 있다.

171) 옛 궁내성宮内省 외국外局으로서 설치된 국립학교. 1877년 설립되어 1947년 폐지되었고 민영화되어 현재의 학교법인 가쿠슈인学校法人学習院이 되어 새로운 사립학교로서 재출발했다.

연히 시시도 번주 일족에게 귀한 대접을 했다. 그렇기 때문에 이 '백부'도 자작이었던 것이다. 더구나 여담이지만 이 소설에서 요리노리는 '도쇼구東照宮172)의 신관'으로 등장하지만(그래서 제목이 『신관』이다), 실제로 히라오카 가에 출입하고 있었던 도쇼구 신관은 나쓰코의 오빠인 나가이 소키치永井壯吉였다. 미시마(기미타케 소년)는 그를 보증인으로 하여, 겨우 일개 공무원의 아들이면서, 신분이 다른 가쿠슈인 초등과 입학을 허가받을 수 있었다.

「마쓰다이라 요리야스 전松平頼安伝」

또 같은 '보권'에는 『마쓰다이라 요리야스 전』 창작 노트'도 수록되어 있다. '대학 노트 7면'(해제)에 이르는 상세한 것으로, 역사적 사실史實 조항마다 적혀 메모되어 있다. 몇 가지는 자세하지 않지만 만약 나름대로 장편소설로 결실을 맺었다면, 미시마가 경애하는 '아폴론적 작가' 모리 오가이와 같이 역사 전기 장르를 정복했을지도 모른다.

그 메모 첫머리에 주인공의 설정으로서 '시시도 번주'라고 적혀 있고, 이어서 '아버지 마쓰다이라 슈제이노카미松平主税頭 / 숙부(숙부 말소) 형 마쓰다이라 오이노카미松平大炊頭'라고 그 가족 구성이 적혀 있다. 물론 전자가 요리타카, 후자가 요리노리다. 당초 미시마

---

172) 일본 도쿄 우에노 공원上野公園에 있는 신사. 1626년에 건립되었다. 에도 막부를 연 도쿠가와 이에야스德川家康를 모시는 신사로, 닛코日光에 있는 도쇼구 본사를 본떠 전국 각지에 세운 도쇼구 중의 하나이다.

가 요리노리를 요리야스의 형이 아닌 숙부라고 생각하고 있었던 듯했다는 것을 알아 흥미진진하다. 조모 나쓰코로부터의 이야기에 그렇게 생각 들게 할 만한 점이 있었던 걸까.

이어지는 이야기의 당초 설정이 매우 흥미롭기에 채록해 둔다.

> 다케다竹田(고지마 주注: 물론 역사적 사실로는 '다케다武田') 고운사이가 / 막부에 반기를 들고 / 천황을 세워 근왕勤王의 기치를 올려 / 실패, 참수 / 그때 미토 쥬나곤이 바보 / 오이노카미大炊頭173)는 미토의 친척 / 미토의 소유금으로 생활 / 오이노카미는 영리함, 고운사이와 함께 기치를 올리다, 야스쿠니 신사에 제사를 지내다

그렇다. 요리노리는 역사적 사실로 볼 때는 '영리'하지 않고, 야마카와 기쿠에가 말한 것과 같이 '사람을 의심할 줄 모르는 도련님으로 커 왔던 점과 자신의 신분에 대한 자신감 때문에'(『막부 말기의 미토 번幕末の水戸藩』) 결국 할복당했다는 것이 진상이겠지만, 아무튼 그 덕에 '메이지 유신' 후에 야스쿠니의 영령이 된다. 무엇보다도 덴구도의 '동지' 가운데 '영령'이란 말의 발안자 후지타 도코의 아들이 있었기 때문에, 이것은 당연했을지도 모르지만.

---

173) 오이노大炊에 속한 관료의 장長. 오이노에 속한 관료 가운데 가장 높은 직급인 종5위從五位에 해당했다.

미시마는 '영령'의 현손?

미시마의 창작 노트에는 이어서 다카코가 사건 후 6년간 연금되어 있었던 것(풀려난 것은 '메이지 유신'에 의해서이다)이나, '번주 반납, 근왕勤王, 곧바로 자작'이란 표현이 적혀 있다. 그리고 '알고 보면 다카코는 오이노大炊174)의 자식이라고도 불려졌다. 신기하다.', '오이노카미가 고도칸弘道館175)에 있었기 때문에 여자가 아니었음을 추측할 수 있다.'라고 적힌 메모가 이어진다. 이것이 단순한 소설의 설정인가, 히라오카 가에 전승되고 있던 소문(조모 나쓰코에 의한?)인지 알 수 없지만, 만약 사실이라면 미시마는 요리노리의 현손玄孫이 된다. 이 남매의 연령차가 30이라면 불가능한 이야기도 아니다. 아무튼 앞서 들었던 '영리함'도 포함해, 미시마가 요리노리란 인물에게 상당한 관심이 있었음을 엿볼 수 있다.

다음 기술 등은 이 창작 노트에서 이례적으로 제대로 된 문장으로 되어 있고, 자신의 선조 일족이 본가에서 버려지게 된 것에 대한 복잡한 감정을 표출한 것이라 해석될 수는 없을까.

> 마쓰다이라 오이노카미의 덕에 미토가 기치를 들게 되었고, 미토를 다치게 하지 않고 스스로 기치를 들게 되었다. 때문에 미토가 구조되었다.

---

174) 오이노료大炊寮를 말한다. 일본의 율령제에 의해 궁내성宮內省에 속한 기관으로, 궁중에서 행해지는 불사仏事·신사神事의 공물이나 연회에서 연회석의 준비·관리를 담당했다. 그리고 황실 소유지의 관리도 했다.

175) 에도 시대 후기 미토 번水戸藩에서 만들어진 번교藩校이다. 조슈 번長州藩의 메이린칸明倫館과 오카야마 번岡山藩의 시즈타니코閑谷黌와 함께 일본 3대 대학부大学府라고 불렸다.

이 소설은 이 제목의 장편으로 쓰여지지 않았다. 다만『호색好色』이라는 단편 안에 이 창작 노트가 활용되었고, 아마도 그곳에서 결실을 맺게 되었다고 생각된다.『호색』은 쇼와 23년(1948) 미시마가 대장성에 재직하여 현직 공무원이었을 때의 작품이었다.

여기서는 '신관'인 '나'는 '기미타케'라는 실명으로 되어 있다. 조모 '오나쓰ぉ夏'와 '요리야스 백부'와 주거니 받거니 하는 모습이 묘사된 후, 그의 출신에 대해 아래와 같이 해설이 나온다. 장문의 인용문이 되겠지만 용서해 주길 바란다.

마쓰다이라 요리야스 자작은 기미타케의 증조모의 오빠에 해당한다. 미토 도쿠가와 가의 핏줄로 대대로 미토 시水戸市에서 멀지 않은 시시도穴戸의 번주藩主였다. 자신의 어딘가에 미토의 사람 같은 아이러니한 피가 흐르고 있다는 것을, 기미타케는 때때로 느낄 때가 있다. 요리야스의 아버지 마쓰다이라 슈제이노카미176)는 미토의 열공烈公(＊도쿠가와 나리아키德川斉昭)과 종형제 사이였다. 슈제이에게는 네 사람의 아이가 있었다. 장남이 훗날 마쓰다이라 오이노카미, 차남이 요리야스, 삼남이 후쿠시마 현福島県 모리토森戸의 번주가 된 미남으로 이름 높은 요리히라頼平, 장녀가 다카히메高姫라고 불린 기미타케의 증조모 다카코였다. 메이지 유신 역사에 조금이라도 잘 아는 사람은 쓰쿠바 소동이라는 작은 사건에 대해 들어본 적이 있을 것이다. 미토 가에 있어서는 행운인지 불행인지, 명예로운지 불명예스

---

176) 율령제에서 민부성民部省에 소속되어 제국諸國의 전답 조세나 미곡류 창고의 출납 등을 담당했던 슈제이료主税寮의 장관.

러운지, 낮간지러운 사건이었다. 다케다 고운사이가 막부에게 반기를 들고(즉 대의명분을 내걸고) 실패하여 참수된 것이 역사상의 쓰쿠바 소동이지만, 당시 미토 쥬나곤(*미토 번주를 가리킨다)은 조금 멍청한 암군이었다. 시대감각이 예리했던 마쓰다이라 오이노카미는 미토 가의 친척이기도 했기 때문에 미토 가의 장래를 생각하여 자신을 희생하여 일부러 고운사이와 함께 기치를 들었다. 미토가 다른 번藩보다 먼저 근왕勤王의 기치를 들게 된 것이다. 소동의 결과 오이노카미는 책임을 지고 가신 70명과 함께 할복자살했지만, 메이지 유신이 성공하자 오이노카미가 이끌었던 근왕의 복선 덕에 미토 번은 구원받을 수 있었다.

이하 소설은 다카코가 시집을 간 나가이 가에서 괴롭힘을 당하는 모습(이 소설에서는 요리노리의 자식이라는 설은 소개되어 있지 않다), 요리야스가 자작으로서 퇴폐적·향락적으로 생활했던 여러 일화가 이어진다. 이야기라기보다는 인물소개 정도로 끝을 맺는다.

뿌리를 묘사하지 않았던 이유

내가 앞선 인용문에서 분석하고 싶었던 것은, 요리노리(오이노카미)에 대한 미시마의 경애심이다. 그는 요리노리를 직접 만난 적이 없다. 소설의 주인공도 동생인 요리야스로, 다카코·나쓰코 모녀와 같이 요리노리가 직접 등장하지도 않는다. 그러나 여기에는 덴구도의 적측에 속했던 아오야마 가의 야마카와 기쿠에가 묘사한 것과는 대극적으로 '시대감각이 예리했고' '일부러 고운사이와 함께 기치를 들고' 미토 번을 구한 영웅으로서의 요리노리가 그려져 있다. 현실에서 덴구도는 '대의명분을 내건' 것이 아니라, 요시노부를 위해 거병했지만 요시노부에게 버림받아, 다케다와 후지타는 역적으로서 참수되었다. 그 모습은 이미 언급한 대로 2·26 사건의 청년 장교들과 너무나도 닮아 있다. 미시마의 2·26 사건에 대한 뜨거운 마음은 여기에 뿌리가 있을지도 모른다. '자신의 어딘가에 미토 사람 같은 아이러니한 피가 흐르고 있다는 것을, 기미타케는 때때로 느낄 때가 있'었으니까.

그 후 극히 일부의 작품을 제외하고 '요리야스 백부'는 그의 소설에 등장하지 않는다. '오이노카미' — 그가 한 번도 실명으로 '요리노리'라고 함부로 부르지 않는 것에 나는 신경이 쓰인다 — 도 묘사되지 않는다.

왜 쓰여지지 않았는가는 확실하지 않다. '『풍요의 바다』나 「혁명철학으로서의 양명학」이 아닌, 요리노리를 주인공으로 하여 미토학의 비극을 그린 소설이 미시마 최후의 유언이 될 가능성은 없었을까?' 하는 망상은 그만두도록 하자.

『호색』은 무척이나 미시마 풍의 제목과 내용을 가진 단편으로 매듭지어졌지만, 『마쓰다이라 요리야스 전』이라는 장편 역사 전기가 되지 않았다. 역으로 나는 이것이야말로, 미시마가 '광신적'인 미토학이 아닌 '논리적'인 양명학을 고른 간접적인 원인이 아니었을까 하는 억측을 하고 있다. 그는 격정형의 궐기에서는 자기도취를 주체할 수 없었던 것이다.

양명학이 선택된 것은 방편인가

애초에 미시마가 11월 25일에 발표한 격문에서 기술하고 있는 것과 같이, 현행헌법을 개정하고 과거에 존재했던 훌륭한 일본국가의 모습을 되찾는 것이 궐기의 진정한 목적이었다면, 덴구도의 마쓰다이라 요리노리가 아니라, 어째서 「혁명철학으로서의 양명학」에서 오시오를 선택한 것일까. 오시오는 결코 존왕양이 주의로 행동한 것은 아니었다. 미시마가 1970년 시점의 존왕양이, 즉 정신의 미국화에 경종을 울리고 일본의 전통을 지키자고 했다면, 야스쿠니의 영령으로도 되어 있는 미토 덴구도 쪽이 '역적 오시오'보다도 훨씬 적합한 전례가 아닌가. 그러나 당시에 이미 오시오를 그가 싫어하는 마르크스주의 역사학이 '민중봉기를 일으킨 영웅'으로서 가로채 갔던 것이다.

오시오 츄사이에서 요시다 쇼인·사이고 다카모리로의 라인을 이노우에 데쓰지로 등의 메이지 시대 학자들이 만들어낸 것은 이미 논한 대로이다. 「혁명철학으로서의 양명학」에서 미시마의 서술은 이 이노우에의 설에 의존하는 형태를 취하고 있기 때문에, 그렇게 되는 것도 어쩔 도리가 없다. 그러나 존왕양이라는 측면에서 계보를 생각한다면, 특별히 따로 조사할 것도 없이 덴구도 혹은 미토학으로 가는 것이 용이할 것이다. "양명학에 한 페이지의 해설밖에 하지 않았다"고 마루야마를 비판한 미시마가, 마루야마의 미토학에 대한 냉담한 어조에 대해서는 어째서 입을 다물고 있었던 것일까?

나는 내 멋대로 망상을 마음껏 일으켜, 있지도 않은 문제를 만들어낸 것일지도 모른다. 그러나 미시마 유키오라는 인물의 치밀한 계산에 대해서 생각해 보면, 그의 양명학에 대한 심취라는 것이 의심스러워진다. 그가 「혁명철학으로서의 양명학」이나 사건 당일의 격문에서 주장했던 것은 과연 본심이었을까?

'진심'을 연기하다

구레 도모후사吳智英(1946~) 씨는 「'진심'의 시대의 종언本気の時代の終焉」으로 제목하여, 미시마 사건의 의미를 말하고 있다(앞서 나온 『미시마 유키오가 죽은 날』에 수록). 미시마의 할복자살이 얼마나 진심이었는가를 말하여, 그것이 미시마의 사상이 진심이었다는 점을 증명하고 있는 것이다.

확실히 할복은 진심이 아니면 할 수 없다. 실제로 그는 동료들에게 목이 베어 떨어졌다. 그러나 진심으로 진심을 연기했다고 할 수 있지 않을까. 그는 자신이 진심이었다고 하는 연기를, 문자 그대로 목숨을 걸고 이루어낸 것이 아니었을까. 진심이었다면 격문도 발코니의 연설도 '그날' 후에 효과를 낳을 것을, 처음부터 그는 생각하지 않았을 것이다. 그 '사건'은 뜨겁게 떠오른 '상식을 벗어난' 행동이 아니라, 치밀한 계획에 기반된 매우 합리적인 전술이었다.

미시마를 테러리스트라 하는 세속의 평가가 얼마나 얄팍한지 이것으로 분명해진다. 그는 8개월 전에 실행되었던 요도호 납치 범죄와는 근본적으로 다르다. 인질은 증인·관객으로서 그곳에 구속되어 있었던 것뿐, 자기 멋대로 달아난 것이 아니라 책임을 지는 형태로 자결을 했기 때문이다. 정말로 그가 동경했던 '무사'로서의 죽음을 선택한 것이다. 그러나 그렇다면 더욱이 왜 그는 미토학을 모범으로 삼지 않았던 것일까?

진상眞相

나는 이미 본론에서 미시마와 너무 길게 소통해 왔다. 슬슬 본 궤도로 돌아갈 필요가 있다. 그러나 여기까지 면면히 이야기해 온 것은 다른 이유가 아니라, 미시마가 본서에서 등장한 양명학적 심성을 가진 사람들과, 실은 완전히 이질적이라고 주장하기 위해서다. 그런 의미에서는 분명히, 그의 양명학은 양명학이 아니다.

그는 오시오 츄사이나 요시다 쇼인과도, 미시마 쥬슈나 야스오카 마사히로와도, 혹은 야마카와 기쿠에 부부를 포함한 많은 사회주의자들과도 다르다.

그럼 그와 가깝다고 할 수 있는 것은 다카바타케 모토유키일 것이다. 혹은(그가 비판적으로 언급하고 있었던) 모리 오가이일 것이다. 미시마라는 사람은 본래 꿈에 들떠 이상을 이야기하는 지사志士 타입이 아니라, 냉정히 현실을 보는 관리 타입이었다. 아니, 이렇게 말해야 할지도 모르겠다. "아폴론적인 대장성 관료 히라오카 기미타케는, 그런 자신을 혐오하여 디오니소스적인 문학자 미시마 유키오가 되었다"라고.

그가 모토오리 노리나가에게 붙인 '아폴론적 국학'을 비틀어 말해 보면, 미시마야말로 '아폴론적인 양명학자'였다고 말해도 좋을 것이다. 그는 굳이 진심인 척하여 양명학을 골랐던 것이다. 마루야마 마사오를 향한 온갖 매도의 말은, 그 자신의 내면에 서식하고 있는 진정한 자신에 대한 증오였을지도 모른다. 전공투의 학생들과 대화까지 했던 미시마였다면, 가망이 없어 단념한 마루야마 이상으로(오시오는 맡을 수 없었던) '도쿄대 교수'도 훌륭히 해냈을 것이다. 따라서 그 나타난 모습과 반대로, 역시 그에게는 히라타 국학의 '광신적인 신비주의'를 신봉하는 것은 불가능했던 것이다.

'광신적인 신비주의' 집단인 미토 텐구도가 아닌, 이노우에 데쓰지로 일행이 미화시켜준 '양명학'에서, 그는 진심으로 연기할 가치가 있는 대상을 찾아낸 것이 아닐까. 그의 조모의 백부가, 진심이 아니었는데 말려들어 목숨을 희생한 실패를 되풀이하지 않도록 말이다. (아직 더욱 미시마에 대해 말하고 싶은 것이 많지만, 다음 기회에 하도록 하겠다.)

6. 그로부터

지적 계보의 얽힘은 알려져 있었는가

미시마 사건을 후지사와에 살고 있던 야마카와 기쿠에는 어떻게 보았을까. 이미 현역을 은퇴하고 신체적으로 상태가 좋지 않아 저작 활동도 거의 그만두고 있었던 그녀는, 공개적인 장소에서 이 사건에 대해 의견을 표명하지 않았다. '붉은 양명학자' 야마카와 기쿠에는 '하얀 양명학자' 미시마 유키오의 행동에 대해 아무런 비평도 하지 않았다.

'지사인인志士仁人'이었던 이 두 사람, 과연 함께 미토학으로 이어져 있던 것은 알고 있었을까?

야마카와가 『무가의 여성武家の女性』을 출판했던 것은 쇼와 18년 (1943), 『여자 2대의 기록』은 쇼와 31년(1956). 독서가인 미시마였기에, 언젠가 어디서 읽었을 가능성이 높다. 정치적으로는 정반대편에서 대립하고 있던 여성 투사가, 자신의 증조모의 친가에 연고가 있는 자임을 알았다면, 미시마는 어떻게 생각했을까.

한편 야마카와가 미시마의 조모 나쓰코의 출신을 알고 있었을 가능성은 그보다 낮을 것이다. 다만 텐구도와 연이 있는 공주 다카코가 구 막부 최고간부였던 나가이 가에 시집갔던 것은, 기쿠에의 어머니 지세라면 기억하고 있었을지도 모른다. 어쨌든 다카코는 지세와 한 살밖에 나이 차가 나지 않았다. 그 증손이 '미시마 유키오'라는 고명한 문학자인 것까지 알고 있었을지는 확실하지 않지만. 야마카와는 『호색』을 읽지 않았을 테고. 그러나 만약 이 핏줄을 알고 있었다고 한다면, 혹은 이바라키 현 역사 편찬 작업 도중에 알게 되었다고 한다면 앞서 기술한 그녀의 마쓰다이라 요리노리에 대한 평가는 그런 시선으로 고쳐 읽어야만 한다.

이상은 이루지 못한 채

야마카와는 미시마 사건 후 마침 10년 후, 쇼와 55년(1980) 11월에 뇌경색으로 세상을 떠났다. 기묘하게도 미시마 수명의 두 배인 향년 90세였다.

미시마의 예언대로 그리고 야마카와의 소원대로 헌법은 '개정'되지 않고, 자위대는 정식 군대가 되지도 않은 채 지금에 이르고 있다. 다만 야마카와의 후배들은 헤이세이 천황의 치세가 되고부터, 가타야마 데쓰 이래 사회당 수반 정권(무라야마 내각177))을 만들기

---

177) 무라야마 도미이치村山富市가 제81대 내각총리대신으로 임명되어, 1994년 6월 30일부터 1995년 8월 8일까지 존재한 일본의 내각이다. 1994년 6월, 앞선 하타 내각羽田內閣이 연립 여당들의 이탈로 소수 여당 내각이 되어 총사퇴한 뒤, 자유민주당은 정권 회복을 목표로 일본사회당과 신당 사키가케와 연립정권을 구성하는 데

위해, 자위대의 존재를 사실상 합법으로 인정하는 궤도 수정을 실시했다. 야마카와 부부가 꿈에 그리던 비무장 중립정책은 파기된 것이다. 그리고 그 후 우왕좌왕 바뀌어, 과거에 좌파적인 사회당 잔당세력조차 '사회민주당社会民主党178)'이라는 비주류 정당으로 쇠약해져 버렸다. 헤이세이 17년(2005)의 '우정민영화'만을 쟁점으로 한 선거 결과, 당선한 국회의원의 태반이 개헌파라는 '상식을 벗어난' 사태가 벌어져, 드디어 헌법 제9조179)에 손을 대려 하고 있다.

그러나 이것은 미시마가 바라던 사태일까. 도저히 그렇게 생각되지 않는다. 미시마의 행동을 비난하거나 잘 아는 듯이 해설하는 장관(*나카소네 야스히로)이나 문인 의원(*이시하라 신타로)이, 지금 활약하고 있는 꼴을 본다면, 모리 마리의 신랄한 표현대로라고 생각한다.

동의했다. 그리하여 탄생한 것이 자유민주당의 자유와 사회당의 사社와 신당 사키가케의 사き를 합쳐 '지샤사自社さ 연립정권'(자유-사회-사키가케 연립정권)이다. 그 첫 번째로 무라야마 도미이치 사회당 위원장을 총리로 성립된 것이 '무라야마 내각'이다. 1947년에 집권한 가타야마 내각片山内閣 이후 46년 만에 사회당 위원장을 수반으로 하는 내각이다.

178) 1996년에 일본 사회당日本社会党이 당명을 개칭해 발족한 일본의 사회민주주의 정당이다. 사회주의 인터내셔널에 가맹되어 있다. 초기에는 일본사회당 말기의 노선을 계승해 "사민자유주의"를 내걸었지만, 야당으로 변한 뒤 자유주의의 색은 차츰 줄어들어 상대적으로는 사회민주주의 색채를 내세우게 되었다. 주로 평화와 복지를 중심으로 한 정책을 주장한다. 일본국 헌법의 수호와 헌법 이념의 실현을 호소하며, 국제 분쟁을 외교를 통해 평화적으로 대처할 것을 주창한다. 일본 정당법상 5석 이상을 가져야 정당으로 지위를 가진다는 요건에는 못 미치나, 선거에서 꾸준히 2% 이상을 득표하여 최근 선거에서 2% 이상을 득표해야 한다는 요건에는 맞춰져 정당으로 지위는 유지하고 있다.

179) 일본국 헌법 조문 중 하나로, 헌법 전문과 함께 3대 원칙의 하나인 평화주의를 규정하고 있으며, 이 조문만으로 헌법 제2장 "전쟁의 포기"를 구성한다. 이 조문은 헌법 제9조 제1항의 내용인 전쟁의 포기, 헌법 제9조 제2항 전단의 내용인 전력戦力의 포기, 헌법 제9조 제2항 후단의 교전권 부인 등 총 3가지 규범적 요소로 구성되어 있다. 일본국 헌법을 평화헌법이라고 부르는 것은 헌법 전문에 대한 설명 및 이 제9조의 존재에서 유래하고 있다.

그리고,

야마카와가 지향했던 '공화국'도 미시마가 바랬던 '제국'도 실현되지 않았다. 정치가 이상을 이야기하지 않았기 때문이다. 막대한 부채를 안은 정부에 있어, '이득이 되는가? 아닌가?'가 정책의 모든 것이 되었다.

게다가 아폴론적인 점은 먼지도 없이 사라져, 온몸이 디오니소스라는 재상에 의해, 미토학 유래의 교화시설에 중국과 한국의 시선이 모이고 말았다. 야마카와 기쿠에와 미시마 유키오라는 미토학 연고의 여걸과 영웅이, 양극단적인 정치적 신조를 신봉하면서도 이상국가를 추구하고 있었던 모습은, 어느 쪽도 이런 것은 아니었을 것이다.

에 필 로 그

양명학 서사Saga의 종언?

선의가 일으킨 비극

야스쿠니 신사에 또 봄이 온다. 구단九段의 벚꽃을 보기 위해 수많은 꽃놀이 손님이 올해도 찾아올 것이다.

일본의 고유한 정신을 사람들이 묻는다면 아침 해에 아름답게 피어 있는 벚꽃나무.

'아폴론적인 국학자'의 노래이다. 이 이세伊勢180)의 상인181)이 마음에 생각하며 그린 아름다운 일본인의 모습, '중국적인 마음'에 오염되지 않은 '모노노아와레物の哀れ'에 민감한 사람들은, 본서에는 거의 등장하지 않았다. '시끄러운 변명'을 지어내며 이상론이나 자기 멋대로의 꿈을 이야기하는 사람뿐인 것 같다는 생각이 든다.

아니, 한 사람 있다. 감히 말해 보자면 '중국적인 마음'이나 간사한 마음 없이, 나쁘게 말하면 논리적 사고를 할 수 없는 사람. 그 사람이야말로 야스쿠니 문제를 여기까지 꼬이게 만든 장본인이다.

그 인물과 어째서인지 마음이 맞는 듯한 작가 소노 아야코曽野綾子(1931~) 여사가 『착한 사람은 왜 주변의 사람을 불행하게 하는가善人は、なぜまわりの人を不幸にするのか』라는 책을 출판했다. 선전문구에서는 "때로는 악의보다 무서운, 선의를 가진 사람은 지치지 않는다

---

180) 일본의 지명. 옛날에는 미에 현三重県 대부분을 지칭했으나, 지금은 미에 현 남동부의 이세 시伊勢市를 가리킨다. 이세 신궁伊勢神宮이 유명하다.
181) 모토오리 노리나가本居宣長의 집안은 전국시대 때 일본에 유입된 솜을 일본 전국을 돌아다니며 팔던 이세伊勢의 상인 집안이었다.

(교제의 방식)"(산케이 신문産経新聞, 2006년 3월 11일부 출판광고)라고 한다. 설마 그런 인물과의 교유에서 태어난 저서는 아니겠지만, 선한 사람이기에 그 무서움을 그가 가지고 있는 것은 확실하다.

"이세 신궁에 참배해도 아무런 말도 하지 않는데, 왜 야스쿠니는 안 되는가?"

이 소박하고 무지에 가득한 우문이 일개 서민이 아닌, 책임이 있는 일국의 최고 지도자에게서 나온 것에, 끈질긴 것 같지만 나는 소름이 끼친다.

그러나 생각해 보면 '시끄러운 변명'을 주창했던 본서의 등장인물들의 대부분도, 선의를 가진 사람들이었다. 아니, 정확하게는 사람의 선의를 믿자고 하는 사람들이었다. 그리고 그러한 사람들일수록 양명학에 빠져들고 말았다. 그것은 애당초 양명학에 그렇게 하는 마력이 있기 때문임이 틀림없지만, '주자학 대 양명학'이라는 도식 가운데 스스로를 전자의 측에 두고 싶지 않다고 생각하는 사람들 — 바꾸어 말하면 지사인인志士仁人 타입 — 이지만, 그렇게 재생산되어 가는 구도로 되어 있다. 그런 점에서 마르크스의 주장과는 다르게, 몇 번이고 같은 비극이 반복되고 있는 것이다.

주자학적 본성의 은폐

그 구도를 역으로 이용한 확신범적인 악인惡人은 이노우에 데쓰지로와 미시마 유키오 정도일까. 이 두 사람은 양명학을 찬미하는 발언과는 반대로, 본성은 '주자학적' 관리 타입인 것은 이미 기술한 대로이다.

본래 '주자학'이었을 미토학도 막부 말기 이후에는 양명학적 심성의 소유자들에게 점령되어 간다. 본서에서는 생략했지만 오카와 슈메이와도 관계가 있었던 쇼와 시대 초기의 우익운동가들(혈맹단血盟团182) 관계자)에게서 이 '양명학적 미토학'의 무리들이 보인다. 굳이 이 두 가지 학파를 구분할 필요가 없을 정도로 이 두 개의 흐름은 긴밀히 연결되어 있었다. 다만 라벨label 차이가 나름대로 이화 작용異化作用을 가지고 있었다 정도이다. 즉, 미토학을 전면에 내세우면 기본적으로 '체제유지'가 되고, 양명학이 되면 '혁명철학'의 측면을 가지고 있다고 받아들여지는 것처럼 말이다. 그것은 '유신維新'이라는 미토학 유래의 용어를 가지고, 게이오·메이지 시절의 '혁명'이나 쇼와 초기의 (실패한) '혁명'을 보기 좋게 꾸민 것에서 나타나고 있다. 미토학은 어디까지나 '존왕양이'였기 때문일 것이다.

야스쿠니 신사가 '메이지 유신'에 공헌한 전사자·순난자殉難者들을 기리기 위한 교화시설이라는 그 본질, 그곳에 모셔져 있는 '영령'은 이론적으로 결코 '본의 아니게' 당한 희생자·피해자들이 아닌 엄연한 사실을 우리들은 확실히 분별하지 않으면 안 된다. 만들어진 전통으로 메이지 국가가 무엇을 '제국신민'에게 요구했는지, 그리고

---

182) 일본의 우익단체. 일련종 승려 이노우에 닛쇼井上日召가 주동자였다. 이노우에는 이바라키 현茨城県 오아라이 쵸大洗町의 입정호국당立正護国堂을 거점으로 젊은이들을 모아 정치운동을 하고 있었는데, 1931년 테러리즘을 통한 급진적 국가개조계획을 꾸몄다. 이노우에는 그의 사상에 동조하는 청년들로 구성된 암살조직을 결성하여 이노우에 쥰노스케井上準之助, 단 다쿠마團琢磨를 암살했고 이후 이노우에 닛쇼를 비롯한 혈맹단 인원들이 체포되었다. 이후 혈맹단 잔당들은 오카와 슈메이大川周明, 도야마 미쓰루頭山満, 미카미 다카시三上卓 등이 주동한 5·15 사건에 가담하여 당시 총리였던 이누카이 쓰요시犬養毅를 암살했다.

그것이 어떤 사상사적 작위에 의해 가능하게 되었는지를 말이다.

2006년 가을에 예상되는 황실의 40년 만의 경사에 감격하여 설마 수상이 무심결에 "신_臣 준이치로"라고 발언하지는 않겠지만, 현행 헌법에서도 드높게 강조되고 있는 '일본국 및 일본국민 통합의 상징'이란, 그대로 그 — 이걸로 당분간 '그녀'의 가능성은 줄겠지만 — 를 위해서 죽어 간 사람들을 '영령'으로서 찬양하는 시스템이 될지도 모른다. 그리고 불미스러운 것은 그것이 악의로 행해지는 것이 아니라는 것이다.

테러도 아닌, 현창顯彰도 아닌

이런 말을 하는 것은, 내가 '주자학적' 심성의 소유자이기 때문일 것이다. 그것을 좋다고 자랑할 생각은 없다. 다만, 선의를 가진 사람들끼리 싸우면, 끝없는 투쟁의 진흙탕에 빠지게 되는 것만은 주의해야만 한다. 거기서는 때로 자객=테러리스트가 긍정된다. 테러리즘 박멸을 위해 어떤 나라에 전면 협력해 왔을 수상의 입에서, 후계자 문제를 둘러싸고 "정치가는 요시다 쇼인과 같이 할지어다"라고, 로쥬老中 암살을 도모했던 테러의 관념학자를 찬미하는 국회연설이 나오는 것을 보면 미래는 어둡다.

막부의 신하 에바라 소로쿠江原素六(1842~1922)는 보신전쟁 때 보소우房總 방면에서 서군(이른바 '관군')과 싸우고, 그 후 기독교에 입신入信하여 교육자로서 활약했던, 우치무라 간조나 니토베 이나조의 선배격인 인물이다. 그의 부하들 가운데 전사자들은 당연히 야스쿠

니의 영령이 되지 않았다. 그래서 수십 년에 걸쳐 매년 4월 3일에는 독자적으로 법회가 이어졌다고 한다(히구치 다케히코 樋口雄彦, 『옛 막부 신하의 메이지 유신 ─ 누마즈 병학교와 그 군상 旧幕臣の明治維新 ─ 沼津兵学校とその群像』, 요시카와 고분칸吉川弘文館, 2005). 패자의 상처를 몸소 아는 자들의 강함인 것인가.

바라건대 쇼카손주쿠가 아닌, 에바라의 의발을 이어받는 것에서 최고 지도자를 보고 싶다고 개인적으로 생각한다.

저자 후기

　본서의 내용은 애초에 중국어로 잡지에 연재할 생각이었다. 중국
의 지인에게서 "일본인의 유교정신에 대해 소개하는 문장을 적어
줄 수 없겠나?" 하는 권유를 받았다. 제대로 된 해설이 결여되어
중국와 일본 사이 문화마찰의 한 가지 원인이 되고 있다. 당시 갓
취임한 고이즈미 준이치로 수상이 야스쿠니 신사에 참배하기도 했
고, 중국 사람들에게 일이 여기에 이르게 된 역사적 경위를 제대로
설명해야만 할 것이다, 미시마 유키오 사건으로 매듭지으며 양명학
과 무사도의 '만들어진 관계성'에 대해 논해 보자고 생각했다.

　그러나 다시금 사료를 읽고, 자신의 머릿속에서 정리하고 생각하
면서 써 나가는 가운데, 말하는 대상이 중국 사람들이 아닌 일본의
독자들에게로 바뀌어 갔다. 역시 좀 더 솔직히 '지금 여기'에 있는
문제를 이야기하고 싶다는 생각이 들기 시작했다.

　때마침 고단샤講談社에서 '중국의 역사' 시리즈의 하나 『중국사
상과 종교의 격류 ─ 송조中國思想と宗教の奔流 ─ 宋朝』를 집필 중이었
기에, 편집 작업 총괄자 우다가와 마사토宇田川眞人 씨에게 협의하는

자리에서 그 일에 대해 이야기했고, 이쪽 출판사에서 팔아 보겠다고 했더니, 흔쾌히 메티에メチエ 편집담당 이노우에 다케오井上威朗 씨를 소개해 주었다. 이노우에 씨의 갈피를 잡을 수 없으면서도(실례!) 정확하게 문제점을 지적해 준 태도에 유도되어, 여섯 개의 에피소드로 된 구성안이 확정되어 갔다. (같은 세대의 독자 여러분이라면 '제국'의 흥망에 관련된 이 여섯183)이란 숫자에 담긴 의미를 아시겠지요?) 그 각 장이 열전풍列傳風인 것은, 예기치 않게, 같은 이노우에 씨의 관리하에 5월에 간행되어 있는 혼고 가즈토本鄕和人 씨의 『인물을 읽다 일본중세사人物を読む日本中世史』와 같은 문제의식을 나도 가지고 있었기 때문이다. 부디 같이 읽어 보시기 바란다!

그 후 제반의 사정으로 원고 집필은 약 2년간 중단 상태가 되었지만, 「프롤로그」에서 적었던 것과 같이, 2005년 가을 고이즈미 수상의 야스쿠니 참배가 다시금 나의 의욕에 불을 붙여, 2006년 초에 탈고하게 되었다. 말하자면 본서는 고이즈미 수상에게 힘입은 바가 매우 크다. 그런 의미에서 감사의 뜻을 표해 두겠다.

본문 가운데에서도 소개한 『미시마 유키오가 죽은 날三島由紀夫が死んだ日』에 관련지어 말해 보자면, 당시 초등학교 2학년이었던 나는 사건의 의미를 전혀 이해하지 못했다. 우리 집은 아사히 신문朝日新聞을 구독하고 있었기 때문에, 소동을 일으킨 '목'의 사진도 전해졌을 테지만 아무것도 기억나지 않는다. 다만 유족들이 TV 뉴스에

---

183) 본문에서 저자의 의도가 명확하지 않으나, 아마도 영화 시리즈 '스타워즈'를 가리키는 것으로 보인다. 은하제국의 흥망에 대해 다루는 스타워즈 시리즈는 저자가 이 책을 탈고한 2006년까지 6편이 개봉·상영되었다. 스타워즈는 초기부터 6개의 에피소드로 기획된 작품으로, '에피소드 I-보이지 않는 위험, II-클론의 습격, III-시스의 복수, IV-새로운 희망, V-제국의 역습, VI-제다이의 귀환'으로 이루어져 있다.

비치는 것을 보고 어머니께서 "저 남자아이는 쓰요시랑 같은 나이란다"고 말씀하신 것만이 선명하게 기억난다(그 '남자아이' 히라오카 이치로平岡威一郎 씨는 나보다 4일 연상이다).

미시마가 다시 내 앞에 커다랗게 나타난 것은, 지도 교수셨던 미조구치 유조溝口雄三 선생이 미시마의 양명학 이해에 비판적인 문장을 쓸 때부터였다(선생님의 견해는 약간의 궤도 수정(?)을 동반하여, 올해 신장 복간된 쥬코 클래식스中公クラシックス『왕양명 전습록』의 해제「두 가지의 양명학二つの陽明学」으로 되어 있다). 미시마가 양명학을 이해할 때 참고하고 있었던 야스오카 마사히로가 때마침 그때 타계하기도 해서, 중국근세 유교연구에 뜻을 두었던 내 앞에, 미조구치 씨나 시마다 겐지 씨(『중국의 근대사상의 좌절中国における近代思惟の挫折』 및 『주자학과 양명학朱子学と陽明学』)가 보여 준 학술적인 양명학 이해와, 야스오카나 미시마가 그린 속설적인 양명학 이해와의 차이를 어떻게 판단할 것인가라는 문제가 제시되었다.

생각해 보면 미시마가 그 양명학 이해(라기보다, 미시마에 의하면 경시라는 몰이해의 태도)를 비판한 마루야마 마사오나 시마다 겐지, 아라키 겐고 씨, 야마시타 류지 씨와 같은 사람들은 다이쇼 시대 출생으로 미시마와 같은 세대이다. 그들 사이에서도 각자마다 다른 양명학 상像으로 맺어지는 원인은, 역시 양명학 그 자체가 가진 일종의 불정형성에 있기 때문일 것이다. 어느 것이 올바른 양명학인가하는 문제 제기보다도, 어느 것이든 성립되어서 전개되어 온 '양명학' 해석사 그 자체를 다루고 있다. 여기에 근대라고 하는 문제를 겹쳐 봄으로써, 현재에 이르는 '유교정신'의 문제점이 명백해질 것이다 — 본서가 기획한 것은 그런 것이었다.

다만, 나 자신이 지금까지 너무나도 몰랐던 탓인지, 사료를 읽으면 읽을수록 다채로운 논점이 보이기 시작하여, 전체로 통하고 있는 것으로 집약되고 있는지 어떤가는 자신이 없다. 더해서, 도중에서 미토학이라고 하는, 이것 역시 중요하면서 핵심을 잡기 힘든 사상 유파를 조연으로 두었기 때문에, 화제가 산만해지고 말았을지도 모른다. 비판해 주신다면 감사하겠다.

그 자녀와 같은 나이로 '사건'을 보았던 나도 내년에는 미시마와 같은 세월을 산 것이 된다. 40권을 넘는 그의 전집에 비하여 나의 작품 수는 정말 적지만, 달팽이 걸음으로 조금씩 앞으로 나아가기 위해 노력해 가고 싶다.

덧붙여 본서는 두 가지의 문부과학성 과학연구비 보조금, 특정영역연구 '동아시아의 해역 교류와 일본전통문화의 형성'의 가운데 '역사서 편찬과 왕권 이론에서 보이는 동아시아 삼국의 비교'(대표 고지마 쓰요시)와, 기반연구 B '정의 및 인권에 관한 비교사상적 고찰'(대표 우사미 고세이 宇佐美公生)이라는 연구 성과의 일부이다.

헤이세이 병술년(*2006) 6월 10일 고몬 님의 탄생일에
구 미토 번저藩邸 '주순수 선생이 돌아가신 땅'에서

고지마 쓰요시

참고 문헌

프롤로그

『결정판 야스쿠니 문제 입문 — 야스쿠니의 탈신화화로決定版 靖国問題入門—ヤスクニの脱神話化へ』, 가와데쇼보 신샤河出書房新社, 2006

다카하시 데쓰야高橋哲哉, 『야스쿠니 문제靖国問題』, 지쿠마 신서ちくま新書, 2005

다카하시 데쓰야高橋哲哉, 『국가와 희생国家と犠牲』, NHK북스NHKブックス, 2005

『야스쿠니 신사 유슈칸의 세계靖国神社遊就館の世界』, 후쇼샤扶桑社, 2003

에피소드 I

『사토 잇사이, 오시오 츄사이佐藤一斎·大塩中斎』, 일본사상대계日本思想大系 46, 이와나미 서점岩波書店, 1980

『오시오 츄사이大塩中斎』, 일본의 명저日本の名著 27, 쥬오코론샤中央公論社, 1978

미야기 기미코宮城公子, 『오시오 헤이하치로大塩平八郎』, 아사히신분샤朝日新聞社, 1977

무토 이사오武藤功, 『국가라는 난제 — 도코와 오가이의 오시오 사건国家
という難題—東湖と鴎外の大塩事件』, 다바타 서점田畑書店, 1997

오하시 겐지大橋健二, 『신화의 괴멸 — 오시오 헤이하치로와 천도사상神話
の壊滅—大塩平八郎と天道思想』, 벤세이 출판勉誠出版, 2005

라이 산요賴山陽(라이 세이이치賴成一, 라이 쓰토무賴惟勤 역), 『일본외사日本外
史』, 이와나미 문고岩波文庫, 1976~1981

『라이 산요賴山陽』, 일본의 명저日本の名著 28, 쥬오코론샤中央公論社, 1972

후지카와 히데오富士川英郎, 『간 쟈잔과 라이 산요菅茶山と頼山陽』, 헤이본
샤平凡社, 1971

노구치 다케히코野口武彦, 『에도의 역사가 역사라는 이름의 독江戸の歴史家
歴史という名の毒』, 지쿠마쇼보筑摩書房, 1979

에피소드 II

『미토학水戸学』, 일본사상대계日本思想大系 53, 이와나미 서점岩波書店,
1973

『후지타 도코藤田東湖』, 일본의 명저日本の名著 29, 쥬오코론샤中央公論社,
1974

야마카와 기쿠에山川菊栄, 『각서 막말의 미토번覚書 幕末の水戸藩』, 이와나
미 서점岩波書店, 1974

야마우치 마사유키山内昌之·나카무라 아키히코中村彰彦, 『흑선 이후 — 정
치가와 관료의 조건黒船以降 — 政治家と官僚の条件』, 쥬오코론신샤中央公論
新社, 2006

마루야마 마사오丸山眞男, 『충성과 반역 — 전형기 일본의 정신사적 위상
忠誠と反逆—転形期日本の精神史的位相』, 지쿠마쇼보筑摩書房, 1992

『요시다 쇼인吉田松陰』, 일본의 명저日本の名著 31, 쥬오코론샤中央公論社,
1973

가와카미 데쓰타로河上徹太郎,『요시다 쇼인 무와 유학에 따른 인간상吉田松陰 武と儒による人間像』, 분게이슌쥬文藝春秋, 1968

에피소드 III

야부키 구니히코矢吹邦彦,『불꽃의 양명학 — 야마다 호코쿠 전炎の陽明学 —山田方谷伝』, 메이토쿠 출판사明德出版社, 1996

미시마 마사아키三島正明,『최후의 유학자 — 미시마 쥬슈最後の儒者—三島中洲』, 메이토쿠 출판사明德出版社, 1998

미야케 세쓰레이三宅雪嶺,『왕양명王陽明』, 세이쿄샤政教社, 1893

오카 도시로岡利郎,『산로애산 — 사론가와 정론가의 사이에서山路愛山—史論家と政論家のあいだ』, 겐분 출판研文出版, 1998

『우치무라 간조 집内村鑑三集』, 메이지 문학 전집明治文學全集 39, 지쿠마쇼보筑摩書房, 1967

마쓰모토 산노스케松本三之介,『메이지 사상사 — 근대 국가의 창설부터 개개의 각성까지明治思想史—近代国家の創設から個に覚醒まで』, 신요샤新曜社, 1996

다치바나 다카시立花隆,『천황과 동대 — 대일본 제국의 생과 사天皇と東大—大日本帝国の生と死』, 분게이슌쥬文藝春秋, 2005

니토베 이나조新渡戸稲造(야나이하라 다다오矢内原忠雄 역),『무사도武士道』, 이와나미 문고岩波文庫, 1938

에피소드 IV

가니에 요시마루蟹江義丸,『서양철학사西洋哲学史』, 하쿠분칸博文館, 1899

미카미 레이지三神礼次,『일본무사도日本武士道』, 산신카이운도三神開雲堂, 1899

이노우에 데쓰지로井上哲次郎,『일본양명학파지철학日本陽明学派之哲学』,

후잔보冨山房, 1900

이노우에 데쓰지로井上哲次郎·아리마 스케마사有馬祐政, 『무사도 총서武士道叢書』, 하쿠분칸博文館, 1905

『총특집 무사도 입문 ― 왜 지금 무사도인가総特集 武士道入門―なぜいま武士道なのか』, 가와데 쇼보 신샤河出書房新社, 2004

『메이지 종교 문학 전집明治宗教文學集 2』, 메이지 문학 전집明治文學全集 88, 지쿠마쇼보 筑摩書房, 1975

오니시 하지메大西祝, 『오니시 박사 전집大西博士全集』, 게이세이샤警醒社, 1903~1904

야마카와 히토시山川均, 『야마카와 히토시 전집山川均全集』, 게이소쇼보勁草書房, 1966~2003

오하라 사토시大原慧, 『가타야마 센의 사상과 대역사건片山潜の思想と大逆事件』, 론소샤論創社, 1995

『도쿠토미 소호 집德富蘇峰集』, 메이지 문학 전집明治文學全集 34, 지쿠마쇼보筑摩書房, 1974

다카세 다케지로高瀬武次郎, 『왕양명상전王陽明詳伝』, 분메이도文明堂, 1904

에피소드 V

다카바타케 모토유키高畠素之, 『사회주의와 진화론社会主義と進化論』, 가이조샤改造社, 1927

다카바타케 모토유키高畠素之, 『맑시즘과 국가주의マルキシズムと國家主義』, 가이조샤改造社, 1927

다카바타케 모토유키高畠素之, 『비판 마르크스주의批判マルクス主義』, 일본평론사日本評論社, 1929

다카바타케 모토유키高畠素之 엮음, 『국가 사회주의 복각판国家社会主義復刻版』, 후지 출판不二出版, 1987

다나카 마사토田中真人, 『다카바타케 모토유키 — 일본의 국가 사회주의高畠素之—日本の国家社会主義』, 겐다이효론샤現代評論社, 1978

칸트(시노다 히데오篠田英雄 개역), 『실천이성비판実践理性批判』, 이와나미 문고岩波文庫, 1979

오카와 슈메이大川周明, 『일본정신연구日本精神研究』, 메이지 쇼보明治書房, 1939

오카와 슈메이大川周明, 『오카와 슈메이 전집大川周明全集』, 이와사키 서점 岩崎書店, 1961~1974

노지마 요시아키野島嘉晌, 『오카와 슈메이大川周明』, 신진부쓰오라이샤新人物往来社, 1972

다케우치 요시미竹内好, 『근대 일본의 사상 인간의 해방과 교육近代日本の思想 人間の解放と教育』, 다케우치 요시미 전집竹内好全集, 지쿠마쇼보筑摩書房, 1980

야스오카 마사히로安岡正篤, 『일본정신의 연구日本精神の研究』, 겐코샤玄黄社, 1924

야스오카 마사히로安岡正篤, 『대장부의 길 — 무사시·도겐·야마다 소코ますらをの道 — 武蔵·道元·山鹿素行』, 디시에스 출판국デイ·シー·エス出版局, 2003

시오다 우시오塩田潮, 『쇼와의 교조 야스오카 마사히로昭和の教祖安岡正篤』, 분게이슌쥬文藝春秋, 1991

사코 쥰이치로佐古純一郎, 『근대 일본 사상사에서 인격관념의 성립近代日本思想史における人格観念の成立』, 쵸분샤朝文社, 1995

에피소드 VI

야마카와 기쿠에山川菊栄, 『여자 2대의 기록おんな二代の記』, 헤이본샤平凡社, 1972

야마카와 기쿠에山川菊栄, 『무가의 여성武家の女性』, 이와나미 문고岩波文庫, 1983

야마카와 기쿠에山川菊栄, 『내일의 여성을 위해 — 1946~1980明日の女性のために — 1946~1980』, 야마카와 기쿠에 집山川菊栄集 7, 이와나미 서점岩波書店, 1982

미시마 유키오三島由紀夫, 『행동학입문行動学入門』, 분게이슌쥬文藝春秋, 1970

『결정판 미시마 유키오 전집決定版 三島由紀夫全集』, 신쵸샤新潮社, 2000~2006

『미시마 유키오 사전三島由紀夫事典』, 벤세이 출판勉誠出版, 2000

후쿠시마 쥬로福島鑄郎, 『자료 미시마 유키오資料三島由紀夫』, 죠분샤朝文社, 1989

나카죠 쇼헤이中条省平, 『미시마 유키오가 죽은 날三島由紀夫が死んだ日』, 지쓰교노니혼샤実業之日本社, 2005

나카죠 쇼헤이中条省平, 『속 미시마 유키오가 죽은 날続 三島由紀夫が死んだ日』, 지쓰교노니혼샤実業之日本社, 2005

모리 오가이森鷗外, 『오시오 헤이하치로·사카이 사건大塩平八郎·堺事件』, 이와나미 문고岩波文庫, 1994

에필로그

소노 아야코曽野綾子, 『선인은 왜 주변의 사람을 불행하게 하는가 구심록善人は、なぜまわりの人を不幸にするのか 救心録』, 쇼덴샤祥伝社, 2006

히구치 다케히코樋口雄彦, 『구 막신의 메이지 유신 — 누마즈 병학교와 그 군상旧幕臣の明治維新 — 沼津兵学校とその群像』, 요시카와 고분칸吉川弘文館, 2005

인물 약전略傳

마쓰다이라 사다노부松平定信(1758~1829)

호는 라쿠오楽翁. 쇼군 도쿠가와 요시무네德川吉宗의 손자로, 다야스 무네타케田安宗武의 3남. 시라카와白河 번주의 양자가 된다. 30세에 로쥬老中로 취임하여 간세이의 개혁을 주도하고도, 36세에 사임. 번정藩政과 학문에 긴 여생을 보냈다. 주자학을 중시하였고, 그의 학문 장려책은 교육열을에도 후기 사회에 가져오게 했다.

아오야마 노부유키青山延于(1776~1843)

미토 번사藩士. 아버지를 이어 쇼코칸彰考館에서 근무했고, 『대일본사』 편찬에 종사. 44세에 번정 개혁의 건의를 하다. 쇼코칸 총재, 후에 고도칸弘道館 총재가 된다. 그의 저서 『황조사략』은 라이 산요 『일본외사』184)와 견줄 정도로 세평世評을 얻다. 후지타 유코쿠 등의 과격파 노선과 거리를 두고 있었다.

---

184) 원저에는 『대일본사』로 잘못 표기되어 있어 바로잡았다.

라이 산요賴山陽(1780~1832)

히로시마 번유藩儒 라이 슌스이賴春水의 아들. 21세 때 출분出奔하여, 유폐·폐적廢嫡되다. 32세에 교토로 옮겨, 『일본외사』를 완성시킨다. 한시문漢詩文에 뛰어났고, 덴포天保의 무가武家 문화를 대표하는 인물로서, 그의 저서는 막부 말기의 지사志士나 메이지 시대의 문사文士들에게 애독되었다.

오시오 츄사이大塩中斎(1793~1837)

오사카 덴마天満 요리키与力 오시오 요시타카大塩敬高의 아들. 어렸을 때 부모를 잃고, 14세에 출사出仕. 24세 때에 양명학을 접하고 분발하여, 사숙을 열어 문무양도文武両道를 가르치다. 38세에 퇴직하여 『세심동차기洗心洞箚記』를 집필. 45세 때 이른바 '난'을 일으키고 자살.

야마다 호코쿠山田方谷(1805~1877)

빗츄 마쓰야마備中松山(현재 다카하시高梁) 번사. 45세에 새로운 번주 이타쿠라 가쓰키요板倉勝静에게서 번藩 재정 재건의 책임자로 임명받아, 식산흥업殖産興業과 군비의 근대화를 진행시켰다. 64세가 되어서는 보신전쟁戊辰戦争에서 번이 '조정의 적'이 되었을 때의 처리로 분주했다. 만년은 시즈타니閑谷 학교의 재흥에 진력.

후지타 도코藤田東湖(1806~1855)

미토 번사 후지타 유코쿠의 아들. 21세에 아버지가 사망하였고, 다음 해 가독을 이어 쇼코칸彰考館에 들어가 번정 개혁의 건의를 하다. 24세 때에 나리아키를 옹립. 그 공적에 의해 측근으로서 활약하고, 32세 때에 「홍도관기弘道館記」 초고를 제출, 42세에 「홍도관기술의弘道館記述義」를 짓다. 안세이 지진의 희생이 되다.

가와이 쓰구노스케河井継之助(1827~1868)

나가오카長岡 번의 가로家老. 호는 소류쿠쓰蒼龍窟. 야마다 호코쿠에게 배우고, 번 재정 재건에 진력했다. 프랑스 식의 병제 개혁도 실시했다. 42세 때 아이즈会津로 향하는 서군(관군)과 중개 교섭 역할을 맡았지만 잘 이루어지지 않고 끝나자, 오우에쓰 열번동맹奧羽越列藩同盟의 중핵이 되어 저항. 나가오카 함락 후 철퇴 중 사망.

요시다 쇼인吉田松陰(1830~1859)

조슈長州 번사. 6살이 되자 스기杉 가에서 야마가山鹿 류流 사범을 대대로 맡아 온 요시다 가타요시吉田賢良의 양자가 된다. 9세 때 교수 견습이 되다. 무단으로 미토·도호쿠東北로 여행했기 때문에, 22세가 되자 사적士籍을 박탈당한다. 25세 때 페리의 함대에 잠입을 꾀했으나 실패, 하기萩로 유폐 처분이 되다. 로쥬 마나베 아키카쓰間部詮勝 암살 계획 등에 의해, 안세이의 대옥 때 30세의 나이로 에도江戸에서 처형.

미시마 쥬슈三島中洲(1830~1919)

천황 직할 구라시키倉敷 출신. 야마다 호코쿠에게 사사. 그의 후임으로서 빗츄 마쓰야마 번정을 떠맡고, 보신전쟁戊辰戦争의 수습을 맡았다. 메이지 정부에 출사하여 대심원 판사大審院判事를 맡고, 그 위에 도쿄대학 교수를 하다. 한편으로 양학洋學에 편중된 관학官學을 보강하는 의도에서, 48세가 되자 한학 재흥을 위해 니쇼가쿠샤를 창설. 67세부터 다이쇼 천황의 교육 담당을 맡다.

시부사와 에이이치渋沢栄一(1840~1931)

무사시武蔵 후카야深谷 호농豪農의 아들. 25세가 되자 교京에서 히토쓰바시 요시노부一橋慶喜와 알게 되어, 막부의 신하가 되다. 28세에 도쿠가와 아키타케德川昭武의 수행원으로서 파리 만국 박람회 등을 견문했다. 귀국 후 메이지 정부에 출사하여 대장성大藏省 간부가 되었으나 34세에 사직. 이후는 은행·방적 등 각종 기업의 창업 육성이나, 도쿄 여학관東京女学館 등 사립학교의 창설경영에 진력했다.

이노우에 데쓰지로井上哲次郎(1855~1944)

도쿄대학에서 배우고, 조교수 취임 후, 명을 받아 독일에 유학. 37세에 정부로부터 『칙어연의勅語衍義』 집필을 위촉받다. 43세에 도쿄제국대학 문과대학의 학장에 취임하여, 학과 편성의 기초를 세웠다. 국민도덕론國民道德論을 주창하여, 일반 국민의 전쟁 체제로 협력 동원에 공헌했다.

우키타 가즈타미浮田和民(1859~1946)

도시샤同志社 영학교英学校의 1기 졸업생. 그대로 모교의 교원을 맡은 후, 도쿄 전문 학교에 봉직, 43세에 대학부 문학과의 과장에 취임. 오쿠마 시게노부大隈重信의 참모역이었다. 민본주의 이론의 발안자로 여겨진다.

미야케 세쓰레이三宅雪嶺(1860~1945)

가가加賀 번에 고용된 의사의 아들로서 가나자와金沢에서 태어나다. 도쿄대학 철학과를 졸업, 문부성文部省 등에서 일했지만 사직, 29세에 세이쿄샤政教社를 결성, 언론 문필 활동에 종사했다. 국수주의자로서 메이지·다이쇼 시대의 세론世論을 이끌었다.

우치무라 간조內村鑑三(1861~1930)

조슈上州 다카사키高崎 번사의 아들로서 에도에서 태어나다. 삿포로 농학교에서 공부하고, 기독교에 입신. 미국 유학 후 제일고등중학교의 교사가 되지만, 31세 때에 교육칙어의 천황 서명날인에 경례를 하지 않았다고 해서 사임에 몰리게 되었다. 신문기자로서 활약하지만 러일전쟁 반대의 의론[論陣]을 폈기에 사직. 비전론非戰論을 주창하며 활약했다.

니토베 이나조新渡戸稲造(1862~1933)

무쓰陸奥 모리오카盛岡 번사의 아들. 우치무라 간조와 삿포로 농학교 동기. 도쿄대학에서 공부하고 미국과 독일에 유학하여 농업 경제학을 연구. 40세 때부터 2년간 대만 총독부에서 제당업製糖業 육성에도 공헌했다. 45세에 다이이치고등학교 교장이 되어 도쿄제국대학 교수를 겸임했다. 도쿄여자대학 초대 학장도 맡았다. 59세에 국제 연맹 사무차장.

야마카와 히토시山川均(1880~1958)

오카야마岡山 현 구라시키 사족士族의 집에서 태어나다. 도시샤에서 공부했으나 퇴학. 상경上京하여 27세에 사회당社会党에 입당. 37세부터는 바이분샤売文社에서 활약, 43세에 일본 공산당의 창립에도 관계했다. 공산당을 떠나고부터는 노농파勞農派의 이론가가 되어, 전후戰後에는 사회주의 협회(=일본 사회당 좌파)에서 활약.

다카바타케 모토유키高畠素之(1886~1928)

군마群馬 현 출신. 도시샤에서 공부했으나 퇴학. 23세에 사회주의자로서 투옥되어, 26세에 바이분샤에 입사. 32세 때 러시아 혁명을 계기로 국가 사회주의 사상을 설하게 되었다. 39세에 마르크스『자본론』을 처음으로 일본어로 완역. 정계 진출을 꾀했으나 43세에 병사.

오카와 슈메이大川周明(1886~1957)

야마가타山形 현 출신. 구마모토熊本의 5고(*제5고등학교第五高等学校)에서 도쿄제국대학에 입학, 인도철학을 공부하다. 34세에 남만주철도南満州鉄道에 입사. 기타 잇키北一輝와 유존샤猶存社를 결성. 47세 때 5·15사건의 방조죄로 투옥되다. 전후 A급 전범으로 법정에 섰으나 정신 장애로 면죄.

야마카와 기쿠에山川菊栄(1890~1980)

도쿄 출신. 모리타 류노스케森田龍之助·지세千世 부부의 딸. 지세는 미토 번유 아오야마 가 출신으로, 17세에 노부토시延寿의 뒤를 이어 키쿠에게 그 호주戸主가 되다. 25세가 되어 『청탑青鞜』으로의 투고로 사회운동, 여성 문제 활동가의 길을 걷기 시작하다. 58세에 전후 일본 사회당에 입당. 같은 해 노동성勞働省 부인 소년 국장. 만년은 이바라키茨城 현사県史 편찬 사업에 협력.

야스오카 마사히로安岡正篤(1898~1983)

오사카 부府 출신. 도쿄제국대학 법학부를 졸업, 프리사상 연구자로서 『일본정신의 연구日本精神の硏究』로 강렬하게 데뷔했다. 군부나 정권과 관계가 깊고, 긴케이 학원金鷄学院을 설립하여 많은 문하생을 키웠다. 48세 때에 종전 조칙의 개정을 담당. 전후에는 자민당 총재(=일본 수상)들의 의논에 관여했다고 여겨진다.

미시마 유키오三島由紀夫(1925~1970)

본명은 히라오카 기미타케平岡公威. 도쿄 출신. 가쿠슈인学習院에서 도쿄제국대학 법학부로 진학했다. 아버지와 같이 관료가 되었으나 바로 사직하여, 프로 작가로 다수의 소설·희곡을 지었다. 40세경부터 정치적 발언을 늘려 가며, 방패회楯の会를 창설하여 우익 활동가로 주목받았다. 자위대

청사에서 할복자살.

주注: 본서 본문에는 1902년 시행된 '연령 계산에 관한 법률'에 따라 에피소드 IV 이후 등장인물에는 만 나이 표기를 하고 있지만, 여기서는 1950년에 시행된 '연령을 일컫는 방법에 관한 법률'에 '세는 나이에 따라 표현하는 종래의 관례'라는 표현이 있는 것에 의거하여, 당시 사람들의 실제 느낌(實感)에 따르려는 사상사적 양심에서, 모두 세는 나이로 표기했다.

관련 연표

1790(간세이寬政 2)	마쓰다이라 사다노부의 지도하에 간세이 이학금지[寬政異学の禁]
1819(분세이文政 2)	미토 번이 『대일본사』 기전紀傳 부분을 조정과 막부에 헌상
1827(분세이文政 10)	라이 산요가 『일본외사』를 마쓰다이라 사다노부에게 헌정
1829(분세이文政 12)	후지타 도코 등의 노력에 의해 도쿠가와 나리아키가 미토 번주가 되다
1837(덴포天保 8)	오시오 헤이하치로의 난
1840(덴포天保 11)	아오야마 노부유키·아이자와 세이시사이가 신설된 고도칸弘道館의 총재에 취임
1851(가에이嘉永 4)	요시다 쇼인이 동일본 각지를 여행하고 미토水戸를 방문하다
1853(가에이嘉永 6)	흑선 내항
1858(안세이安政 5)	이이 나오스케가 다이로大老가 되어 안세이의 대옥安政の大獄이 시작
1864(분큐文久 4 =겐지元治 원년)	덴구도天狗党 거병. 마쓰다이라 요리노리 할복
1867(게이오慶應 3)	대정봉환

397

1868(게이오慶應 4 =메이지明治 원년)	메이지 유신. 보신전쟁
1877(메이지明治 10)	미시마 쥬슈가 니쇼가쿠샤를 창설하다. 세이난 전쟁
1879(메이지明治 12)	도쿄 쇼콘샤東京招魂社를 야스쿠니 신사로 개칭
1888(메이지明治 21)	미야케 세쓰레이 등이 세이쿄샤를 결성하다
1889(메이지明治 22)	대일본 제국 헌법 발포
1890(메이지明治 23)	교육칙어 공포公布
1891(메이지明治 24)	우치무라 간조 불경사건
1894(메이지明治 27)	청일전쟁 시작되다
1899(메이지明治 32)	니토베 이나조의 『무사도』가 미국에서 출판되다
1900(메이지明治 33)	이노우에 데쓰지로 『일본양명학파지철학日本陽 明学派之哲学』이 간행되다
1904(메이지明治 37)	러일전쟁 시작되다
1906(메이지明治 39)	『대일본사』 완성
1908(메이지明治 41)	아즈마 게이지東敬治 등이 양명학회를 창설
1910(메이지明治 43)	대역사건. 한국병합
1911(메이지明治 44)	도쿠토미 로카가 이치 고一高에서 「모반론謀叛 論」을 강연
1912(메이지明治 45 =다이쇼大正 원년)	노기 마레스케가 메이지 천황을 따라 자살[殉 死]하다
1914(다이쇼大正 3)	제1차 세계대전 시작되다

1916(다이쇼大正 5)	아오야마(야마카와) 기쿠에가 「공사창公私娼의 문제」를 짓다
1917(다이쇼大正 6)	러시아 혁명 일어나다
1919(다이쇼大正 8)	다카바타케 모토유키가 『자본론』 번역에 착수 (5년 후에 완성)
1922(다이쇼大正 11)	야마카와 히토시도 참가하여 일본공산당(제1차)가 결성되다
1923(다이쇼大正 12)	관동대지진
1931(쇼와昭和 6)	만주사변
1932(쇼와昭和 7)	5·15 사건. 방조죄로 오카와 슈메이가 체포되다
1936(쇼와昭和 11)	2·26 사건
1937(쇼와昭和 12)	노구교 사건에 의해 중국과 일본 전면 전쟁으로
1941(쇼와昭和 16)	미국·영국과도 개전
1945(쇼와昭和 20)	패전(야스오카 마사히로의 개정에 의한 종전의 조칙=옥음방송)
1947(쇼와昭和 22)	교육기본법 공포. 일본국 헌법 시행. 노동성이 신설되어 야마카와 기쿠에가 부인소년 국장에 취임
1951(쇼와昭和 26)	샌프란시스코 강화 조약. 미·일 안보 조약. 사회당 분열
1965(쇼와昭和 40)	한일 수교
1970(쇼와昭和 45)	오사카 만국 박람회. 일항기 요도호 납치 사건. 미시마 사건
1972(쇼와昭和 47)	오키나와 반환. 일본·중국의 국교 정상화
2006(헤이세이平成 18)	교육기본법 개정안, 국회에 상정되다

찾아보기

404

근대 일본의 양명학

2021년 4월 20일 초판 1쇄 인쇄
2021년 4월 30일 초판 1쇄 발행

지은이   고지마 쓰요시
감수자   최재목
옮긴이   김지훈·서승완·조용미
펴낸이   류현석

펴낸곳   21세기문화원
등 록   2000.3.9 제307-2000-18호
주 소   서울 성북구 보문로 193-1
전 화   02-923-8611
팩 스   02-923-8622
이메일   bruceryoo@naver.com

ISBN 979-11-973329-1-3 93150

값 36,000원